ÉLÉMENTS

DE LA

GRAMMAIRE LATINE

DE LHOMOND

REVUS ET COMPLÉTÉS

PAR

M. DUTREY

INSPECTEUR GÉNÉRAL DE L'INSTRUCTION PUBLIQUE

NOUVELLE ÉDITION

PARIS

LIBRAIRIE DE L. HACHETTE ET Cie

BOULEVARD SAINT-GERMAIN, Nº 77

ÉLÉMENTS

DE LA

GRAMMAIRE LATINE

PARIS. — IMPRIMERIE DE CH. LAHURE ET Cie

Rue de Fleurus, 9.

ÉLÉMENTS

DE LA

GRAMMAIRE LATINE

DE LHOMOND

REVUS ET COMPLÉTÉS

PAR

M. DUTREY

INSPECTEUR GÉNÉRAL DE L'INSTRUCTION SUPÉRIEURE

NOUVELLE ÉDITION

PARIS

LIBRAIRIE DE L. HACHETTE ET Cie

BOULEVARD SAINT-GERMAIN, N° 77

1863

PRÉFACE DE L'ÉDITEUR.

En prescrivant cette année pour les premières classes de latin, dans les lycées et les colléges, les *Éléments de Grammaire latine de Lhomond*, le Conseil supérieur de l'Instruction publique a eu, l'on n'en saurait douter, l'intention de rappeler aux maîtres chargés de cet enseignement que la simplicité doit en être le premier caractère. Il a voulu indiquer à leurs leçons une direction sûre et facile dans l'exposition graduelle des règles selon leur difficulté relative, plutôt que dans des théories savantes, mais quelquefois abstraites. C'est en effet le mérite du livre de Lhomond de s'accommoder à l'intelligence des enfants sans aucune préoccupation de système. On dirait les cahiers d'un professeur instruit, expérimenté et connaissant bien son jeune auditoire. A ce point de vue, la grammaire prescrite est un bon guide pour les classes élémentaires. Mais s'il trace la voie, il n'en éclaire pas assez tous les points. L'auteur a trop compté sur ce commentaire qu'il appelle *le meilleur livre*, sùr la voix du maître. Sans diminuer l'importance du développement oral, une grammaire doit indiquer, au moins sommairement, l'explication qu'attendent les faits exposés et formulés en règles. Ces indications manquent souvent dans la grammaire de Lhomond. Par là, elle permet trop à l'enseignement qui s'y conforme strictement, ou de rester privé de cette lumière qui féconde la notion dans l'esprit, ou de s'égarer dans des doctrines incertaines ou fausses.

C'est ce double inconvénient que nous avons voulu faire
disparaître du livre de Lhomond, sans en altérer le caractère
simple et pratique. Le texte de la grammaire a été scrupuleu-
sement conservé; nous y avons même fondu quelques notes
de l'auteur qui nous ont paru faire corps avec l'ouvrage et y
jeter de la clarté. Pour n'en citer qu'un exemple, nous avons
fait entrer dans le texte du chapitre sur le *que retranché* la
règle générale sur la comparaison des temps des deux verbes.
Cette règle, reléguée dans une note, est de nature à faire mieux
comprendre les *règles particulières* qui la suivent. Nous avons
aussi mêlé au texte, sans désignation spéciale ou sous le titre
d'*observations*, les *remarques* de l'auteur qui s'y adaptent na-
turellement et qu'il y avait lui-même intercalées. A ce texte,
rendu ainsi plus uniforme, nous ne nous sommes permis de
faire que de fort rares et fort légères modifications, nous bor-
nant le plus souvent au changement d'un mot pour effacer
quelques inexactitudes échappées à notre respectable devan-
cier. Ainsi le mot *tous*, substitué à *plusieurs*, a suffi pour rendre
juste la notion sur la *forme impersonnelle passive* que peuvent
prendre les verbes neutres. La substitution de quelques expressions à d'autres a rectifié les exemples peu corrects de
*assuetus tolerando; ambulat legendo; parum abest; omnium
quos noverim* après un superlatif, et quelques-unes des constructions où le verbe latin doit être mis aux mêmes temps du
subjonctif que le verbe français. C'était respecter et comprendre Lhomond que de ne pas laisser d'erreurs s'établir
sous son nom dans l'esprit des enfants. Tout en maintenant
les dénominations grammaticales qu'il a adoptées, nous n'avons
pu nous dispenser d'y introduire celles de *conditionnel présent*
et de *conditionnel passé*, pour désigner les formes du verbe
français qui sont confondues dans la *grammaire latine* avec
l'*imparfait* et le *plus-que-parfait* du *subjonctif*. Enfin, une
autre amélioration considérable a été apportée au texte primitif, mais sans d'autre changement qu'une disposition typo-
graphique nouvelle. Les modèles des conjugaisons sont pré-

sentés sous la forme de tableaux. De cette manière, les enfants
s'habitueront sans peine à distinguer nettement les *modes* des
temps, distinction qu'ils comprennent si rarement dans les
classes élémentaires.

Il est entendu qu'on doit étudier ces tableaux horizontale-
ment de manière à suivre le même temps dans tous les modes.

Dans ce texte respecté avec intelligence qui laisse à la grammaire sa physionomie et son caractère, nous avons intercalé,
sous le titre de *remarques*, les explications, les additions, les
résumés, les rapprochements entre la langue latine et la
langue française, enfin toutes les indications que nous avons
jugées propres à éclairer, à affermir et à compléter la doctrine
simple et facile du livre prescrit par le Conseil supérieur de
l'Instruction publique. Ces *remarques* mêlées au texte primitif
en restent détachées et distinctes et sont imprimées en petits
caractères. Nous pensons qu'elles doivent être apprises comme
faisant partie de la grammaire. Cette pensée nous a constam-
ment maintenu dans une grande sobriété de développements
et dans la crainte de tout ce qui aurait changé le ton général
du livre commenté. Nous n'avons pas voulu faire une grammaire nouvelle à côté de celle de Lhomond : c'est un travail
déjà fait [1]. Nous nous sommes contenté d'ajouter à l'œuvre du
grammairien classique ce qu'il y ajouterait lui-même s'il faisait
son livre aujourd'hui, ou s'il avait pu s'assurer, comme nous,
qu'en le développant trop peu, bien des maîtres le rendent in-
suffisant ou obscur. Nos *remarques*, généralement fort courtes,
n'insistent avec un peu plus de détail que sur quelques règles
importantes dont il est bon de bien éclairer le principe, telles
que la construction de l'infinitif avec l'accusatif dite *que retranché*, l'emploi du pronom réfléchi et de l'adjectif possessif
suus, et quelques *gallicismes*.

La traduction de ces idiotismes français nous a même paru

---

1. L'éditeur a publié une *Nouvelle Grammaire de la langue latine* qui a
déjà eu sept éditions.

avoir assez d'importance au point de vue où s'est placé Lhomond, et jeter assez de lumière sur les procédés généraux à suivre dans l'exercice du thème, pour que nous ayons cru devoir ajouter à la grammaire, sous le titre de *Supplément à la méthode*, un certain nombre de gallicismes en indiquant les moyens de les traduire en latin. Notre choix s'est arrêté particulièrement sur les idiotismes nombreux et variés que forment les deux verbes *avoir* et *faire*. Nous y avons joint quelques *locutions* qui se rattachent à celles qu'a indiquées Lhomond, et quelques idiotismes communs aux deux langues ou propres au latin. Nous avons terminé ce petit *appendice* par une explication de *l'infinitif de narration* ou *historique* dont l'usage est si fréquent dans la bonne latinité, et qui est généralement assez mal compris dans les classes de grammaire.

Commentée dans cette mesure et dans cet esprit, la *Grammaire latine* de Lhomond, en gardant son caractère de simplicité pratique, peut préparer et faciliter l'étude des grammaires plus complètes, destinées aux classes supérieures et dans lesquelles, sous un autre point de vue et avec plus d'ensemble, sont présentées et expliquées les formes si diverses de la langue latine.

Cette révision du *Lhomond* latin concorde pour le but comme par l'exécution avec la révision du *Lhomond* français, récemment faite avec autorité et succès par M. B. Jullien.

PRÉFACE DE LHOMOND.

Cette Grammaire est divisée en trois parties. La première contient les éléments de la langue latine à l'usage des commençants. On s'est proposé d'écarter de ces commencements tout ce qui pourrait embarrasser ou rebuter les enfants.

1° Pour ôter tout embarras, l'on n'y parle point d'abord des Noms irréguliers, ni d'aucune exception; on suppose que la marche de la langue est parfaitement régulière : c'est sur ce plan que l'on a rédigé la table des Déclinaisons et des Conjugaisons. Cependant, comme il y a des exceptions qu'il faut que l'enfant connaisse, on a mis à la fin, sous le titre de *Supplément*, toutes les irrégularités qui se trouvent, soit dans les Noms, soit dans les Verbes, etc. Il n'y a alors nul inconvénient à les lui présenter.

2° Pour faire sentir à l'enfant l'usage des premières leçons, et dissiper l'ennui qui les accompagne, l'on a mis à la fin de chaque espèce de mots la règle générale de syntaxe qui la concerne : ainsi, après qu'il a décliné des Noms, on lui apprend que, pour joindre ensemble deux Noms, l'on met en français le mot *de* entre les deux Noms, et qu'en latin on

met le second au Génitif. Par ce moyen l'on peut, au
bout de quelques jours, lui donner pour devoir,
flos horti, *pedum pastoris*, *odor rosæ*, etc., à traduire en français, et ce sera une petite version ; ou
bien, *le fruit de l'arbre*, *le palais du roi*, *la lumière
du soleil*, etc., à mettre en latin, et ce sera un petit
thème. L'enfant en sait assez pour faire ces deux
petites opérations, qui concourent également à gra-
ver la règle dans sa mémoire, et qui ne peuvent
manquer de le flatter agréablement par la pensée
qu'il est déjà capable d'opérer dans une langue qu'il
ne connaissait pas encore peu de jours auparavant.
De même, après qu'il a décliné des Adjectifs, on lui
dit que, pour joindre un Adjectif avec un Nom, on
donne à cet Adjectif le même genre, le même nombre et le même cas que ceux du Nom ; ce qui le met
en état de traduire en français ces petites phrases :
rosa pulchra, *pater bonus*, *exemplum egregium*, etc.;
ou de mettre en latin celles-ci : *la bonne mère*, *le
beau jardin*, *le temple magnifique*, etc. On ajoute
aussi la règle générale des Pronoms à l'article des
Pronoms, la règle générale des Verbes à la fin des
Conjugaisons, etc., etc. Cette manière de présenter
séparément les premiers procédés de la langue a
encore cet avantage, qu'elle les grave plus nettement
et plus distinctement dans l'esprit des enfants.

La seconde partie contient *la Syntaxe*, et la troisième renferme ce qu'on appelle *la Méthode*.

J'ai essayé de mettre dans ces deux parties plus
d'ordre, et surtout plus de clarté, en divisant les
règles composées, pour ne pas présenter trop d'objets à la fois ; en plaçant chaque règle dans le lieu
où l'enfant a déjà acquis les connaissances nécessai-
res pour la comprendre ; en indiquant, par une

version littérale, les tours étrangers à notre langue, etc., etc., etc.

Les règles qui guident dans l'étude du latin sont de deux espèces. Les premières conviennent à cette langue considérée en elle-même et sans aucun rapport à toute autre langue : telles sont celles que Cicéron eût données à son fils. Il ne lui aurait parlé que de la phrase latine, et nullement des locutions françaises, qui n'existaient pas alors. Cette première espèce de règles est l'objet de ce qu'on appelle *Syntaxe latine*, qui doit contenir les règles de la langue latine, abstraction faite de toute autre langue.

Mais il y a des règles d'une autre espèce à apprendre. Elles sont fondées sur la différence que l'on remarque entre le latin et une autre langue à laquelle on le compare, le français, par exemple : telles sont les règles qui concernent notre Conjonction *que*, notre Pronom indéfini *on*, etc. Ces dernières règles sont la matière de ce qu'on appelle *Méthode latine*, qui ne doit être qu'un recueil des principales différences qui se trouvent entre ces deux langues.

Il suit de là que la Syntaxe latine doit être la même en tout pays, au lieu que la Méthode latine est différente en différents pays où l'on parle un idiome particulier. La Méthode latine, en France, doit contenir les différences que l'on remarque entre le français et le latin ; en Allemagne, la Méthode latine indiquerait celles qui se trouvent entre le latin et l'allemand, etc.

En suivant cet ordre, les gallicismes ne devraient pas être placés dans la Syntaxe ; mais, comme il arrive souvent qu'ils ont un rapport marqué avec certaines règles de la Syntaxe, j'en ai rapproché quelques-uns de ces règles, pour faire mieux sentir le rapport. En général, j'ai cherché l'ordre et la clarté ; mais j'ai cru qu'au besoin je devais préférer la clarté à l'ordre : c'est la raison de quelques déplacements que l'on pourra remarquer.

On ne trouvera qu'un seul changement dans les termes de grammaire : c'est qu'au lieu du mot *Substantif,* que les enfants n'entendent point, j'ai toujours employé celui de *Nom,* dont le sens est clair. Du reste, j'ai respecté le langage reçu. Ainsi, j'ai dit *le Nominatif du Verbe* au lieu de *Sujet du Verbe,* parce que, le Nominatif ayant une terminaison propre, les enfants le connaissent, pour ainsi dire, de vue, au lieu que le mot de *Sujet* ne présente qu'une idée abstraite. J'ai même employé l'expression *Nominatif français,* quoique notre langue n'ait point de cas, parce que le rapport particulier dont le Nominatif est le signe, est commun à toutes les langues.

Est-il besoin d'avertir que les règles contenues dans cet ouvrage sont établies sur l'usage le plus fréquent des auteurs? Je sais qu'ils s'en écartent quelquefois ; mais le dire à des enfants, ce serait les jeter dans l'incertitude, et mettre de la confusion dans leurs idées. J'ai choisi les exemples les plus courts, afin de ne point partager l'attention de l'enfant, et de fixer ses yeux et son esprit uniquement sur le mot qui est l'objet de la règle.

Au surplus, le meilleur livre élémentaire, c'est la voix du maître, qui varie ses leçons et la manière de les présenter, selon les besoins de ceux à qui il parle : rien ne peut tenir lieu de ce secours. Prétendre qu'un livre muet puisse le remplacer, c'est pure charlatanerie.

Je connais les nouveaux plans de Grammaire que

l'on propose depuis quelques années, les reproches que l'on fait à la méthode vulgaire, et les déclamations peu mesurées que l'on se permet contre ceux qui la suivent. A tout cela je n'ai qu'un mot à répondre : *La métaphysique ne convient point aux enfants.* Quels sont, en effet, les principes que nous offrent ces nouveaux plans? Les voici fidèlement transcrits : *Les Noms sont des mots qui expriment déterminément les êtres, en les désignant par l'idée de leur nature* (Gramm. Gén., tome I, page 235). *Les Adjectifs sont des mots qui expriment des êtres indéterminés, en les déterminant par une idée précise, mais accidentelle à la nature commune, déterminément énoncée par les Noms appellatifs auxquels on les joint. Les Pronoms sont des mots qui présentent à l'esprit des êtres déterminés par l'idée précise d'une relation personnelle à l'acte de la parole. Les Verbes sont des mots qui expriment des êtres indéterminés, en les désignant par l'idée précise de l'existence intellectuelle, avec la relation à un attribut,* etc., etc. Les autres nouvelles Grammaires, même celles que l'on nomme *élémentaires*, sont sur le même ton ; et les autres s'appuient de l'autorité de celles-là.

De bonne foi, est-ce là le langage qu'il faut parler aux enfants? Sont-ils en état de l'entendre ? Nos règles, dit-on, n'éclairent pas l'esprit ; je laisse au public à juger si celles que l'on y substitue sont beaucoup plus lumineuses. Si nos règles n'éclairent pas les enfants, du moins elles les guident ; à cet âge, on est bien plus capable d'être guidé que d'être éclairé dans ces sortes de matières. On peut se proposer deux choses dans l'étude d'une langue : 1° de connaître l'usage, ce qui se réduit à ce fait : *Voilà comme on s'exprimait chez tel peuple* ; 2° de con-

naître la raison de cet usage. La première connais-
sance, celle du fait, suffit pour entendre les auteurs,
et elle est certainement la seule qui convienne à la
faible intelligence des enfants. C'est cette connais-
sance du fait que donnent nos livres élémentaires :
toutes les règles qu'ils contiennent se réduisent à
indiquer, sur chaque espèce de mots, sur chaque
tour de phrase, la manière dont les Latins s'expri-
maient.

ÉLÉMENTS

DE LA

GRAMMAIRE LATINE.

PREMIÈRE PARTIE.

Il y a en latin neuf sortes de mots : le *Nom*, l'*Adjectif*, le *Pronom*, le *Verbe*, le *Participe*, l'*Adverbe*, la *Préposition*, la *Conjonction*, et l'*Interjection*.

PREMIÈRE ESPÈCE DE MOTS.

LE NOM.

Le *Nom* est un mot qui sert à nommer une personne ou une chose, comme *Pierre*, *Paul*, *livre*, *chapeau*.

Il y a dans les noms deux nombres : le *singulier*, quand on parle d'une seule personne ou d'une seule chose : ainsi *un homme*, *une rose*, sont au nombre *singulier;* le *pluriel*, quand on parle de plusieurs personnes ou de plusieurs choses : ainsi *les hommes*, *les roses*, sont au nombre *pluriel*.

En latin le nom change sa dernière syllabe : ainsi *rosa* fait *rosæ*, *rosam*, *rosarum*, *rosis*, *rosas :* ces différentes manières de finir un nom s'appellent *cas*.

REMARQUE. Les *cas* en latin indiquent le rôle des *Noms* dans la phrase, et remplacent certaines prépositions françaises : *rosæ*, *de la rose;* — *rosis*, *aux roses*.

Il y a en latin six *cas*, savoir : le *nominatif*, le *génitif*, le *datif*, l'*accusatif*, le *vocatif* et l'*ablatif*.

Tous les cas se forment du génitif singulier, excepté le nominatif et le vocatif.

Quand on récite de suite les six cas d'un nom, cela s'appelle *décliner*.

Il y a en latin cinq *déclinaisons* différentes, que l'on distingue par le génitif singulier et le génitif pluriel.

PREMIÈRE DÉCLINAISON.

La première déclinaison a le génitif singulier en *æ*, et le génitif pluriel en *arum*.

REMARQUE. Le nominatif singulier est ordinairement en *a*.

NOMBRE SINGULIER.

Nom.	Ros a (*fém.*),	*la Rose.*
Gén.	Ros æ,	*de la Rose.*
Dat.	Ros æ,	*à la Rose.*
Acc.	Ros am,	*la Rose.*
Voc.	Ros a,	*ô Rose.*
Abl.	Ros â,	*de la Rose.*

NOMBRE PLURIEL.

Nom.	Ros æ,	*les Roses.*
Gén.	Ros arum,	*des Roses.*
Dat.	Ros is,	*aux Roses.*
Acc.	Ros as,	*les Roses.*
Voc.	Ros æ,	*ô Roses.*
Abl.	Ros is,	*des Roses.*

Ainsi se déclinent tous les noms dont le génitif singulier est en *æ*, et le génitif pluriel en *arum*, comme :

Statu a, æ (*f.*), *la Statue.*   Mens a, æ (*f.*), *la Table.*
Hor a, æ (*f.*), *l'Heure.*   Herb a, æ (*f.*), *l'Herbe.*

Port a, æ (*f.*), *la Porte.*   Poet a, æ (*m.*), *le Poëte.*
Plum a, æ (*f.*), *la Plume.*   Colleg a, æ (*m.*), *le Collègue.*

REMARQUE. Les noms de la première déclinaison sont la plupart féminins ; quelques-uns sont masculins.

DEUXIÈME DÉCLINAISON.

La deuxième déclinaison a le génitif singulier en *i*, et le génitif pluriel en *orum.*

REMARQUE. Le nominatif singulier est ordinairement en *us.*

SINGULIER.

Nom.	Domin us (*masc.*),	*le Seigneur.*
Gén.	Domin i,	*du Seigneur.*
Dat.	Domin o,	*au Seigneur.*
Acc.	Domin um,	*le Seigneur.*
Voc.	Domin e,	*ô Seigneur.*
Abl.	Domin o,	*du Seigneur.*

PLURIEL.

Nom.	Domin i,	*les Seigneurs*.*
Gén.	Domin orum,	*des Seigneurs.*
Dat.	Domin is,	*aux Seigneurs*
Acc.	Domin os,	*les Seigneurs.*
Voc.	Domin i,	*ô Seigneurs.*
Abl.	Domin is,	*des Seigneurs.*

Ainsi se déclinent tous les noms dont le génitif singulier est en *i*, et le génitif pluriel en *orum*, comme :

Hort us, i (*m.*), *le Jardin.*   Corv us, i (*m.*), *le Corbeau.*
Lup us, i (*m.*), *le Loup.*   Av us, i (*m.*), *le Grand-Père.*
Popul us, i (*m.*), *le Peuple.* Alv us, i (*f.*), *le Ventre.*
Cerv us, i (*m.*), *le Cerf.*   Fag us, i (*f.*), *le Hêtre.*

---

* Remarquez bien que, dans les noms français, le pluriel se forme en ajoutant *s.*

Noms de la deuxième déclinaison qui ont le nominatif singulier en *er*.

Dans ces noms le vocatif est semblable au nominatif.

SINGULIER.

Nom.	Puer (*m.*),	*l'Enfant.*
Gén.	Puer i,	*de l'Enfant.*
Dat.	Puer o,	*à l'Enfant.*
Acc.	Puer um,	*l'Enfant.*
Voc.	Puer,	*ó Enfant.*
Abl.	Puer o,	*de l'Enfant.*

PLURIEL.

Nom.	Puer i,	*les Enfants.*
Gén.	Puer orum,	*des Enfants.*
Dat.	Puer is,	*aux Enfants.*
Acc.	Puer os,	*les Enfants.*
Voc.	Puer i,	*ó Enfants.*
Abl.	Puer is,	*des Enfants.*

Ainsi se déclinent :

Vir, i (*m.*), *l'Homme.*   Ap er, ri (*m.*), *le Sanglier.*
Magist er, ri (*m.*), *le Maître.* Lib er, ri (*m.*), *le Livre.*

REMARQUE. Dans les génitifs *magistri, apri, libri,* l'e qui précède l'*r* au nominatif se trouve supprimé. Il en est de même pour quelques autres noms de cette déclinaison.

OBSERVATION GÉNÉRALE SUR LES GENRES *.

Il y a en français deux genres, le genre *masculin* et le genre *féminin*. Les noms d'hommes sont du masculin, comme le Grand-Père, *Avus* ; les noms de femmes sont du féminin, comme la Fille, *Filia*. Ensuite, par imitation, l'on a donné le genre masculin ou le genre féminin à des choses qui ne sont ni mâles ni femelles : ainsi l'on a fait le Jardin, *Hortus*,

---

* Le genre de chaque Nom est marqué ainsi : *m.* pour le masculin ; *f.* pour le féminin ; *n.* pour le neutre.

du masculin; la Rose, *Rosa*, du féminin. En latin, il y a un troisième genre qu'on appelle *neutre*. Les noms qui ne sont ni du genre masculin ni du genre féminin sont du genre neutre.

REMARQUE. En latin les noms ne sont pas toujours du même genre qu'en français : le *laurier* est du masculin en français ; en latin, *laurus, i,* est du féminin. — Le *temple* est masculin en français ; *templum* est neutre en latin.

Nom neutre de la deuxième déclinaison.

SINGULIER.

Nom.	Templ um (*n.*),	*le Temple.*
Gén.	Templ i,	*du Temple.*
Dat.	Templ o,	*au Temple.*
Acc.	Templ um,	*le Temple.*
Voc.	Templ um,	*ô Temple.*
Abl.	Templ o,	*du Temple.*

PLURIEL.

Nom.	Templ a,	*les Temples.*
Gén.	Templ orum,	*des Temples.*
Dat.	Templ is,	*aux Temples.*
Acc.	Templ a,	*les Temples.*
Voc.	Templ a,	*ô Temples.*
Abl.	Templ is,	*des Temples.*

Ainsi se déclinent tous les noms neutres dont le génitif singulier est en *i*, et le génitif pluriel en *orum*, comme :

Foli um, i, *la Feuille.* Coll um, i, *le Cou.*
Bell um, i, *la Guerre.* Exempl um, i, *l'Exemple.*
Viti um, i, *le Vice.* Studi um, i, *l'Étude.*
Brachi um, i, *le Bras.* Vin um, i, *le Vin.*

Dans les noms neutres, le nominatif, l'accusatif et le vocatif, tant du singulier que du pluriel, sont toujours semblables ; et ces trois cas, au pluriel, sont toujours terminés en *a*.

REMARQUE. La seconde déclinaison comprend des noms masculins en *us* et en *er*, quelques féminins en *us*, et des neutres en *um*.

TROISIÈME DÉCLINAISON.

La troisième déclinaison a le génitif singulier en *is*, et le génitif pluriel en *um*.

REMARQUE. Le nominatif singulier n'a pas de terminaison fixe; il est généralement en *or, er, es, is, o, ans, ens, ons,* et *x* dans les noms masculins et féminins.

SINGULIER.

Nom.	Soror (*f.*),	*la Sœur.*
Gén.	Soror is,	*de la Sœur.*
Dat.	Soror i,	*à la Sœur.*
Acc.	Soror em,	*la Sœur.*
Voc.	Soror,	*ô Sœur.*
Abl.	Soror e,	*de la Sœur.*

PLURIEL.

Nom.	Soror es,	*les Sœurs.*
Gén.	Soror um,	*des Sœurs.*
Dat.	Soror ibus,	*aux Sœurs.*
Acc.	Soror es,	*les Sœurs.*
Voc.	Soror es,	*ô Sœurs.*
Abl.	Soror ibus,	*des Sœurs.*

Ainsi se déclinent tous les noms masculins et féminins dont le génitif singulier est en *is*, et le génitif pluriel en *um*, comme :

Labor, is (*m.*), *le Travail.* Mil es, itis (*m.*), *le Soldat.*
Dolor, is (*m.*), *la Douleur.* Sermo, nis (*m.*), *le Discours.*
Pat er, ris (*m.*), *le Père.* Hom o, inis (*m.*), *l'Homme.*
Mat er, ris (*f.*), *la Mère.* Virg o, inis (*f.*), *la Jeune Fille*

Nom neutre de la troisième déclinaison.

SINGULIER.

Nom.	Corpus (*n.*),	*le Corps.*
Gén.	Corpor is,	*du Corps.*
Dat.	Corpor i,	*au Corps.*
Acc.	Corpus,	*le Corps.*

Voc.	Corpus,	*ó Corps.*
Abl.	Corpor e,	*du Corps.*

PLURIEL.

Nom.	Corpor a ,	*les Corps.*
Gén.	Corpor um ;	*des Corps.*
Dat.	Corpor ibus,	*aux Corps.*
Acc.	Corpor a,	*les Corps.*
Voc.	Corpor a,	*ó Corps.*
Abl.	Corpor ibus ,	*des Corps.*

Ainsi se déclinent les noms neutres suivants :

Temp us , oris , *le Temps.*   Ol us , eris , *le Légume.*
Cap ut , itis , *la Tête.*   Pect us , oris , *la Poitrine.*
Lum en , inis , *la Lumière.*   Vuln us , eris , *la Blessure.*

Autre modèle de la troisième déclinaison.

SINGULIER.

Nom.	Av is (*f.*),	*l'Oiseau.*
Gén.	Av is,	*de l'Oiseau.*
Dat.	Av i,	*à l'Oiseau.*
Acc.	Av em,	*l'Oiseau.*
Voc.	Av is,	*ó Oiseau.*
Abl.	Av e,	*de l'Oiseau.*

PLURIEL.

Nom.	Av es,	*les Oiseaux.*
Gén.	Av ium,	*des Oiseaux.*
Dat.	Av ibus,	*aux Oiseaux.*
Acc.	Av es,	*les Oiseaux.*
Voc.	Av es,	*ó Oiseaux.*
Abl.	Av ibus,	*des Oiseaux.*

Déclinez de même :

No x , ctis (*f.*), *la Nuit.*   Mens is , is (*m.*), *le Mois.*
Coll is , is (*m.*), *la Colline.*   Cæd es , is (*f.*), *le Carnage.*
Mon s , tis (*m.*), *la Montagne.*   Fon s , tis (*m.*), *la Fontaine.*

REMARQUE. *Avis* fait à l'ablatif *avi* plutôt qu'*ave*. — Dans les noms qui se déclinent sur *avis*, le génitif pluriel est en *ium* au lieu de *um.* (Voir le supplément aux déclinaisons, page 84.)

QUATRIÈME DÉCLINAISON.

La quatrième déclinaison a le génitif singulier en *ús*, et le génitif pluriel en *uum*.

REMARQUE. Le nominatif singulier des noms masculins et des noms féminins qui appartiennent à cette déclinaison est en *us*.

SINGULIER.

Nom.	Man us (*f.*),	*la Main.*
Gén.	Man ûs,	*de la Main.*
Dat.	Man ui,	*à la Main.*
Acc.	Man um,	*la Main.*
Voc.	Man us,	*ó Main.*
Abl.	Man u,	*de la Main.*

PLURIEL.

Nom.	Man ûs,	*les Mains.*
Gén.	Man uum,	*des Mains.*
Dat.	Man ibus,	*aux Mains.*
Acc.	Man us,	*les Mains.*
Voc.	Man us,	*ó Mains.*
Abl.	Man ibus,	*des Mains.*

Ainsi se déclinent :

Fruct us, ûs (*m.*), *le Fruit.*   Vult us, ûs (*m.*), *le Visage.*
Exercit us, ûs (*m.*), *l'Armée.*   Portic us, ûs (*f.*), *le Portique.*

Les noms neutres de la quatrième déclinaison sont indéclinables au singulier, c'est-à-dire qu'ils ne changent point leur dernière syllabe; mais ils se déclinent au pluriel.

SINGULIER.

Nom.	Corn u (*n.*),	*la Corne.*
Gén.	Corn u,	*de la Corne.*
Dat.	Corn u,	*à la Corne.*
Acc.	Corn u,	*la Corne.*

Voc.	Corn u,	*ô Corne.*
Abl.	Corn u,	*de la Corne.*

PLURIEL.

Nom.	Corn ua;	*les Cornes.*
Gén.	Corn uum;	*des Cornes.*
Dat.	Corn ibus,	*aux Cornes.*
Acc.	Corn ua;	*les Cornes.*
Voc.	Corn ua,	*ô Cornes.*
Abl.	Corn ibus,	*des Cornes.*

Ainsi se déclinent :

Gen u, *le Genou.*   Tonitr. u, *le Tonnerre.*

CINQUIÈME DÉCLINAISON.

La cinquième déclinaison a le nominatif en *es*, le génitif singulier en *ei*, et le génitif pluriel en *erum*.

REMARQUE. Cette déclinaison ne comprend que des noms féminins, excepté *dies*, jour, qui est des deux genres au singulier, mais toujours masculin au pluriel, et *meridies*, midi, qui est masculin.

SINGULIER.

Nom.	Di es (*m. f.*),	*le Jour.*
Gén.	Di ei,	*du Jour.*
Dat.	Di ei,	*au Jour.*
Acc.	Di em,	*le Jour.*
Voc.	Di es,	*ô Jour.*
Abl.	Di e,	*du Jour.*

PLURIEL.

Nom.	Di es (*m.*),	*les Jours.*
Gén.	Di erum,	*des Jours.*
Dat.	Di ebus,	*aux Jours.*
Acc.	Di es,	*les Jours.*
Voc.	Di es,	*ô Jours.*
Abl.	Di ebus,	*des Jours.*

Ainsi se déclinent :

R es, ei, *la Chose.*　　　Faci es, ei, *le Visage.*
Speci es, ei, *l'Apparence.*　Sp es, ei, *l'Espérance.*

Les génitifs, datifs et ablatifs pluriels ne sont point usités, excepté dans *res, dies* et *species.*

TABLEAU SYNOPTIQUE
Des cinq Déclinaisons latines.

		1.	2.	3.	4.	5.
SINGULIER.	N.	Rosa.	Dominus.	Soror.	Manus.	Dies.
	G.	Rosæ.	Domini.	Sororis.	Manûs.	Diei.
	D.	Rosæ.	Domino.	Sorori.	Manui.	Diei.
	A.	Rosam.	Dominum.	Sororem.	Manum.	Diem.
	V.	Rosa.	Domine.	Soror.	Manus.	Dies.
	A.	Rosâ.	Domino.	Sorore.	Manu.	Die.
PLURIEL.	N.	Rosæ.	Domini.	Sorores.	Manus.	Dies.
	G.	Rosarum.	Dominorum.	Sororum.	Manuum.	Dierum.
	D.	Rosis.	Dominis.	Sororibus.	Manibus.	Diebus.
	A.	Rosas.	Dominos.	Sorores.	Manus.	Dies.
	V.	Rosæ.	Domini.	Sorores.	Manus.	Dies.
	A.	Rosis.	Dominis.	Sororibus.	Manibus.	Diebus.

Dans toutes les déclinaisons, les datifs et ablatifs pluriels sont semblables; de même les nominatifs et vocatifs pluriels.

RÈGLE DES NOMS,
Ou manière de joindre deux Noms ensemble.

Manus Pueri.

Pour joindre ensemble deux noms en français, nous mettons *de* entre les deux : la main *de* l'enfant. En latin, on met le second au génitif : *manus pueri.*

EXEMPLES : L'heure du jour, *hora diei.* — Le fruit de l'arbre, *fructus arboris.*

De même au pluriel :

La table des seigneurs (*des* pour *de* les), *mensa dominorum.* — Le livre des enfants, *liber puerorum.*

DEUXIÈME ESPÈCE DE MOTS.

L'ADJECTIF.

L'*Adjectif* est un mot que l'on ajoute au nom pour marquer la qualité d'une personne ou d'une chose : comme *bon* père; *bonne* mère; *beau* livre; *belle* image. *Bon, bonne, beau, belle* sont des adjectifs : ils se déclinent en latin, et ils ont les trois genres, le masculin, le féminin et le neutre.

MODÈLES DE DÉCLINAISONS.

I.

Il y a des adjectifs qui se rapportent à la première et à la seconde déclinaison, comme *bonus, bona, bonum*; *niger, nigra, nigrum*. La terminaison en *us* ou en *er* est pour le masculin, et se décline sur *Dominus* ou *Puer*; la terminaison en *a* est pour le féminin, et se décline sur *Rosa*; la terminaison en *um* est pour le neutre, et se décline sur *Templum*.

ADJECTIFS en US.

SINGULIER.

Nom. Bon us (*m.*),	bon a (*f.*),	bon um (*n.*),
Bon,	bonne,	bon.
Gén. Bon i,	bon æ,	bon i.
Dat. Bon o,	bon æ,	bon o.
Acc. Bon um,	bon am,	bon um.
Voc. Bon e,	bon a,	bon um.
Abl. Bon o,	bon à,	bon o.

PLURIEL.

Nom. Bon i (*m.*),	bon æ (*f.*),	bon a (*n.*),
Bons,	bonnes,	bons.
Gén. Bon orum,	bon arum,	bon orum.

Dat.	Bon is,	bon is,	bon is.
Acc.	Bon os,	bon as,	bon a.
Voc.	Bon i,	bon æ,	bon a.
Abl.	Bon is,	bon is,	bon is.

Ainsi se déclinent :

Sanct us, sanct a, sanct um, *Saint, sainte, saint.*
Doct us, doct a, doct um, *Savant, savante, savant.*
Magn us, magn a, magn um, *Grand, grande, grand.*
Parv us, parv a, parv um, *Petit, petite, petit.*

ADJECTIFS en ER.

SINGULIER.

Nom.	Niger (*m.*),	nigr a (*f.*),	nigr um (*n.*),
	Noir,	*noire *,*	*noir.*
Gén.	Nigr i,	nigr æ,	nigr i.
Dat.	Nigr o,	nigr æ,	nigr o.
Acc.	Nigr um,	nigr am,	nigr um.
Voc.	Niger,	nigr a,	nigr um.
Abl.	Nigr o,	nigr â,	nigr o.

PLURIEL.

Nom.	Nigr i (*m.*),	nigr æ (*f.*),	nigr a (*n.*),
	Noirs,	*noires,*	*noirs.*
Gén.	Nigr orum,	nigr arum,	nigr orum.
Dat.	Nigr is,	nigr is,	nigr is.
Acc.	Nigr os,	nigr as,	nigr a.
Voc.	Nigr i,	nigr æ,	nigr a.
Abl.	Nigr is,	nigr is,	nigr is.

Ainsi se déclinent :

Pulcher, pulchr a, pulchr um, *Beau, belle, beau.*
Piger, pigr a, pigr um, *Paresseux, paresseuse, paresseux.*
Miser, miser a, miser um, *Malheureux, malheureuse, malheureux.*

---

* Remarquez bien que, dans les adjectifs français, le féminin se forme en ajoutant *e.*

Liber, liber a, liber üm, *Libre, libre, libre.*

II.

Il y a des adjectifs de la troisième déclinaison qui n'ont au singulier qu'une seule terminaison pour les trois genres, excepté l'accusatif.

SINGULIER.

m. f. n.

Nom. Prudens, *Prudent, prudente.*
Gén. Prudent is,   } pour les trois genres.
Dat. Prudent i,

m. f.   *n.*

Acc. Prudent em, prudens.
Voc. Prudens,   } pour les trois genres.
Abl. Prudent e *ou* prudent i,

PLURIEL.

m. f.   *n.*

Nom. Prudent es, prudent ia, *Prudents.*
Gén. Prudent ium,   } pour les trois genres.
Dat. Prudent ibus,
Acc. Prudent es,   *n.* prudent ia.
Voc. Prudent es,   *n.* prudent ia.
Abl. Prudent ibus, pour les trois genres.

Ainsi se déclinent :

Sapien s, tis, *Sage.*
Feli x, cis, *Heureux, heureuse, heureux.*
Auda x, cis, *Hardi, hardie, hardi.*
Velo x, cis, *Prompt, prompte, prompt.*

III.

Il y a des adjectifs de la troisième déclinaison qui ont au nominatif deux terminaisons, comme *fortis, forte.* La première est pour le masculin et le féminin ; la seconde, pour le neutre.

       m. f.   *n.*

Nom. Fort is, fort e, *Courageux, courageuse.*
Gén. Fort is,   } pour les trois genres.
Dat. Fort i,   }
Acc. Fort em, *n.* fort e.
Voc. Fort is, *n.* fort e.
Abl. Fort i, pour les trois genres.

       m. f.   *n.*

Nom. Fort es, fort ia, *Courageux.*
Gén. Fort ium,   } pour les trois genres.
Dat. Fort ibus,   }
Acc. Fort es, *n.* fort ia.
Voc. Fort es, *n.* fort ia.
Abl. Fort ibus, pour les trois genres.

Ainsi se déclinent :

Util is, util e, *Utile.*   Facil is, facil e, *Facile.*
Com is, com e, *Poli.*   Lev is, lev e, *Léger.*

Les adjectifs de la troisième déclinaison qui ont le nominatif neutre en *e*, font l'ablatif en *i*, afin que l'on puisse distinguer ces deux cas.

IV.

Il y a quelques adjectifs de la troisième déclinaison qui ont trois terminaisons au nominatif et au vocatif du singulier, comme :

      m.   *f.*   *n.*

Nom. Celeber, celebr is, celebr e, *Célèbre.*
Gén. Celebr is,   } pour les trois genres.
Dat. Celebr i,   }
Acc. Celebr em (*m. f.*), *n.* celebr e.
Voc. Celeber, celebr is, *n.* celebr e.
Abl. Celebr i, pour les trois genres.

PLURIEL.

m. f.   *n.*

Nom. Celebr es, ' celebr ia, *Célèbres.*
Gén. Celebr ium, } pour les trois genres.
Dat. Celebr ibus, }
Acc. Celebr es, *n.* celebr ia.
Voc. Celebr es, *n.* celebr ia.
Abl. Celebr ibus, pour les trois genres.

Ainsi se déclinent :

Saluber, salubr is, salubr e, *Salutaire.*
Acer, acr is, acr e, *Vif.*
Celer, celer is, celer e, *Prompt.*
Alacer, alacr is, alacr e, *Actif.*

La terminaison. en *er* est pour le masculin seulement; la terminaison en *is* est pour le masculin et le féminin.

REMARQUE. Les adjectifs latins ont un *comparatif* et un *superlatif.* Voir le supplément, page 91, pour les terminaisons particulières qui expriment ces deux degrés de signification.

RÈGLE DES ADJECTIFS,

Ou manière de joindre un Adjectif avec un Nom.

Pater bonus.

Tout adjectif se met au même genre, au même nombre et au même cas que le nom auquel il est joint.

Exemple.

SINGULIER.	Le père	bon.	La mère	bonne.	L'exemple	bon.
	Pater	bonus.	Mater	bona.	Exemplum	bonum.
	Patris	boni.	Matris	bonæ.	Exempli	boni.
	Patri	bono.	Matri	bonæ.	Exemplo	bono.
	Patrem	bonum.	Matrem	bonam.	Exemplum	bonum.
	Pater	bone.	Mater	bona.	Exemplum	bonum.
	Patre	bono.	Matre	bonâ.	Exemplo	bono.
PLURIEL.	Les pères	bons.	Les mères	bonnes.	Les exemples	bons.
	Patres	boni.	Matres	bonæ.	Exempla	bona.
	Patrum	bonorum.	Matrum	bonarum.	Exemplorum	bonorum.
	Patribus	bonis.	Matribus	bonis.	Exemplis	bonis.
	Patres	bonos.	Matres	bonas.	Exempla	bona.
	Patres	boni.	Matres	bonæ.	Exempla	bona.
	Patribus	bonis.	Matribus	bonis.	Exemplis	bonis.

Autre exemple :

Travail	*court.*	*Heure*	*courte.*	*Temps*	*court.*
Labor	brevis.	Hora	brevis.	Tempus	breve.
Laboris	brevis.	Horæ	brevis.	Temporis	brevis.
Labori	brevi.	Horæ	brevi.	Tempori	brevi.
Laborem	brevem.	Horam	brevem.	Tempus	breve.
Labor	brevis.	Hora	brevis.	Tempus	breve.
Labore	brevi.	Horâ	brevi.	Tempore	brevi.

SINGULIER.

Travaux	*courts.*	*Heures*	*courtes.*	*Temps*	*courts.*
Labores	breves.	Horæ	breves.	Tempora	brevia.
Laborum	brevium.	Horarum	brevium.	Temporum	brevium.
Laboribus	brevibus.	Horis	brevibus.	Temporibus	brevibus.
Labores	breves.	Horas	brèves.	Tempora	brevia.
Labores	breves.	Horæ	breves.	Tempora	brevia.
Laboribus	brevibus.	Horis	brevibus.	Temporibus	brevibus.

PLURIEL.

TROISIÈME ESPÈCE DE MOTS.

LE PRONOM.

Le *Pronom* est un mot qui tient la place du nom.

I.

PRONOMS PERSONNELS.

Il y a trois *personnes* : la première personne est celle qui parle, la seconde est celle à qui l'on parle, la troisième est celle de qui l'on parle.

REMARQUE. *Personne* vient du mot latin *persona*, qui signifie *rôle*. La personne en grammaire est donc le rôle de certains mots dans le discours.

PRONOM DE LA PREMIÈRE PERSONNE.

SINGULIER.

Nom. Ego, *je* ou *moi.*
Gén. Meî, *de moi.*
Dat. Mihi, *à moi, me.*
Acc. Me, *moi, me.*
Pas de vocatif.
Abl. Me, *de moi.*

PLURIEL.

Nom. Nos, *nous.*
Gén. Nostrûm *ou* nostrî, *de nous.*
Dat. Nobis, *à nous, nous.*
Acc. Nos, *nous.*
Abl. Nobis, *de nous.*

PRONOM DE LA SECONDE PERSONNE.

SINGULIER.

Nom. Tu, *tu* ou *toi.*
Gén. Tuî, *de toi.*
Dat. Tibi, *à toi, te.*
Acc. Te, *toi, te.*
Voc. Tu, *ô toi.*
Abl. Te, *de toi.*

PLURIEL.

Nom. Vos, *vous.*
Gén. Vestrûm *ou* vestrî, *de vous.*
Dat. Vobis, *à vous, vous.*
Acc. Vos, *vous.*
Voc. Vos, *ô vous.*
Abl. Vobis, *de vous.*

REMARQUES. 1° *Vos* ne se dit en latin que de plusieurs personnes. Le *vous* français désignant une seule personne se traduit par *tu.*

2° Les génitifs *nostrûm* et *vestrûm* s'emploient après les mots partitifs ou distributifs : Qui de nous, *quis nostrûm ?* Le premier de vous, *primus vestrûm.* Les génitifs *nostrî* et *vestrî* s'emploient dans toutes les autres constructions.

PRONOM DE LA TROISIÈME PERSONNE.

Ce pronom n'a pas de nominatif ni de vocatif; il est de tout genre, et le même au pluriel qu'au singulier.

REMARQUE. Il répond au pronom réfléchi *soi,* qui de même, en français, n'est jamais sujet de verbe et sert pour les deux nombres.

SINGULIER ET PLURIEL.

Gén.   Suî, *de soi, de lui-même, d'eux-mêmes, d'elles-mêmes.*

Dat.   Sibi, *à soi, se, à lui-même, à eux-mêmes, à elles-mêmes.*

Acc.   Se, *se, soi, lui-même, eux-mêmes, elles-mêmes.*

Abl.   Se, *de soi, d'eux-mêmes, d'elles-mêmes.*

II.

PRONOMS ADJECTIFS.

REMARQUE. On appelle pronoms adjectifs les mots *is, hic, ille,* etc., parce qu'ils remplissent le rôle de *pronom* quand ils représentent un nom déjà exprimé, et le rôle d'*adjectif*, quand ils accompagnent un nom. On les nomme aussi *pronoms démonstratifs.*

SINGULIER.

    m. f. n.

Nom.   Is, ea, id, *il, elle, celui, celle, ce.*

Gén.   Ejus, *de lui, d'elle.*

Dat.   Ei, *à lui, à elle.*

Acc.   Eum, eam, id, *le, la, le.*

Abl.   Eo, eâ, eo, *de lui, d'elle.*

PLURIEL.

Nom.   Ii, eæ, ea, *ils, elles.*

Gén.   Eorum, earum, eorum, *d'eux, d'elles.*

Dat.   Iis *ou* eis, *à eux, à elles.*

Acc.   Eos, eas, ea, *les, eux, elles.*

Abl.   Iis *ou* eis, *d'eux, d'elles.*

AUTRE.

SINGULIER.

    m.   f.   n.

Nom.   Hic, hæc, hoc, *celui-ci, celle-ci, ceci.*

Gén.   Hujus,   } de tout genre.
Dat.   Huic,

Acc.   Hunc, hanc, hoc.

Abl.   Hoc, hac, hoc.

PLURIEL.

Nom. Hi, hæ, hæc, *ceux-ci, celles-ci, ces choses.*
Gén. Horum, harum, horum.
Dat. His, de tout genre.
Acc. Hos, has, hæc.
Abl. His, de tout genre.

AUTRE.

SINGULIER.

m.   f.   n.

Nom. Ille, illa, illud, *celui-là, celle-là, cela.*
Gén. Illius,   } de tout genre.
Dat. Illi,
Acc. Illum, illam, illud.
Abl. Illo, illâ, illo.

PLURIEL.

Nom. Illi, illæ, illa, *ceux-là, celles-là, ces choses.*
Gén. Illorum, illarum, illorum.
Dat. Illis, de tout genre.
Acc. Illos, illas, illa.
Abl. Illis, de tout genre.

Ainsi se décline :

Ist e, a, ud, *celui-ci, celle-ci, ceci.*

REMARQUE. Dans le rôle d'adjectif, *hic* s'applique surtout à la première personne, *iste* à la seconde, et *ille* à la troisième. *Exemples*: Ce livre qui est à moi, *hic meus liber.* — Ce livre qui est à vous, *iste tuus liber.*—Ce livre de mon ami, *ille amici mei liber.*

AUTRE.

SINGULIER.

m.   f.   n.

Nom. Ipse, ipsa, ipsum, *moi-même, toi-même, lui-même, elle-même, cela même.*

2

Gén. Ipsius, }
Dat. Ipsi,   } de tout genre.

Acc. Ipsum, ipsam, ipsum.

Abl. Ipso, ipsâ, ipso.

PLURIEL.

Nom. Ipsi, ipsæ, ipsa.

Gén. Ipsorum, ipsarum, ipsorum.

Dat. Ipsis, de tout genre.

Acc. Ipsos, ipsas, ipsa.

Abl. Ipsis, de tout genre.

AUTRE.

SINGULIER.

     m.   *f.*   *n.*

Nom. Idem, eadem, idem, *le même, la même, la même chose.*

Gén. Ejusdem, }
Dat. Eidem,   } de tout genre.

Acc. Eumdem, eamdem, idem.

Abl. Eodem, eâdem, eodem.

PLURIEL.

Nom. Iidem, eædem, eadem, *les mêmes, les mêmes choses.*

Gén. Eorumdem, earumdem, eorumdem.

Dat. Iisdem *ou* eisdem, de tout genre.

Acc. Eosdem, easdem, eadem.

Abl. Iisdem *ou* eisdem, de tout genre.

RÈGLE. Les pronoms adjectifs employés seuls s'accordent en genre et en nombre avec le nom dont ils tiennent la place : en parlant de la *tête*, nous disons en français *elle*, parce que *tête* est du féminin; en latin, il faut mettre *illud*, parce que *caput* est du neutre.

III.

PRONOMS POSSESSIFS.

SINGULIER.

m.   *f.*   *n.*

Nom. Meus, mea, meum, *mon*, *ma*, *mon;* — *le mien, la mienne, le mien.*

Gén. Mei, meæ, mei.

Dat. Meo, meæ, meo.

Acc. Meum, meam, meum.

Voc. Mi, mea, meum.

Abl. Meo, meâ, meo.

PLURIEL.

Nom. Mei, meæ, mea, *mes;* — *les miens, les mien- nes, les miens.*

Gén. Meorum, mearum, meorum.

Dat. Meis, de tout genre.

Acc. Meos, meas, mea.

Voc. Mei, meæ, mea.

Abl. Meis, de tout genre.

Ainsi se déclinent :

Tu us, a, um, *ton, ta, ton;* — *le tien, la tienne, le tien.*

Su us, a, um, *son, sa, son;* — *le sien, la sienne, le sien.*

Cuj us, a, um, *à qui?*

Mais ils n'ont point de vocatif.

AUTRE.

SINGULIER.

m.   *f.*   *n.*

Nom. Noster, nostra, nostrum, *notre;* — *le nôtre, la nôtre, le nôtre.*

Gén. Nostri, nostræ, nostri.

Dat. Nostro, nostræ, nostro.

Acc. Nostrum, nostram, nostrum.

Voc. Noster, nostra, nostrum.

Abl. Nostro, nostrâ, nostro.

PLURIEL.

Nom. Nostri, nostræ, nostra, *nos ; — les nôtres.*
Gén. Nostrorum, nostrarum, nostrorum.
Dat. Nostris, de tout genre.
Acc. Nostros, nostras, nostra.
Voc. Nostri, nostræ, nostra.
Abl. Nostris, de tout genre.

Déclinez de même :

Vester, vestra, vestrum, *votre; — le vôtre,* etc.

RÈGLE DES PRONOMS POSSESSIFS.

Les pronoms possessifs, qu'on appelle aussi *adjectifs possessifs,* quand ils sont joints à un nom, s'accordent avec ce nom en genre, en nombre et en cas.

EXEMPLE : Mon père, *pater meus; —* ma mère, *mater mea; —* mon bras, *brachium meum.*

REMARQUE. Avec un nom, ces pronoms possessifs sont de véritables adjectifs, et répondent aux adjectifs français *mon, ton, notre, votre.* Ils ne sont réellement pronoms que lorsqu'ils sont employés seuls, et alors ils répondent à-nos pronoms possessifs *le mien, le tien, le nôtre, le vôtre :* Ton livre est mauvais. — Le *mien* est bon, *meus* est bonus. — *Suus* signifie à la fois *son* et *leur, le sien* et *le leur :* Ils aiment leur père, *amant patrem suum.*

IV.
PRONOM RELATIF.

SINGULIER.

     m.   *f.*   *n.*

Nom. Qui, quæ, quod, *qui,* ou *lequel, laquelle, quoi, ce que.*
Gén. Cujus, ⎱ de tout genre.
Dat. Cui, ⎰
Acc. Quem, quam, quod.
Abl. Quo, quâ, quo.

PLURIEL.

Nom. Qui, quæ, quæ, *qui, lesquels, lesquelles.*
Gén. Quorum, quarum, quorum.
Dat. Quibus *ou* queis, de tout genre.

Acc. Quos, quas, quæ.

Abl. Quibus *ou* queis, de tout genre.

REMARQUES. 1° *Queis* pour *quibus* ne s'emploie guère qu'en poésie. 2° Le pronom *qui, quæ, quod* s'appelle aussi *adjectif conjonctif*, parce qu'il peut se placer auprès du nom au lieu de le représenter, et qu'il sert toujours à joindre deux propositions.

RÈGLE DU *QUI* RELATIF,

Ou manière de joindre le QUI *relatif avec le Nom ou Pronom qui est devant, et qu'on appelle* ANTÉCÉDENT.

On fait accorder en latin *qui, quæ, quod*, en genre et en nombre, avec son antécédent.

Le père qui..., *pater qui...*; la mère qui..., *mater quæ...*; le temple qui..., *templum quod....*

COMPOSÉS DE *QUI.*

Dans les composés de *qui*, on décline seulement *qui*; les autres syllabes restent les mêmes.

m.   *f.*   *n.*

Nom. Quicunque, quæcunque, quodcunque, *quiconque.*

Gén. Cujuscunque.—*Dat.* Cuicunque, de tout genre etc.

AUTRE.

m.   *f.*   *n.*

Nom. Quidam, quædam, quoddam *et* quiddam, *un certain, certaine chose.*

Gén. Cujusdam. — *Dat.* Cuidam, de tout genre. — *Acc.* Quemdam, etc.

AUTRE.

m.   *f.*   *n.*

Nom. Quilibet, quælibet, quodlibet *et* quidlibet, *qui l'on voudra, ce qu'on voudra.*

Gén. Cujuslibet.—*Dat.* Cuilibet, etc.

Déclinez de même :

Nom. Quivis, quævis, quodvis, *qui vous voudrez, ce que vous voudrez.*

Gén. Cujusvis. — *Dat.* Cuivis, etc.

V.

PRONOM INTERROGATIF.

SINGULIER.

Nom. Quis, quæ, quid? (*et* quod *avec un nom*), *qui,
quel, quelle, quoi?*

Gén. Cujus? ⎫
Dat. Cui? ⎭ de tout genre.

Acc. Quem, quam, quid? (*et* quod *avec un nom*).

Abl. Quo, quâ, quo?

PLURIEL.

Nom. Qui, quæ, quæ? *qui, quels, quelles, quelles
choses?*

Gén. Quorum, quarum, quorum?

Dat. Quibus? de tout genre.

Acc. Quos, quas, quæ?

Abl. Quibus? de tout genre.

REMARQUE. Comme le pronom interrogatif *quis* s'emploie
souvent avec un nom, on l'appelle aussi pour cela *adjectif
interrogatif.*

COMPOSÉS DE *QUIS.*

On décline seulement *quis;* les autres syllabes
restent les mêmes.

Nom. Quisnam, quænam, quidnam? (*et* quodnam
avec un nom), *quel, quelle, quelle chose?*

Gén. Cujusnam? — *Dat.* Cuinam? de tout genre, etc.

AUTRE.

Nom. Quispiam, quæpiam, quidpiam (*et* quodpiam
avec un nom), *quelqu'un, quelqu'une, quelque chose.*

Gén. Cujuspiam. — *Dat.* Cuipiam, etc.

Déclinez de même :

1° Quisquam.

Nom. Quisquam, quæquam, quidquam (*et* quodquam
avec un nom), *quelque, qui que ce soit.*

Gén. Cujusquam. — *Dat.* Cuiquam, de tout genre, etc.

2° Quisque.

Nom. Quisque, quæque, quidque (*et* quodque *avec un nom*), *chacun, chacune.*

Gén. Cujusque. — *Dat.* Cuique, de tout genre, etc.

3° Quisquis.

Nom. Quisquis, quisquis *ou* quæquæ, quidquid *ou* quicquid, *qui que ce soit, tout ce qui* ou *tout ce que.*

Parmi les autres cas, il n'a que les suivants :

Dat. sing. Cuicui. *Abl.* Quoquo. *Acc. plur.* Quosquos.

4° Aliquis et Ecquis.

Dans ces deux composés, *quis* est à la fin, et le nominatif singulier féminin ainsi que les trois cas semblables du pluriel neutre sont en *a*.

Nom. Aliquis, aliqua, aliquid (*et* aliquod *avec un nom*), *quelque, quelqu'un, quelque chose.*

Gén. Alicujus. — *Dat.* Alicui.

Devant un nom de choses qui se comptent, on dit au pluriel *Aliquot* (indéclinable).

Nom. Ecquis, ecqua, ecquid ? (*et* ecquod *avec un nom*), *quel, quelle, quoi.*

Gén. Eccujus ? — *Dat.* Eccui ?

5° Unusquisque.

Dans *Unusquisque*, *chacun*, on décline *Unus* et *quisque*.

Nom. Unusquisque, unaquæque, unumquodque.

Gén. Uniuscujusque.

Dat. Unicuique.

Acc. Unumquemque, unamquamque, unumquodque.

Abl. Unoquoque, unâquâque, unoquoque.

QUATRIÈME ESPÈCE DE MOTS.

LE VERBE.

I.

Le mot dont on se sert pour exprimer que l'on est, ou que l'on fait quelque chose, s'appelle *Verbe :* ainsi le mot *être, je suis*, etc., est un verbe; le mot *lire, je lis*, etc., est un verbe.

REMARQUE. Ces expressions *on est, on fait*, ne s'entendent rigoureusement que des personnes; mais tout mot qui sert à désigner soit un *animal*, soit une *chose*, peut être le sujet d'un verbe, aussi bien que ceux qui désignent les personnes. Ainsi l'on dira d'un cheval ou du travail : *il est utile, il plaît.*

On connaît un verbe en français quand on peut y ajouter ces pronoms, *je, tu, il* ou *elle; nous, vous, ils* ou *elles : je* lis, *tu* lis, *il* lit; *nous* lisons, *vous* lisez, *ils* lisent.

Ces mots *je, nous*, marquent la première personne, c'est-à-dire celle qui parle. — Ces mots *tu, vous*, marquent la seconde personne, c'est-à-dire celle à qui l'on parle. — Ces mots *il, elle, ils, elles*, et tout nom mis devant un verbe marquent la troisième personne, c'est-à-dire celle de qui l'on parle (voy. p. 22).

REMARQUE. En latin les pronoms se sous-entendent généralement devant les verbes (voy. *Syntaxe*, nº 31, p. 123).

II.

Il y a dans les verbes deux nombres : le singulier quand on parle d'une seule personne : *l'enfant dort ;* — le pluriel, quand on parle de plusieurs : *les enfants dorment.*

III.

Il y a trois temps : le présent, qui marque que la chose se fait actuellement, comme *je lis;* le passé ou prétérit, qui marque qu'elle a été faite, comme *j'ai lu;* le futur, qui marque qu'elle se fera, comme *je lirai.*

On distingue trois sortes de prétérits ou passés, savoir : l'imparfait, *je lisais;* le parfait, *j'ai lu;* et le plus-que-parfait, *j'avais lu*. Il y a aussi deux futurs : le futur simple, *je lirai*; et le futur passé, *j'aurai lu*.

REMARQUE. Il y a donc six temps : le *présent* et l'*imparfait*, le *parfait* et le *plus-que-parfait*, le *futur* et le *futur passé*.

IV.

Il y a quatre modes dans le verbe latin : 1° l'indicatif, quand on affirme que la chose se fait, s'est faite, ou se fera; 2° l'impératif, quand on commande de la faire; 3° le subjonctif, quand on souhaite ou qu'on doute qu'elle se fasse; 4° l'infinitif, qui exprime l'action en général, sans nombres ni personnes, comme *lire*. Ce dernier mode contient le participe, le supin et le gérondif, qui sont des noms formés du verbe.

REMARQUE. L'indicatif est le seul mode qui ait les six temps. L'impératif n'en a qu'un. Le subjonctif en a quatre; il n'a ni futur ni futur passé. L'infinitif n'a aussi que quatre temps. Il a les deux futurs; mais dans ce mode l'imparfait se confond avec le présent, et le plus-que-parfait avec le parfait.

V.

Réciter de suite les différents modes d'un verbe avec tous leurs temps, leurs nombres et leurs personnes, cela s'appelle *conjuguer*.

Il y a en latin quatre conjugaisons :

La première fait à l'infinitif *are*, et à la 2ᵉ personne du présent de l'indicatif *as*. — La seconde fait à l'infinitif *ere*, et à la 2ᵉ personne du présent de l'indicatif *es*. — La troisième fait à l'infinitif *ere*, et à la 2ᵉ personne du présent de l'indicatif *is*. — La quatrième fait à l'infinitif *ire*, et à la 2ᵉ personne du présent de l'indicatif *is*.

REMARQUE. Il y a aussi en français quatre conjugaisons. La 1ʳᵉ en *er*, comme *aimer*; la 2ᵉ en *ir*, comme *avertir*; la 3ᵉ en *oir*, comme *recevoir*; la 4ᵉ en *re*, comme *entendre*. Mais les verbes ne se trouvent pas toujours de la même conjugaison dans les deux langues.

Il faut commencer par le verbe *sum*, je suis.

REMARQUE. Ce verbe, comme en français le verbe *être*, forme une classe à part : il exprime que *l'on est*, que *l'on subsiste*, et il s'appelle pour cela *verbe substantif*.

INDICATIF.		IMPÉRATIF.
PRÉSENT. *S.* Sum,	*je suis.*	Point de première personne.
Es,	*tu es.*	Es *ou* esto, *sois.*
Est,	*il est.*	Esto (ille), *qu'il soit.*
Pl. Sumus,	*nous sommes.*	Simus, *soyons.*
Estis,	*vous êtes.*	Este *ou* estote, *soyez.*
Sunt,	*ils sont.*	Sunto, *qu'ils soient.*
IMPARFAIT. *S.* Er am,	*j'étais.*	
Er as,	*tu étais.*	
Er at,	*il était.*	
Pl. Er amus,	*nous étions.*	
Er atis,	*vous étiez.*	
Er ant,	*ils étaient.*	
PARFAIT. *S.* Fu i,	*j'ai été, je fus.*	
Fu isti,	*tu as été.*	
Fu it,	*il a été.*	
Pl. Fu imus,	*nous avons été.*	
Fu istis,	*vous avez été.*	
Fu erunt *ou* fuere,	*ils ont été.*	
PL.-Q.-PARF. *S.* Fu eram,	*j'avais été.*	
Fu eras,	*tu avais été.*	
Fu erat,	*il avait été.*	
Pl. Fu eramus,	*nous avions été.*	
Fu eratis,	*vous aviez été.*	
Fu erant,	*ils avaient été.*	
FUTUR. *S.* Er o,	*je serai.*	
Er is,	*tu seras.*	
Er it,	*il sera.*	
Pl. Er imus,	*nous serons.*	
Er itis,	*vous serez.*	
Er unt,	*ils seront.*	
FUTUR PASSÉ. *S.* Fu ero,	*j'aurai été.*	
Fu eris,	*tu auras été.*	
Fu erit,	*il aura été.*	
Pl. Fu erimus,	*nous aurons été.*	
Fu eritis,	*vous aurez été.*	
Fu erint,	*ils auront été.*	

SUBJONCTIF.		INFINITIF.
Sim,	*que je sois.*	**INFINITIFS PROPREMENT DITS.**
Sis,	*que tu sois.*	
Sit,	*qu'il soit.*	PRÉS. Esse, *être, qu'il est ou qu'il*
Simus,	*que nous soyons.*	*était.*
Sitis,	*que vous soyez.*	PARF. Fuisse, *avoir été, qu'il a*
Sint,	*qu'ils soient.*	*ou qu'il avait été.*
Essem *ou* forem,	*que je fusse, je serais.*	FUTUR. Fore (indécl.)
Esses *ou* fores,	*que tu fusses.*	Futurum, futuram esse (décl.),
Esset *ou* foret,	*qu'il fût.*	*devoir être, qu'il sera ou*
Essemus,	*que nous fussions.*	*qu'il serait.*
Essetis,	*que vous fussiez.*	FUT. PASSÉ. Futurum, futuram
Essent *ou* forent,	*qu'ils fussent.*	fuisse, *avoir dû être, qu'il aura*
Fu erim,	*que j'aie été.*	*ou qu'il eût été.*
Fu eris,	*que tu aies été.*	
Fu erit,	*qu'il ait été.*	
Fu erimus,	*que nous ayons été.*	**PARTICIPES.**
Fu eritis,	*que vous ayez été.*	Point de participe présent.
Fu erint,	*qu'ils aient été.*	FUTUR. Futurus, futura, futu-
Fu issem,	*que j'eusse été, j'aurais été.*	rum, *devant être, qui*
Fu isses,	*que tu eusses été.*	*sera ou qui devra être.*
Fu isset,	*qu'il eût été.*	
Fu issemus,	*que nous eussions été.*	
Fu issetis,	*que vous eussiez été.*	
Fu issent,	*qu'ils eussent été.*	
		Point de supin.
		Point de gérondif.

Ainsi se conjuguent les verbes composés de *Sum,*
comme :

Adesse, adsum, adfui ou *affui,* être présent ;
Abesse, absum, abfui, être absent ;
Deesse, desum, defui, manquer ;
Interesse, intersum, interfui, assister à ;
Obesse, obsum, obfui ou *offui,* nuire ;
Præesse, præsum, præfui, présider à ;
Subesse, subsum, être dessous, dont le parfait n'est
pas usité.

REMARQUES. 1° Il n'y a pas en latin de mode *conditionnel.* L'imparfait du subjonctif remplace le présent du conditionnel français ; et le plus-que-parfait du subjonctif, le conditionnel passé.

2° Le *que* français qui se trouve à tous les temps du subjonctif n'appartient pas réellement au verbe. C'est une conjonction qui indique que le verbe au subjonctif dépend d'un mot qui précède. *Exemples : Il faut* que *cela soit. Je veux* que *vous soyez sages.*

3° Dans la forme déclinable du futur de l'infinitif *futurum esse, futuram esse,* et au futur passé du même mode *futurum fuisse, futuram fuisse,* le participe est mis à l'accusatif, parce que le sujet d'un infinitif est ordinairement à l'accusatif en latin ; mais on dit aussi dans beaucoup de constructions *futurus esse, futurus fuisse.*

Ces trois remarques s'appliquent à tous les verbes latins.

RÈGLE GÉNÉRALE

POUR TOUS LES VERBES.

Ego sum.

Tout verbe s'accorde en nombre et en personne
avec son nominatif.

EXEMPLES : Je suis, *ego sum.*
Ego est du singulier ; *sum* est aussi du singulier.
Ego est de la première personne ; *sum* est aussi de la
première personne.

Vous êtes, *tu es ;* — il est, *ille est ;* — nous sommes,
nos sumus ; — vous êtes, *vos estis ;* — ils sont, *illi sunt.*

Cette règle regarde également tous les autres
verbes que nous allons conjuguer.

VERBES ACTIFS.

On appelle *Verbes actifs* ceux qui sont terminés en *o*, et qui ont un passif, comme *Verbero*, je frappe, qui a le passif *Verberor*, je suis frappé.

Remarque. Les verbes actifs s'appellent aussi *verbes transitifs*. On désigne par le nom de *voix active* la suite des terminaisons qui donnent à un verbe transitif le sens actif; et par celui de *voix passive* la suite des terminaisons qui lui donnent le sens passif. La voix active et la voix passive ne sont donc réellement qu'un seul et même verbe envisagé sous un point de vue différent. A la voix active, le sujet fait l'action; à la voix passive, il la supporte. *Amo*, j'aime, est donc un verbe *transitif* à la voix *active*, ou, pour abréger, *un verbe actif.*

OBSERVATIONS GÉNÉRALES

POUR TOUS LES VERBES ACTIFS.

1° Les participes des verbes actifs se déclinent, savoir :

Les participes en *ans* et *ens*, comme l'adjectif *prudens, prudentis;*

Les participes en *us*, comme l'adjectif *bonus, bona, bonum.*

2° En conjuguant un verbe latin, il ne faut pas oublier que le parfait a trois formes différentes en français (le passé défini, le passé indéfini et le passé antérieur), tandis qu'en latin il n'en a qu'une seule qui les traduit toutes les trois.

Exemples : J'aimai,   *amavi.*

J'ai aimé,   *amavi.*

J'eus aimé, *amavi.*

INDICATIF.		IMPÉRATIF.
PRÉSENT. S. Am o,	*j'aime.*	Point de première personne.
Am as,	*tu aimes.*	
Am at,	*il aime.*	Am a ou am ato, *aime.*
Pl. Am amus,	*nous aimons.*	Am ato (ille), *qu'il aime.*
Am atis,	*vous aimez.*	Am emus, · *aimons.*
Am ant,	*ils aiment.*	Am ate ou am atote, *aimez.*
		Am anto, *qu'ils aiment.*
IMPARFAIT. S. Am aham,	*j'aimais.*	
Am abas,	*tu aimais.*	
Am abat,	*il aimait.*	
Pl. Am ahamus,	*nous aimions.*	. . . .
Am abatis,	*vous aimiez.*	
Am abant,	*ils aimaient.*	
PARFAIT. S. Am avi,	*j'ai aimé, j'aimai.*	
Am avisti,	*tu as aimé.*	
Am avit,	*il a aimé.*	
Pl. Am avimus,	*nous avons aimé.*	. . . .
Am avistis,	*vous avez aimé.*	
Am averunt, ou am avere,	*ils ont aimé.*	
PL.-Q.-PARF. S. Am averam,	*j'avais aimé.*	
Am averas,	*tu avais aimé.*	
Am averat,	*il avait aimé.*	
Pl. Am averamus,	*nous avions aimé.*	. . . .
Am averatis,	*vous aviez aimé.*	
Am averant,	*ils avaient aimé.*	
FUTUR. S. Am abo,	*j'aimerai.*	
Am abis,	*tu aimeras.*	
Am abit,	*il aimera.*	
Pl. Am abimus,	*nous aimerons.*	. . . .
Am abitis,	*vous aimerez.*	
Am abunt,	*ils aimeront.*	
FUTUR PASSÉ. S. Am avero,	*j'aurai aimé.*	
Am averis,	*tu auras aimé.*	
Am averit,	*il aura aimé.*	
Pl. Am averimus,	*nous aurons aimé.*	. . . .
Am averitis,	*vous aurez aimé.*	
Am averint,	*ils auront aimé.*	

SUBJONCTIF.		INFINITIF.
Am em,	*que j'aime.*	
Am·es,	*que tu aimes.*	
Am et,	*qu'il aime.*	INFINITIFS PROPREMENT DITS.
Am emus,	*que nous aimions,*	PRÉS. Amare, *aimer, qu'il aime*
Am etis,	*que vous aimiez.*	*ou qu'il aimait.*
Am ent,	*qu'ils aiment.*	PARF. Amavisse, *avoir aimé, qu'il*
		a ou qu'il avait aimé.
Am arem,	*que j'aimasse, j'aimerais.*	FUTUR. Amaturum, aturam esse,
Am ares,	*que tu aimasses.*	*devoir aimer, qu'il aimera ou*
Am aret,	*qu'il aimât.*	*qu'il aimerait.*
Am aremus,	*que nous aimassions,*	FUT. PASSÉ. Amaturum, aturam
Am aretis,	*que vous aimassiez.*	*fuisse, avoir dû aimer, qu'il*
Am arent,	*qu'ils aimassent.*	*aura ou qu'il eût aimé.*
Am averim,	*que j'aie aimé.*	
Am averis,	*que tu aies aimé.*	
Am averit,	*qu'il ait aimé.*	PARTICIPES.
Am averimus,	*que nous ayons aimé,*	PRÉSENT. Amans, antis, *aimant,*
Am averitis,	*que vous ayez aimé.*	*qui aime ou qui aimait.*
Am averint,	*qu'ils aient aimé.*	FUTUR. Amaturus, atura, atu-
		rum, · *devant · aimer , qui*
Am avissem,	*que j'eusse ou j'aurais aimé.*	*aimera ou qui doit aimer.*
Am avisses,	*que tu eusses aimé.*	
Am avisset,	*qu'il eût aimé.*	
Am avissemus,	*que nous eussions aimé.*	SUPIN.
Am avissetis,	*que vous eussiez aimé.*	Amatum, *à aimer.*
Am avissent,	*qu'ils eussent aimé.*	GÉRONDIFS.
		Amandi, *d'aimer.*
		Amando, *en aimant.*
		Amandum, *à aimer ou pour*
		aimer.

Ainsi se conjuguent : *Laudare, laudo, laudavi, laudatum,* louer ; — *Vituperare, vitupero, vituperavi, vituperatum,* blâmer.

Ainsi se conjuguent : *Verberare, verbero, verberavi, verberatum,* frapper ;— *Vocare, voco, vocavi, vocatum,* appeler, etc.

INDICATIF.	IMPÉRATIF.	SUBJONCTIF.	INFINITIF.
PRÉSENT. *S.* Mon eo, *j'avertis.* Mon es, *tu avertis.* Mon et, *il avertit.* *Pl.* Mon emus, *nous avertissons.* Mon etis, *vous avertissez.* Mon ent, *ils avertissent.*	Point de première personne. Mon e ou mon eto, *avertis.* Mon eto (lile), *qu'il avertisse.* Mon eamus, *avertissons.* Monete ou monetote, *avertissez.* Mon ento, *qu'ils avertissent.*	Mon eam, *que j'avertisse.* Mon eas, *que tu avertisses.* Mon eat, *qu'il avertisse.* Mon eamus, *que nous avertissions.* Mon eatis, *que vous avertissiez.* Mon eant, *qu'ils avertissent.*	INFINITIFS PROPREMENT DITS. PRÉS. Monere, *avertir, qu'il avertit ou qu'il avertissait.* PARF. Monuisse, *avoir averti, qu'il a ou qu'il avait averti.*
IMPARFAIT. *S.* Mon ebam, *j'avertissais.* Mon ebas, *tu avertissais.* Mon ebat, *il avertissait.* *Pl.* Mon ebamus, *nous avertissions.* Mon ebatis, *vous avertissiez.* Mon ebant, *ils avertissaient.*	....	Mon erem, *que j'avertisse, j'avertirais.* Mon eres, *que tu avertisses.* Mon eret, *qu'il avertit.* Mon eremus, *que nous avertissions.* Mon eretis, *que vous avertissiez.* Mon erent, *qu'ils avertissent.*	FUTUR. Moniturum, ituram esse, *devoir avertir, qu'il avertira ou qu'il avertirait.* FUT. PASSÉ. Moniturum, ituram fuisse, *avoir dû avertir, qu'il aura ou qu'il eût averti.*
PARFAIT. *S.* Mon ui, *j'ai averti, j'avertis.* Mon uisti, *tu as averti.* Mon uit, *il a averti.* *Pl.* Mon uimus, *nous avons averti.* Mon uistis, *vous avez averti.* Mon uerunt ou mon uere, *ils ont averti.*	....	Mon uerim, *que j'aie averti.* Mon ueris, *que tu aies averti.* Mon uerit, *qu'il ait averti.* Mon uerimus, *que nous ayons averti.* Mon ueritis, *que vous ayez averti.* Mon uerint, *qu'ils aient averti.*	PARTICIPES. PRÉS. Monens, monentis, *avertissant, qui avertit ou qui avertissait.*
PL.-Q.-PARF. *S.* Mon ueram, *j'avais averti.* Mon ueras, *tu avais averti.* Mon uerat, *il avait averti.* *Pl.* Mon ueramus, *nous avions averti.* Mon ueratis, *vous aviez averti.* Mon uerant, *ils avaient averti.*	....	Mon uissem, *que j'eusse ou j'aurais averti.* Mon uisses, *que tu eusses averti.* Mon uisset, *qu'il eût averti.* Mon uissemus, *que nous eussions averti.* Mon uissetis, *que vous eussiez averti.* Mon uissent, *qu'ils eussent averti.*	FUTUR. Moniturus, itura, iturum, *devant avertir, qui avertira ou qui doit avertir.*
FUTUR. *S.* Mon ebo, *j'avertirai.* Mon ebis, *tu avertiras.* Mon ebit, *il avertira.* *Pl.* Mon ebimus, *nous avertirons.* Mon ebitis, *vous avertirez.* Mon ebunt, *ils avertiront.*	....	....	SUPIN. Monitum, *à avertir.*
FUT. PASSÉ. *S.* Mon uero, *j'aurai averti.* Mon ueris, *tu auras averti.* Mon uerit, *il aura averti.* *Pl.* Mon uerimus, *nous aurons averti.* Mon ueritis, *vous aurez averti.* Mon uerint, *ils auront averti.*	....	....	GÉRONDIFS. Monendi, *d'avertir.* Monendo, *en avertissant.* Monendum, *à avertir ou pour avertir.*

Ainsi se conjuguent : *Docere, doceo, docui, doctum,* instruire ; — *Terrere, terreo, terrui, terrilum,* épouvanter.

Ainsi se conjuguent : *Tenere, teneo, tenui, tentum,* tenir ; — *Implere, impleo, implevi, impletum,* emplir.

INDICATIF.		IMPÉRATIF.
PRÉSENT.	*S.* Leg o, *je lis.*	Point de première personne.
	Leg is, *tu lis.*	Leg e ou leg ito, *lis.*
	Leg it, *il lit.*	Leg ito (ille), *qu'il lise.*
	Pl. Leg imus, *nous lisons.*	Leg amus, *lisons.*
	Leg itis, *vous lisez.*	Leg ite ou leg itote, *lisez.*
	Leg unt, *ils lisent.*	Leg unto, *qu'ils lisent.*
IMPARFAIT.	*S.* Leg ebam, *je lisais.*	
	Leg ebas, *tu lisais.*	
	Leg ebat, *il lisait.*	
	Pl. Leg ebamus, *nous lisions.*	
	Leg ebatis, *vous lisiez.*	
	Leg ebant, *ils lisaient.*	
PARFAIT.	*S.* Leg i, *j'ai lu, je lus.*	
	Leg isti, *tu as lu.*	
	Leg it, *il a lu.*	
	Pl. Leg imus, *nous avons lu.*	
	Leg istis, *vous avez lu.*	
	Leg erunt ou leg ere, *ils ont lu.*	
PL.-Q.-PARF.	*S.* Leg eram, *j'avais lu.*	
	Leg eras, *tu avais lu.*	
	Leg erat, *il avait lu.*	
	Pl. Leg eramus, *nous avions lu.*	
	Leg eratis, *vous aviez lu.*	
	Leg erant, *ils avaient lu.*	
FUTUR.	*S.* Leg am, *je lirai.*	
	Leg es, *tu liras.*	
	Leg et, *il lira.*	
	Pl. Leg emus, *nous lirons.*	
	Leg etis, *vous lirez.*	
	Leg ent, *ils liront.*	
FUTUR PASSÉ.	*S.* Leg ero, *j'aurai lu.*	
	Leg eris, *tu auras lu.*	
	Leg erit, *il aura lu.*	
	Pl. Leg erimus, *nous aurons lu.*	
	Leg eritis, *vous aurez lu.*	
	Leg erint, *ils auront lu.*	

Ainsi se conjuguent: *Vincere, vinco, vici, victum,* vaincre; — *Occidere, occido, occidi, occisum,* tuer.

SUBJONCTIF.		INFINITIF.
Leg am,	*que je lise.*	INFINITIFS PROPREMENT DITS.
Leg as,	*que tu lises.*	
Leg at,	*qu'il lise.*	PRÉS. Legere, *lire, qu'il lit ou*
Leg amus,	*que nous lisions.*	*qu'il lisait.*
Leg atis,	*que vous lisiez.*	
Leg ant,	*qu'ils lisent.*	PARF. Legisse, *avoir lu, qu'il a*
		ou qu'il avait lu.
Leg erem,	*que je lusse, je lirais.*	FUTUR. Lecturum, turam esse,
Leg eres,	*que tu lusses.*	*devoir lire, qu'il lira ou qu'il*
Leg eret,	*qu'il lût.*	*lirait.*
Leg eremus,	*que nous lussions.*	FUTUR PASSÉ. Lecturum, turam
Leg eretis,	*que vous lussiez.*	*fuisse, avoir dû lire, qu'il*
Leg erent,	*qu'ils lussent.*	*aura ou qu'il eût lu.*
Leg erim,	*que j'aie lu.*	
Leg eris,	*que tu aies lu.*	
Leg erit,	*qu'il ait lu.*	PARTICIPES.
Leg erimus,	*que nous ayons lu.*	PRÉSENT. Legens, entis, *lisant,*
Leg eritis,	*que vous ayez lu.*	*qui lit ou qui lisait.*
Leg erint,	*qu'ils aient lu.*	FUTUR. Lecturus, tura, turum,
		devant lire, qui lira ou qui
Leg issem,	*que j'eusse ou j'aurais lu.*	*doit lire.*
Leg isses,	*que tu eusses lu.*	
Leg isset,	*qu'il eût lu.*	
Leg issemus,	*que nous eussions lu.*	SUPIN.
Leg issetis,	*que vous eussiez lu.*	Lectum, *à lire.*
Leg issent,	*qu'ils eussent lu.*	
		GÉRONDIFS.
		Legendi, *de lire.*
		Legendo, *en lisant.*
		Legendum, *à lire ou pour lire.*

Ainsi se conjuguent : *Scribere, scribo, scripsi, scriptum,* écrire; — *Cognoscere, cognosco, cognovi, cognitum,* connaître, etc.

	INDICATIF.		IMPÉRATIF.
PRÉSENT.	*S.* Accip io, Accip is, Accip it, *Pl.* Accip imus, Accip itis, Accip iunt,	*je reçois.* *tu reçois.* *il reçoit.* *nous recevons.* *vous recevez.* *ils reçoivent.*	Point de première personne. Accip e ou accip ito, *reçois.* Accip ito (ille), *qu'il reçoive.* Accip iamus, *recevons.* Accip ite ou accip itote, *recevez.* Accip iunto, *qu'ils reçoivent.*
IMPARFAIT.	*S.* Accip iebam, Accip iebas, Accip iebat, *Pl.* Accip iebamus, Accip iebatis, Accip iebant,	*je recevais.* *tu recevais.* *il recevait.* *nous recevions.* *vous receviez.* *ils recevaient.*	....
PARFAIT.	*S.* Accep i, Accep isti, Accep it, *Pl.* Accep imus, Accep istis, Accep erunt, ou accep ere,	*j'ai reçu, je reçus.* *tu as reçu.* *il a reçu.* *nous avons reçu.* *vous avez reçu.* *ils ont reçu.*	....
PL.-Q.-PARF.	*S.* Accep eram, Accep eras, Accep erat, *Pl.* Accep eramus, Accep eratis, Accep erant,	*j'avais reçu.* *tu avais reçu.* *il avait reçu.* *nous avions reçu.* *vous aviez reçu.* *ils avaient reçu.*	....
FUTUR.	*S.* Accip iam, Accip ies, Accip iet, *Pl.* Accip iemus, Accip ietis, Accip ient,	*je recevrai.* *tu recevras.* *il recevra.* *nous recevrons.* *vous recevrez.* *ils recevront.*	....
FUTUR PASSÉ.	*S.* Accep ero, Accep eris, Accep erit, *Pl.* Accep erimus, Accep eritis, Accep erint,	*j'aurai reçu.* *tu auras reçu.* *il aura reçu.* *nous aurons reçu.* *vous aurez reçu.* *ils auront reçu.*	....

Ainsi se conjuguent : *Facere, facio, feci, factum,* faire ; — *Fugere, fugio, fugi, fugitum,* fuir.

SUBJONCTIF.		INFINITIF.
Accip iam, Accip ias, Accip iat, Accip iamus, Accip iatis, Accip iant,	*que je reçoive.* *que tu reçoives.* *qu'il reçoive.* *que nous recevions.* *que vous receviez.* *qu'ils reçoivent.*	INFINITIFS PROPREMENT DITS. PRÉS. Accipere, *recevoir, qu'il reçoit ou qu'il recevait.* PARF. Accepisse, *avoir reçu, qu'il a ou qu'il avait reçu.*
Accip erem, Accip eres, Accip eret, Accip eremus, Accip eretis, Accip erent,	*que je reçusse, je recevrais.* *que tu reçusses.* *qu'il reçût.* *que nous reçussions.* *que vous reçussiez.* *qu'ils reçussent.*	FUT. Accepturum, turam esse, *devoir recevoir, qu'il recevra ou qu'il recevrait.*
Accep erim, Accep eris, Accep erit, Accep erimus, Accep eritis, Accep erint,	*que j'aie reçu.* *que tu aies reçu.* *qu'il ait reçu.* *que nous ayons reçu.* *que vous ayez reçu.* *qu'ils aient reçu.*	FUT. PASSÉ. Accepturum, turam fuisse, *avoir dû recevoir, qu'il aura ou qu'il eût reçu.* ———— PARTICIPES.
Accep issem, Accep isses, Accep isset, Accep issemus, Accep issetis, Accep issent,	*que j'eusse ou j'aurais reçu.* *que tu eusses reçu.* *qu'il eût reçu.* *que nous eussions reçu.* *que vous eussiez reçu.* *qu'ils eussent reçu.*	PRÉS. Accipiens, ientis, *recevant, qui reçoit ou qui recevait.* Accepturus, tura, turum, *devant recevoir, qui recevra ou qui doit recevoir.*
....		———— SUPIN. Acceptum, *à recevoir.*
		GÉRONDIFS. Accipiendi, *de recevoir.* Accipiendo, *en recevant.* Accipiendum, *à ou pour recevoir.*

Ainsi se conjuguent : *Aspicere, aspicio, aspexi, aspectum,* regarder ; — *Jacere, jacio, jeci, jactum,* jeter, etc.

INDICATIF.		IMPÉRATIF.
PRÉSENT.		Point de première personne.
S. Aud io,	*j'entends ; j'écoute.*	Aud i ou aud ito, *entends.*
Aud is,	*tu entends;tu écoutes.*	Aud ito (ille), *qu'il entende.*
Aud it,	*il entend ; il écoute.*	Aud iamus, *entendons.*
Pl. Aud imus,	*nous entendons.*	Aud ite ou aud itote, *entendez.*
Aud itis,	*vous entendez.*	Aud iûnto , *qu'ils entendent.*
Aud iunt,	*ils entendent.*	
IMPARFAIT.		
S. Aud iebam,	*j'entendais.*	
Aud iebas,	*tu entendais.*	
Aud iebat,	*il entendait.*	
Pl. Aud iebamus,	*nous entendions.*	
Aud iebatis,	*vous entendiez.*	
Aud iebant,	*ils entendaient.*	
PARFAIT.		
S. Aud ivi,	*j'ai*	
Aud ivisti,	*tu as*	
Aud ivit,	*il a*	
Pl. Aud ivimus,	*nous avons*	*entendu.*
Aud ivistis,	*vous avez*	
Aud iverunt ou aud ivere, *ils ont*		
PL.-Q.-PARF.		
S. Aud iveram,	*j'avais*	
Aud iveras,	*tu avais*	
Aud iverat,	*il avait*	
Pl. Aud iveramus, *nous avions*		*entendu.*
Aud iveratis,	*vous aviez*	
Aud iverant,	*ils avaient*	
FUTUR.		
S. Aud iam,	*j'entendrai.*	
Aud ies,	*tu entendras.*	
Aud iet,	*il entendra.*	
Pl. Aud iemus,	*nous entendrons.*	
Aud ietis,	*vous entendrez.*	
Aud ient,	*ils entendront.*	
FUTUR PASSÉ.		
S. Aud ivero,	*j'aurai*	
Aud iveris,	*tu auras*	
Aud iverit,	*il aura*	
Pl. Aud iverimus, *nous aurons*		*entendu.*
Aud iveritis,	*vous aurez*	
Aud iverint,	*ils auront*	

SUBJONCTIF.		INFINITIF.
Aud iam,	*que j'entende.*	
Aud ias,	*que tu entendes.*	INFINITIFS PROPREMENT DITS.
Aud iat,	*qu'il entende.*	
Aud iamus,	*que nous entendions.*	PRÉSENT. Audire, entendre, *qu'il*
Aud iatis,	*que vous entendiez.*	*entend ou qu'il entendait.*
Aud iant,	*qu'ils entendent.*	
		PARFAIT. Audivisse, *avoir enten-*
Aud irem,	*que j'entendisse, j'entendrais.*	*du, qu'il a ou qu'il avait en-*
Aud ires,	*que tu entendisses.*	*tendu.*
Aud iret,	*qu'il entendît.*	
Aud iremus,	*que nous entendissions.*	FUTUR. Auditurum, ituram esse,
Aud iretis,	*que vous entendissiez.*	*devoir entendre, qu'il enten-*
Aud irent,	*qu'ils entendissent.*	*dra ou qu'il entendrait.*
Aud iverim,	*que j'aie*	FUT. PASSÉ. Auditurum, ituram
Aud iveris,	*que tu aies*	*fuisse , avoir dû entendre,*
Aud iverit,	*qu'il ait*	*qu'il aura ou qu'il eût en-*
Aud iverimus,	*que nous ayons*	*tendu.*
Aud iveritis,	*que vous ayez*	
Aud iverint,	*qu'ils aient*	
		PARTICIPES.
Aud ivissem,	*que j'eusse*	
Aud ivisses,	*que tu eusses*	PRÉSENT. Audiens, audientis, *en-*
Aud ivisset,	*qu'il eût*	*tendant , qui entend ou qui*
Aud ivissemus,	*que nous eussions*	*entendait.*
Aud ivissetis,	*que vous eussiez*	
Aud ivissent,	*qu'ils eussent*	FUTUR. Auditurus, itura, iturum,
		devant entendre, qui doit ou
		qui devait entendre.
		SUPIN.
		Auditum, *à entendre.*
		GÉRONDIFS.
		Audiendi, *d'entendre.*
		Audiendo, *en entendant.*
		Audiendum, *à ou pour entendre.*

Ainsi se conjuguent : *Aperire, aperio, aperui, apertum,* ouvrir ; — *Munire, munio, munivi, munitum,* fortifier.

Ainsi se conjuguent : *Sepelire, sepelio, sepelivi, sepultum,* ensevelir ; — *Punire, punio, punivi, punitum,* punir, etc.

REMARQUE GÉNÉRALE. A toutes les conjugaisons, dans les parfaits en *avi*, *evi*, *ovi*, et dans les temps qui en sont formés, on peut faire une *syncope*, c'est-à-dire retrancher le *v* et l'*i* devant *r* ou *s*; ainsi : *amârunt* pour *amaverunt; implêssem* pour *implevissem*.

Il faut excepter deux verbes de la seconde conjugaison : *favi* parfait de *faveo*, favoriser, et *fovi* parfait de *foveo*, réchauffer, qui étant déjà syncopés, n'admettent pas le retranchement du *v* et de l'*i*.

Dans les parfaits en *ivi* et dans les temps qui en sont formés, on peut toujours supprimer le *v* : *audii* pour *audivi; audieram* pour *audiveram; audiissem* pour *audivissem*.

TABLEAU SYNOPTIQUE

des quatre Conjugaisons actives.

		1.	2.	3.	4.
INDICATIF.	*Prés.*	Am o, as.	Mon eo, es.	Leg o, is.	Aud io, is.
	Imp.	Am abam, abas.	Mon ebam, ebas.	Leg ebam, ebas	Audiebam, iebas.
	Parf.	Am avi, avisti.	Mon ui, uisti.	Leg i, isti.	Aud ivi, ivisti.
	P-q-P.	Ama veram, averas	Mon ueram, ueras	Leg eram, eras.	Audiveram, iveras
	Fut.	Am abo, abis.	Mon ebo, ebis.	Leg am, es.	Aud iam, ies.
	F.pas.	Am avero, averis.	Mon uero, ueris.	Leg ero, eris.	Aud ivero, iveris.
	IMPÉR.	Am a, ato.	Mon e, eto.	Leg e, ito.	Aud i, ito.
SUBJ.	*Prés.*	Am em, es.	Mon eam, eas.	Leg am, as.	Aud iam, ias.
	Imp.	Am arem, ares.	Mon erem, eres.	Leg erem, eres.	Aud irem, ires.
	Parf.	Am averim, eris.	Mon uerim, ueris.	Leg erim, eris.	Aud iverim, iveris
	P-q-P.	Am avissem, es.	Monuissem, uisses	Leg issem, isses	Audivissem, ivisses
	INFIN.	Am are, avisse.	Mon ere, uisse.	Leg ere, isse.	Aud ire, ivisse.

REMARQUE. Il ne faut pas confondre les verbes de la troisième conjugaison en *io*, *ere*, comme *accipio*, *accipere*, avec les verbes de la quatrième en *io*, *ire*, comme *audio*, *audire*. Les verbes qui se conjuguent sur *accipio* ne prennent l'*i* que devant les terminaisons qui commencent par *o*, *u*, *a*, *e*, c'est-à-dire à la première personne du singulier et à la troisième du pluriel du présent de l'indicatif, à la troisième du pluriel de l'impératif, au présent du subjonctif, au participe présent, au gérondif, à l'imparfait et au futur de l'indicatif. Ils ne prennent pas l'*i* devant les autres terminaisons, et sont alors semblables aux verbes en *o*, *ere* : c'est pour cela qu'ils appartiennent à la troisième conjugaison.

FORMATION DES TEMPS

DANS LES VERBES ACTIFS.

I.

Temps formés du présent de l'infinitif.

Otez la dernière syllabe de l'infinitif, vous aurez l'impératif :

Am *are*,	am *a*.
Mon *ere*,	mon *e*.
Leg *ere*,	leg *e*.
Aud *ire*,	aud *i**.

Ajoutez *m* à l'infinitif, vous aurez l'imparfait du subjonctif :

Am *are*,	am *arem*.
Mon *ere*,	mon *erem*.
Leg *ere*,	leg *erem*.
Aud *ire*,	aud *irem*.

II.

Temps formés du présent de l'indicatif.

1° Dans les deux premières conjugaisons, changez *o* en *abo*, et *eo* en *ebo*, vous aurez le futur :

Am *o*,	am *abo*.
Mon *eo*,	mon *ebo*.

2° Dans les deux dernières, changez *o* en *am* :

Leg *o*,	leg *am*.
Aud *io*,	aud *iam*.

III.

Temps formés du parfait de l'indicatif.

1° Changez *i* en *eram*, vous aurez le plus-que-parfait :

---

* Quatre verbes, *dico*, *duco*, *facio*, *fero*, font à l'impératif, *dic*, *duc*, *fac*, *fer*, ainsi que les verbes qui en sont composés, excepté ceux qui changent *facere* en *ficere*.

3

Am *avi*,　　　am *averam*.
Mon *ui*,　　　mon *ueram*.
Leg *i*,　　　　leg *eram*.
Aud *ivi*,　　　aud *iveram*.

2° Changez *i* en *ero*, vous aurez le futur passé :

Am *avi*,　　　am *avero*.
Mon *ui*,　　　mon *uero*.
Leg *i*,　　　　leg *ero*.
Aud *ivi*,　　　aud *ivero*.

3° Changez *i* en *erim*, vous aurez le parfait du subjonctif :

Am *avi*,　　　am *averim*.
Mon *ui*,　　　mon *uerim*.
Leg *i*,　　　　leg *erim*.
Aud *ivi*,　　　aud *iverim*.

4° Changez *i* en *issem*, vous aurez le plus-que-parfait du subjonctif :

Am *avi*,　　　am *avissem*.
Mon *ui*,　　　mon *uissem*.
Leg *i*,　　　　leg *issem*.
Aud *ivi*,　　　aud *ivissem*.

REMARQUE. Pour étudier les conjugaisons et la formation des temps, il importe de distinguer dans un verbe la partie invariable, qu'on nomme *radical*, c'est-à-dire racine, et la partie variable, qui se nomme *terminaison* : leg *ere*, leg *o*, leg *am*.

Le radical est dans sa forme pure au présent de l'infinitif. Il éprouve souvent quelque altération au *parfait de l'indicatif* et au *supin*. Il est donc nécessaire de savoir quels temps se forment du *présent de l'infinitif* et ont le radical pur ; et quels temps se forment soit du *parfait*, soit du *supin*, et peuvent avoir un radical altéré.

Du présent de l'infinitif se forment le *présent* et l'*imparfait* de tous les modes, et de plus le *futur*.

Du parfait se forme le *plus-que-parfait* de tous les modes, et de plus le *futur passé*.

Du supin se forme le participe futur en *rus*.

Avec le présent de l'indicatif et de l'infinitif, les dictionnaires indiquent toujours le parfait et le supin d'un verbe pour aider à former ses autres temps.

RÈGLE DES VERBES ACTIFS.

Amo *Deum*.

Tous les verbes actifs gouvernent l'accusatif (voy. *la Syntaxe*, n° 35, p. 124).

EXEMPLES : J'aime, j'aimais, j'ai aimé, j'aimerai Dieu, *amo, amabam, amavi, amabo Deum*.

Vous aviez instruit, vous instruiriez l'enfant, *docueras, doceres puerum*.

Il aura lu, il aurait lu le livre, *legerit*, *legisset librum*.

Écoutez votre maître, *audi magistrum tuum*.

VERBES PASSIFS.

On forme le verbe passif en ajoutant *r* à l'actif : *amo, amor*; *doceo, doceor*.

REMARQUE. Les verbes actifs ou transitifs sont les seuls qui aient la voix passive (voir p. 37).

RÈGLE GÉNÉRALE

POUR TOUS LES VERBES PASSIFS.

Tous les temps composés se déclinent, tant au singulier qu'au pluriel, comme *Bonus*, *a*, *um*; et ils s'accordent en genre, en nombre et en cas avec leurs nominatifs.

EXEMPLES : Le père a été aimé, *pater amatus est;* — la mère a été aimée, *mater amata est*.

REMARQUES : 1° Les temps composés sont le *parfait*, le *plus-que-parfait* et le *futur passé* à tous les modes. Ils se composent du participe passé passif et du verbe *sum*.

2° Au parfait on dit *amatus sum* plutôt que *amatus fui*, au plus-que-parfait, *amatus eram*, plutôt que *amatus fueram*, et au futur passé, *amatus ero*, plutôt que *amatus fuero*.

INDICATIF.		IMPÉRATIF.

PRÉSENT.

S. Am or,	je suis aimé.
Am aris ou am are,	tu es aimé.
Am atur,	il est aimé.
Pl. Am amur,	nous sommes aimés.
Am amini,	vous êtes aimés.
Am antur,	ils sont aimés.

Point de première personne.

Am are ou ama tor,	sois aimé.
Am ator (ille),	qu'il soit aimé.
Am emur,	soyons aimés.
Am amini,	soyez aimés.
Am antor,	qu'ils soient aimés.

IMPARFAIT.

S. Am abar,	j'étais aimé.
Am abaris, am abare,	tu étais aimé.
Am abatur,	il était aimé.
Pl. Am abamur,	nous étions aimés.
Am abamini,	vous étiez aimés.
Am abantur,	ils étaient aimés.

PARFAIT.

S. Amatus sum ou fui,	j'ai été, je fus
Amatus es ou fuisti,	tu as été
Amatus est ou fuit,	il a été
Pl. Amati sumus,	nous avons été
Amati estis,	vous avez été
Amati sunt,	ils ont été

aimé.

PL.-Q.-PARF.

S. Amatus eram ou fueram,	j'avais été
Amatus eras,	tu avais été
Amatus erat,	il avait été
Pl. Amati eramus,	nous avions été
Amati eratis,	vous aviez été
Amati erant,	ils avaient été

aimé.

FUTUR.

S. Am abor,	je serai aimé.
Am aberis ou am abere,	tu seras aimé.
Am abitur,	il sera aimé.
Pl. Am abimur,	nous serons aimés.
Am abimini,	vous serez aimés.
Am abuntur,	ils seront aimés.

FUTUR PASSÉ.

S. Amatus ero ou fuero,	j'aurai été
Amatus eris,	tu auras été
Amatus erit,	il aura été
Pl. Amati erimus,	nous aurons été
Amati eritis,	vous aurez été
Amati erunt,	ils auront été

aimé.

Ainsi se conjuguent : *Laudari, laudor, laudatus sum*, je suis loué ; — *Vituperari, vitupe-ror, vituperatus sum*, je suis blâmé.

SUBJONCTIF.		INFINITIF.

Am er,	que je sois
Am eris ou am ere,	que tu sois
Am etur,	qu'il soit
Am emur,	que nous soyons
Am emini,	que vous soyez
Am entur,	qu'ils soient

aimé.

INFINITIFS PROPREMENT DITS.

PRÉS. *Amari*, être aimé, qu'il est ou qu'il était aimé.

PARFAIT. *Amatum*, atam esse ou fuisse, avoir été aimé, qu'il a été ou qu'il avait été aimé.

Am arer,	que je fusse, je serais
Am areris ou am arere,	que tu fusses
Am aretur,	qu'il fût
Am aremur,	que nous fussions
Am aremini,	que vous fussiez
Am arentur,	qu'ils fussent

aimé.

FUTUR. *Amatum iri* (indécl.) ; Aman-dum esse (décl.)

devoir être aimé, qu'il sera ou qu'il serait ai-mé.

FUT. PASSÉ. *Amandum*, andam fuisse, avoir dû être aimé, qu'il aura ou qu'il eût été aimé.

Amatus sim ou fuerim,	que j'aie été
Amatus sis,	que tu aies été
Amatus sit,	qu'il ait été
Amati simus,	que nous ayons été
Amati sitis,	que vous ayez été
Amati sint,	qu'ils aient été

aimé.

PARTICIPES.

PASSÉ. *Amatus*, ata, atum, aimé, ayant été aimé, qui a été aimé.

FUTUR. *Amandus*, ananda, amandum, devant être aimé, qui doit ou qui devait être aimé.

Amatus essem ou fuissem,	que j'eusse été
Amatus esses,	que tu eusses été
Amatus esset,	qu'il eût été
Amati essemus,	que nous eussions été
Amati essetis,	que vous eussiez été
Amati essent,	qu'ils eussent été

aimé.

SUPIN.

Amatu, à être aimé.

Ainsi se conjuguent : *Verberari, verberor, verberatus sum*, je suis frappé ; — *Vocari, vocor, vocatus sum*, je suis appelé, etc.

INDICATIF.

PRÉSENT.
S.	Mon eor,	*je suis averti.*
	Mon eris ou mon ere,	*tu es averti.*
	Mon etur,	*il est averti.*
Pl.	Mon emur,	*nous sommes avertis.*
	Mon emini,	*vous êtes avertis.*
	Mon entur,	*ils sont avertis.*

IMPARFAIT.
S.	Mon abar,	*j'étais averti.*
	Mon ebaris ou mon ebare,	*tu étais averti.*
	Mon ebatur,	*il était averti.*
Pl.	Mon ebamur,	*nous étions avertis.*
	Mon ebamini,	*vous étiez avertis.*
	Mon ebantur,	*ils étaient avertis.*

PARFAIT.
S.	Monitus sum ou fui,	*j'ai été*
	Monitus es,	*tu as été*
	Monitus est,	*il a été*
Pl.	Moniti sumus,	*nous avons été*
	Moniti estis,	*vous avez été*
	Moniti sunt,	*ils ont été*

(accolade : *averti, avertis.*)

PL.-Q.-PARF.
S.	Monitus eram ou fueram,	*j'avais été*
	Monitus eras,	*tu avais été*
	Monitus erat,	*il avait été*
Pl.	Moniti eramus,	*nous avions été*
	Moniti eratis,	*vous aviez été*
	Moniti erant,	*ils avaient été .*

(accolade : *averti, avertis.*)

FUTUR.
S.	Mon ebor,	*je serai averti.*
	Mon eberis ou mon ebere,	*tu seras averti.*
	Mon ebitur,	*il sera averti.*
Pl.	Mon ebimur,	*nous serons avertis.*
	Mon ebimini,	*vous serez avertis.*
	Mon ebuntur,	*ils seront avertis.*

FUTUR PASSÉ.
S.	Monitus ero ou fuero,	*j'aurai été*
	Monitus eris,	*tu auras été*
	Monitus erit,	*il aura été*
Pl.	Moniti erimus,	*nous aurons été*
	Moniti eritis,	*vous aurez été*
	Moniti erunt,	*ils auront été*

(accolade : *averti, avertis.*)

IMPÉRATIF.

Point de première personne.

Mon ere ou mon etor,	*sois averti.*
Mon etor (ille),	*qu'il soit averti.*
Mon eamur,	*soyons avertis.*
Mon emini,	*soyez avertis.*
Mon entor,	*qu'ils soient avertis.*

SUBJONCTIF.

Mon ear,	*que je sois averti.*
Mon earis ou mon eare,	*que tu sois averti.*
Mon eatur,	*qu'il soit averti.*
Mon eamur,	*que nous soyons avertis.*
Mon eamini,	*que vous soyez avertis.*
Mon eantur,	*qu'ils soient avertis.*

Mon erer,	*que je fusse averti.*
Mon ereris ou mon erere,	*que tu fusses averti.*
Mon eretur,	*qu'il fût averti.*
Mon eremur,	*que nous fussions avertis.*
Mon eremini,	*que vous fussiez avertis.*
Mon erentur,	*qu'ils fussent avertis.*

Monitus sim ou fuerim,	*que j'aie été*
Monitus sis,	*que tu aies été*
Monitus sit,	*qu'il ait été*
Moniti simus,	*que nous ayons été*
Moniti sitis,	*que vous ayez été*
Moniti sint,	*qu'ils aient été*

(accolade : *averti, avertis.*)

Monitus essem ou fuissem,	*que j'eusse été*
Monitus esses,	*que tu eusses été*
Monitus esset,	*qu'il eût été*
Moniti essemus,	*que nous eussions été*
Moniti essetis,	*que vous eussiez été*
Moniti essent,	*qu'ils eussent été*

(accolade : *averti, avertis.*)

INFINITIF.

INFINITIFS PROPREMENT DITS.

PRÉS. Moneri, *être averti, qu'il est ou qu'il était averti.*

PARF. Monitum, monitam esse ou fuisse, *avoir été averti, qu'il a ou avait été averti.*

FUT. Monitum iri (indécl.) ; Monendum esse (décl.) *devoir être averti, qu'il sera ou se-rait averti.*

FUT. PASSÉ. Monendum, endam fuisse, *avoir dû être averti, qu'il aura ou qu'il eût été averti.*

PARTICIPES.

PASSÉ. Monitus, ita, itum, *averti, ayant été averti, qui a été averti.*

FUTUR. Monendus, enda, endum, *devant être averti, qui doit ou devait être averti.*

SUPIN.

Monitu, *à être averti.*

INDICATIF.

PRÉSENT.	S. Leg or,	je suis lu.
	Leg eris ou leg ere,	tu es lu.
	Leg itur,	il est lu.
	Pl. Leg imur,	nous sommes lus.
	Leg imini,	vous êtes lus.
	Leg untur,	ils sont lus.
IMPARFAIT.	S. Leg ebar,	j'étais lu.
	Leg ebaris ou leg ebare,	tu étais lu.
	Leg ebatur,	il était lu.
	Pl. Leg ebamur,	nous étions lus.
	Leg ebamini,	vous étiez lus.
	Leg ebantur,	ils étaient lus.
PARFAIT.	S. Lectus sum ou fui,	j'ai été, je fus lu.
	Lectus es,	tu as été lu.
	Lectus est,	il a été lu.
	Pl. Lecti sumus,	nous avons été lus.
	Lecti estis,	vous avez été lus.
	Lecti sunt,	ils ont été lus.
PL.-Q.-PARF.	S. Lectus eram ou fueram,	j'avais été lu.
	Lectus eras,	tu avais été lu.
	Lectus erat,	il avait été lu.
	Pl. Lecti eramus,	nous avions été lus.
	Lecti eratis,	vous aviez été lus.
	Lecti erant,	ils avaient été lus.
FUTUR.	S. Leg ar,	je serai lu.
	Leg eris ou leg ere,	tu seras lu.
	Leg etur,	il sera lu.
	Pl. Leg emur,	nous serons lus.
	Leg emini,	vous serez lus.
	Leg entur,	ils seront lus.
FUTUR PASSÉ.	S. Lectus ero ou fuero,	j'aurai été lu.
	Lectus eris,	tu auras été lu.
	Lectus erit,	il aura été lu.
	Pl. Lecti erimus,	nous aurons été lus.
	Lecti eritis,	vous aurez été lus.
	Lecti erunt,	ils auront été lus.

IMPÉRATIF.

Point de première personne.

Leg ere ou leg itor, sois lu.
Leg itor (ille), qu'il soit lu.
Leg amur, soyons lus.
Leg imini, soyez lus.
Leg untor, qu'ils soient lus.

Ainsi se conjuguent : *Vinci, vincor, victus sum,* je suis vaincu ;—*Scribi, scribor, scriptus sum,* je suis écrit.

SUBJONCTIF.

Leg ar,	que je sois lu.
Leg aris ou leg are,	que tu sois lu.
Leg atur,	qu'il soit lu.
Leg amur,	que nous soyons lus.
Leg amini,	que vous soyez lus.
Leg antur,	qu'ils soient lus.
Leg erer,	que je fusse lu.
Leg ereris ou leg erere,	que tu fusses lu.
Leg eretur,	qu'il fût lu.
Leg eremur,	que nous fussions lus.
Leg eremini,	que vous fussiez lus.
Leg erentur.	qu'ils fussent lus.
Lectus sim ou fuerim,	que j'aie été lu.
Lectus sis,	que tu aies été lu.
Lectus sit,	qu'il ait été lu.
Lecti simus,	que nous ayons été lus.
Lecti sitis,	que vous ayez été lus.
Lecti sint,	qu'ils aient été lus.
Lectus essem ou fuissem,	que j'eusse été lu.
Lectus esses,	que tu eusses été lu.
Lectus esset,	qu'il eût été lu.
Lecti essemus,	que nous eussions été lus.
Lecti essetis,	que vous eussiez été lus.
Lecti essent,	qu'ils eussent été lus.

INFINITIF.

INFINITIFS PROPREMENT DITS.

PRÉSENT. Legi, être lu.

PARF. Lectum, lectam esse ou fuisse, avoir été lu.

FUT. Lectum iri (indécl.) / Legendum esse (décl.) } devoir être lu, qu'il sera ou serait lu.

FUT. PASSÉ. Legendum, endam fuisse, avoir dû être lu, qu'il aura ou qu'il eût été lu.

PARTICIPES.

PASSÉ. Lectus, lecta, lectum, lu, ayant été ou qui a été lu.

FUTUR. Legendus, enda, endum, devant être lu, qui doit ou qui devait être lu.

SUPIN.

Lectu, à être lu.

Nota. Les verbes en ior de la troisième conjugaison font au présent de l'indicatif iuntur : *accipior, acciperis.... accipiuntur* ;—au présent de l'impératif iamur, iuntor : *accipiamur, accipiuntor* ; — au présent du subjonctif iar : *accipiar* ;—à l'imparfait de l'indicatif iebar : *accipiebar* ; — au futur de l'indicatif iar : *accipiar* ;—au participe futur iendus : *accipiendus.*

Ainsi se conjuguent : *Occidi, occiditur, occisus sum,* je suis tué ; — *Cognosci, cognoscor, cognitus sum,* je suis connu, etc.

INDICATIF.		IMPÉRATIF.
PRÉSENT. *S.* Aud jor, *je suis écouté.* Aud iris ou aud ire, *tu es écouté.* Aud itur, *il est écouté.* *Pl.* Aud imur, *nous sommes écoutés.* Aud imini, *vous êtes écoutés.* Aud iuntur, *ils sont écoutés.*		Point de première personne. *S.* Aud ire ou aud itor, *sois* Aud itor (ilie), *qu'il soit* *Pl.* Aud iamur, *soyons* Aud imini, *soyez* Aud iuntor, *qu'ils soient!* *écoutés, écoutés.*
IMPARFAIT. *S.* Aud iebar, *j'étais* Aud iebaris ou aud iebare, *tu étais* Aud iebatur, *il était* *Pl.* Aud iebamur, *nous étions* Aud iebamini, *vous étiez* Aud iebantur, *ils étaient* *écoutés, écouté.*		....
PARFAIT. *S.* Auditus sum ou fui, *j'ai été* Auditus es, *tu as été* Auditus est, *il a été* *Pl.* Auditi sumus, *nous avons été* Auditi estis, *vous avez été* Auditi sunt, *ils ont été* *écoutés, écoutés.*		....
PL.-Q-PARF. *S.* Auditus eram ou fueram, *j'avais été* Auditus eras, *tu avais été* Auditus erat, *il avait été* *Pl.* Auditi eramus, *nous avions été* Auditi eratis, *vous aviez été* Auditi erant, *ils avaient été* *écoutés, écouté.*		....
FUTUR. *S.* Aud iar, *je serai écouté.* Aud ieris ou aud iere, *tu seras écouté.* Aud ietur, *il sera écouté.* *Pl.* Aud iemur, *nous serons écoutés.* Aud iemini, *vous serez écoutés.* Aud ientur, *ils seront écoutés.*		....
FUTUR PASSÉ. *S.* Auditus ero ou fuero, *j'aurai été* Auditus eris, *tu auras été* Auditus erit, *il aura été* *Pl.* Auditi erimus, *nous aurons été* Auditi eritis, *vous aurez été* Auditi erunt, *ils auront été* *écoutés, écouté.*		....

Ainsi se conjuguent : *Aperiri, aperior, apertus sum*, je suis ouvert. — *Muniri munior, munitus sum*, je suis fortifié.

SUBJONCTIF.	INFINITIF.
Aud iar, *que je sois écouté.* Aud iaris ou aud iare, *que tu sois écouté.* Aud iatur, *qu'il soit écouté.* Aud iamur, *que nous soyons écoutés.* Aud iamini, *que vous soyez écoutés.* Aud iantur, *qu'ils soient écoutés.*	INFINITIFS PROPREMENT DITS. PRÉSENT. Audiri, *être écouté.* PARFAIT. Auditum, auditam esse ou fuisse, *avoir été écouté.*
Aud irer, *que je fusse écouté.* Aud ireris ou aud irere, *que tu fusses écouté.* Aud iretur, *qu'il fût écouté.* Aud iremur, *que nous fussions écoutés.* Aud iremini, *que vous fussiez écoutés.* Aud irentur, *qu'ils fussent écoutés.*	FUT. Auditum iri (indécl.) Audiendum esse (décl.) {*devoir être écouté, qu'il sera ou serait écouté.*}
Auditus sim ou fuerim, *que j'aie été* Auditus sis, *que tu aies été* Auditus sit, *qu'il ait été* Auditi simus, *que nous ayons été* Auditi sitis, *que vous ayez été* Auditi sint, *qu'ils aient été* *écoutés, écouté.*	FUT. PASSÉ. Audiendum, iendam fuisse, *avoir dû être écouté, qu'il aura ou qu'il eût été écouté.* PARTICIPES. PASSÉ. Auditus, ita, itum, *écouté, ayant été écouté ou qui a été écouté.* FUTUR. Audiendus, ienda, iendam, *devant être écouté, qui sera ou sera it écouté.*
Auditus essem ou fuissem, *que j'eusse été* Auditus esses, *que tu eusses été* Auditus esset, *qu'il eût été* Auditi essemus, *que nous eussions été* Auditi essetis, *que vous eussiez été* Auditi essent, *qu'ils eussent été* *écoutés, écouté.*	SUPIN. Auditu, *à être écouté.*

Ainsi se conjuguent : *Sepeliri, sepelior, sepultus sum*, je suis enseveli; — *Puniri, punior, punitus sum*, je suis puni, etc.

TABLEAU SYNOPTIQUE
des quatre Conjugaisons passives.

	1.		2.		3.		4.	
INDICATIF.								
Présent.	Am or,	aris.	Mon eor,	eris.	Leg or,	eris.	Aud ior,	iris.
Imparfait.	Am abar,	abaris.	Mon ebar,	ebaris.	Leg ebar,	ebaris.	Aud iebar,	iebaris.
Parfait.	Am atus sum *ou* fui.		Mon itus sum.		Lec tus sum.		Aud itus sum.	
Pl.-que-Parf.	Am atus eram *ou* fueram.		Mon itus eram.		Lec tus eram.		Aud itus eram.	
Futur.	Am abor,	aberis.	Mon ebor,	eberis.	Leg ar,	eris.	Aud iar	ieris.
Futur passé.	Am atus ero *ou* fuero.		Mon itus ero.		Lec tus ero.		Aud itus ero.	
IMPÉRATIF.	Am are,	ator.	Mon ere,	etor.	Leg ere,	itor.	Aud ire,	itor.
SUBJONCTIF.								
Présent.	Am er,	eris.	Mon ear,	earis.	Leg ar,	aris.	Aud iar,	iaris.
Imparfait.	Am arer,	areris.	Mon erer,	ereris.	Leg erer,	ererjs.	Aud irer,	ireris.
Parfait.	Am atus sim *ou* fuerim.		Mon itus sim.		Lec tus sim.		Aud itus sim.	
Pl.-que-Parf.	Am atus essem *ou* fuissem.		Mon itus essem.		Lec tus essem.		Aud itus essem.	
INFINITIF.	Am ari.		Mon eri.		Leg i.		Aud iri.	

FORMATION DES TEMPS.

1° L'impératif passif est toujours semblable à l'infinitif actif.

2° Les temps simples du passif se forment des mêmes temps de l'actif en ajoutant *r* à ceux qui sont terminés en *o* : *amo , amor; — amabo , amabor;* et en changeant *m* en *r* aux temps de l'actif qui sont terminés en *m* : *amabam , amabar; — amarem , amarer; — legam, legar; — audiam, audiar.*

REMARQUES. 1° Le participe passé passif se forme du supin actif en changeant *m* en *s: amatum, amatus; — lectum, lectus.*

2° Du supin actif se forme encore le supin passif, en retranchant *m : amatum, amatu; — lectum, lectu.*

RÈGLE DES VERBES PASSIFS.

Amor a Deo.

De ou *par,* après un verbe passif, s'exprime en latin par *a* ou *ab,* et le nom suivant se met à l'ablatif (voy. la *Syntaxe,* n° 63, p. 132).

EXEMPLES : Je suis aimé, j'étais aimé, je serai aimé de Dieu ; *amor, amabar, amabor a Deo.*

Vous étiez écouté, vous aviez été écouté par vos écoliers ; *audiebaris, auditus fueras a tuis discipulis.*

Il sera instruit, il aura été instruit par le maître ; *docebitur, doctus erit a magistro.*

Ce livre est lu par l'enfant ; *hic liber legitur a puero.*

VERBES DÉPONENTS.

Les verbes déponents se conjuguent pour le latin comme les verbes passifs, et pour le français comme les verbes actifs. Il y a des verbes déponents de chacune des quatre conjugaisons passives.

REMARQUE. Ces verbes s'appellent *déponents* (du mot latin *deponere,* déposer) parce qu'ils ont *déposé* la forme active qu'ils avaient primitivement.

INDICATIF.		IMPÉRATIF.	SUBJONCTIF.		INFINITIF.
PRÉSENT. *S.* Imit or, Imitaris ou imitare, Imit atur, *Pl.* Imit amur, Imit amini, Imit antur,	*j'imite:* *tu imites.* *il imite.* *nous imitons.* *vous imitez.* *ils imitent.*	Point de première personne. Imit arè ou imit ator, *imite.* Imit ator (ille),　*qu'il imite.* Imit emur,　*imitons!* Imit amini,　*imitez.* Imit antor,　*qu'ils imitent.*	Imit er, Imit eris ou imit erè, Imit etur, Imit emur, Imit emini, Imit entur,	*que j'imite.* *que tu imites.* *qu'il imite.* *que nous imitions.* *que vous imitiez.* *qu'ils imitent.*	INFINITIFS PROPREMENT DITS. PRÉSENT. Imitari, *imiter.* PARFAIT. Imitatum, imitatam esse ou fuisse, *avoir imité.*
IMPARFAIT. *S.* Imit abar, Imit abaris ou imit abare, Imit abatur, *Pl.* Imit abamur, Imit abamini, Imit abantur,	*j'imitais.* *tu imitais.* *il imitait.* *nous imitions.* *vous imitiez.* *ils imitaient.*	....	Imit arer, Imit areris ou imit arere, Imit aretur, Imit aremur, Imit aremini, Imit arentur,	*que j'imitasse, j'imiterais.* *que tu imitasses.* *qu'il imitât.* *que nous imitassions.* *que vous imitassiez.* *qu'ils imitassent.*	FUTUR. Imitaturum, ram esse, *devoir imiter, qu'il imitera ou imi- terait.* FUT. PASSÉ. Imitaturum , ram fuisse, *avoir dû imiter, qu'il aura ou qu'il eût imité.*
PARFAIT. *S.* Imitatus sum ou fui, Imitatus es, Imitatus est, *Pl.* Imitati sumus, Imitati estis, Imitati sunt,	*j'ai imité, j'imitai.* *tu as imité.* *il a imité.* *nous avons imité.* *vous avez imité.* *ils ont imité.*	....	Imitatus sim ou fuerim, Imitatus sis, Imitatus sit, Imitati simus, Imitati sitis, Imitati sint,	*que j'aie* *que tu aies* *qu'il ait* *que nous ayons* *que vous ayez* *qu'ils aient* ⎬ *imité.*	PARTICIPES. PRÉSENT. Imitans , antis, *imitant, qui imite, qui imitait.*
PL.-Q.-PARF. *S.* Imitatus eram ou fueram, Imitatus eras, Imitatus erat, *Pl.* Imitati eramus, Imitati eritis, Imitati erant,	*j'avais* *tu avais* *il avait* *nous avions* *vous aviez* *ils avaient* ⎬ *imité.*	....	Imitatus essem ou fuissem, Imitatus esses, Imitatus esset, Imitati essemus, Imitati essetis, Imitati essent,	*[j'aurais* *que j'eusse ou* *que tu eusses* *qu'il eût* *que nous eussions* *que vous eussiez* *qu'ils eussent* ⎬ *imité.*	PASSÉ ACTIF. Imitatus, ata, atum , *ayant imité, qui a ou avait imité.* FUT. ACTIF. Imitaturus, atura, atu- rum, *devant imiter, qui imitera, ou qui imiterait.* FUT. PASSIF. Imitandus, da, dum, *de- vant être imité, qui doit être imité.*
FUTUR. *S.* Imit abor, Imit aberis ou imit abere, Imit abitur, *Pl.* Imit abimur, Imit abimini, Imit abuntur,	*j'imiterai.* *tu imiteras.* *il imitera.* *nous imiterons.* *vous imiterez.* *ils imiteront.*	....	....		SUPINS. Imitatum, *à imiter.* Imitatu, *à être imité.*
FUTUR PASSÉ. *S.* Imitatus erò ou fuero, Imitatus eris, Imitatus erit, *Pl.* Imitati erimus, Imitati eritis, Imitati erunt,	*j'aurai* *tu auras* *il aura* *nous aurons* *vous aurez* *ils auront* ⎬ *imité.*	....	....		GÉRONDIFS. Imitandi, *d'imiter.* Imitando, *en imitant.* Imitandum, *à ou pour imiter.*

Ainsi se conjuguent : *Mirari, miror, miratus sum*, admirer; — *Hortari, hortor, horta-
tus sum*, exhorter.

Ainsi se conjuguent : *Precari, precor, precatus sum* , prier; — *Venerari, veneror,
veneratus sum* , respecter.

INDICATIF.	IMPÉRATIF.
PRÉSENT. S. Pollic eor, *je promets.* Pollic eris ou pollic ere, *tu promets.* Pollic etur, *il promet.* Pl. Pollic emur, *nous promettons.* Pollic emini, *vous promettez.* Pollic entur, *ils promettent.*	Point de première personne. Pollic ere ou pollic etor, *promets.* Pollic etor (ille), *qu'il promette.* Pollic eamur, *promettons.* Pollic emini, *promettez.* Pollic entor, *qu'ils promettent.*
IMPARFAIT. S. Pollic ebar, *je promettais.* Pollic ebaris ou pollic ebare, *tu promettais* Pollic ebatur, *il promettait.* Pl. Pollic ebamur, *nous promettions.* Pollic ebamini, *vous promettiez.* Pollic ebantur, *ils promettaient.*	
PARFAIT. S. Pollicitus sum ou fui, *j'ai promis,* etc. Pl. Polliciti sumus, *nous avons promis,* etc.	
PL.-Q.-PARF. S. Pollicitus eram ou fueram, *j'avais pro-mis,* etc. Pl. Polliciti eramus, *nous avions pro-mis,* etc.	
FUTUR. S. Pollic ebor, *je promettrai.* Pollic eberis ou pollic ebere, *tu promet-tras.* Pollic ebitur, *il promettra.* Pl. Pollic ebimur, *nous promettrons.* Pollic ebimini, *vous promettrez.* Pollic ebuntur, *ils promettront.*	
FUTUR PASSÉ. S. Pollicitus ero ou fuero, *j'aurai promis,* etc. Pl. Polliciti erimus, *nous aurons promis,* etc.	

Ainsi se conjuguent : *Misereri, misereor, misertus ou miseritus sum,* avoir pitié ; — *Ve- vereor, veritus sum,* craindre.

SUBJONCTIF.	INFINITIF.
Pollic ear, *que je promette.* Pollic earis ou pollic eare, *que tu promettes.* Pollic eatur, *qu'il promette.* Pollic eamur, *que nous promettions.* Pollic eamini, *que vous promettiez.* Pollic eantur, *qu'ils promettent.*	**INFINITIFS PROPREMENT DITS.** PRÉS. Polliceri, *promettre.* PARF. Pollicitum, pollicitam esse ou fuisse, *avoir promis.*
Pollic erer, *que je promisse, je promettrais.* Pollic ereris ou pollic erere, *que tu promisses.* Pollic eretur, *qu'il promît.* Pollic eremur, *que nous promissions.* Pollic eremini, *que vous promissiez.* Pollic erentur, *qu'ils promissent.*	FUT. Polliciturum, ram esse, *devoir promettre, qu'il promettra ou promettrait.* FUT. PASSÉ. Polliciturum, ram fuisse, *avoir dû promettre, qu'il aura ou qu'il eût promis.*
Pollicitus sim ou fuerim, *que j'aie promis,* etc. Polliciti simus, *que nous ayons promis,* etc.	**PARTICIPES.** PRÉS. Pollicens, entis, *promettant, qui promet ou qui promettait.* PASSÉ ACTIF : Pollicitus, ita, *ayant promis, qui a promis ou qui avait promis.*
Pollicitus essem ou fuissem, *que j'eusse promis, j'aurais promis,* etc. Polliciti essemus, *que nous eussions promis,* etc.	FUT. ACTIF. Polliciturus, itura, *futurum, devant promettre, qui promettra ou qui promettrait.* FUT. PASSIF. Pollicendus, da, dum, *devant être promis, qui doit être promis.*
	SUPINS. Pollicitum, *à promettre.* Pollicitu, *à être promis.*
	GÉRONDIFS. Pollicendi, *de promettre.* Pollicendo, *en promettant.* Pollicendum, *à ou pour promettre.*

Ainsi se conjuguent : *Fateri, fateor, fassus sum,* avouer ; — *Tueri, tueor, tuitus sum,* garder.

INDICATIF.

PRÉSENT.
S. Ut or, *je me sers.*
Ut eris ou ut ere, *tu te sers.*
Ut itur, *il se sert.*
Pl. Ut imur, *nous nous servons.*
Ut imini, *vous vous servez.*
Ut untur, *ils se servent.*

IMPARFAIT.
S. Ut ebar, *je me servais.*
Ut ebaris ou ut ebare, *tu te servais.*
Ut ebatur, *il se servait.*
Pl. Ut ebamur, *nous nous servions.*
Ut ebamini, *vous vous serviez.*
Ut ebantur, *ils se servaient.*

PARFAIT.
S. Usus sum ou fui, *je me suis servi,* etc.
Pl. Usi sumus, *nous nous sommes servis,* etc.

PL.-Q.-PARF.
S. Usus eram ou fueram, *je m'étais servi,* etc.
Pl. Usi eramus, *nous nous étions servis,* etc.

FUTUR.
S. Ut ar, *je me servirai.*
Ut eris ou ut ere, *tu te serviras.*
Ut eur, *il se servira.*
Pl. Ut emur, *nous nous servirons.*
Ut emini, *vous vous servirez.*
Ut entur, *ils se serviront.*

FUTUR PASSÉ.
S. Usus ero ou fuero, *je me serai servi,* etc.
Pl. Usi erimus, *nous nous serons servis,* etc.

IMPÉRATIF.

Point de première personne.
Ut ere ou ut itor, *sers-toi.*
Ut itor (ille), *qu'il se serve.*
Ut amur, *servons-nous.*
Ut imini, *servez-vous.*
Ut untor, *qu'ils se servent.*

SUBJONCTIF.

Ut ar, *que je me serve.*
Ut aris ou ut are, *que tu te serves.*
Ut atur, *qu'il se serve.*
Ut amur, *que nous nous servions.*
Ut amini, *que vous vous serviez.*
Ut antur, *qu'ils se servent.*

Ut erer, *que je me servisse, je me servirais.*
Ut ereris ou ut erere, *que tu te servisses.*
Ut eretur, *qu'il se servît.*
Ut eremur, *que nous nous servissions.*
Ut eremini, *que vous vous servissiez.*
Ut erentur, *qu'ils se servissent.*

Usus sim ou fuerim, *que je me sois servi,* etc.

Usi simus, *que nous nous soyons servis,* etc.

Usus essem ou fuissem, *que je me fusse servi ou je me serais servi,* etc.

Usi essemus, *que nous nous fussions servis,* etc.

INFINITIF.

INFINITIFS PROPREMENT DITS.

PRÉS. Uti, *se servir.*
PARF. Usum, usam esse ou fuisse, *s'être servi.*
FUTUR. Usurum, usuram esse, *devoir se servir, qu'il se servira ou qu'il se servirait.*
FUT. PASSÉ. Usurum, usuram fuisse, *avoir dû se servir, qu'il se sera servi ou qu'il se fût servi.*

PARTICIPES.

PRÉS. Utens, utentis, *se servant, qui se sert, qui se servait.*
PASSÉ ACTIF. Usus, a, um, *s'étant servi, qui s'est servi ou qui s'était servi.*
FUT. ACTIF. Usurus, a, um, *devant se servir, qui doit ou devait se servir.*
FUT. PASSIF. Utendus, da, dum, *dont on doit se servir.*

SUPINS.

Usum, à se servir.
Usu, à être employé.

GÉRONDIFS.

Utendi, *de se servir.*
Utendo, *en se servant.*
Utendum, *à ou pour se servir.*

Nota. Les déponents en ior de la troisième conjugaison, tels que pati, patior, passus sum, souffrir, se conjuguent comme *accipior,* page 57.

Ainsi se conjuguent : *Sequi, séquor, sécutus sum,* suivre ; — *Loqui, lóquor, locútus sum,* parler.

Ainsi se conjuguent : *Ulcisci, ulciscor, ultus sum,* venger ; — *Nasci, nascor, natus sum,* naître.

INDICATIF.		IMPÉRATIF.
PRÉSENT.	*S.* Bland ior, *je flatte.*	Point de première personne.
	Bland iris ou bland ire, *tu flattes.*	Bland ire ou bland itor, *flatte.*
	Bland itur, *il flatte.*	Bland itor (ille), *qu'il flatte.*
	Pl. Bland imur, *nous flattons.*	Bland imur, *flattons.*
	Bland imini, *vous flattez.*	Bland imini, *flattez.*
	Bland iuntur, *ils flattent.*	Bland iuntor, *qu'ils flattent.*
IMPARFAIT.	*S.* Bland iebar, *je flattais.*	
	Bland iebaris ou bland iebare, *tu flattais*	
	Bland iebatur, *il flattait.*	
	Pl. Bland iebamur, *nous flattions.*	
	Bland iebamini, *vous flattiez.*	
	Bland iebantur, *ils flattaient.*	
PARFAIT.	*S.* Blanditus sum ou fui, *j'ai flatté*, etc.	
	Pl. Blanditi sumus, *nous avons flatté*, etc.	
PL.-Q.-PARF.	*S.* Blanditus eram ou fueram, *j'avais flatté*, etc.	
	Pl. Blanditi eramus, *nous avions flatté*, etc.	
FUTUR.	*S.* Bland iar, *je flatterai.*	
	Blandieris ou bland iere, *tu flatteras.*	
	Bland ietur, *il flattera.*	
	Pl. Bland iemur, *nous flatterons.*	
	Bland iemini, *vous flatterez.*	
	Bland ientur, *ils flatteront.*	
FUTUR PASSÉ.	*S.* Blanditus ero ou fuero, *j'aurai flatté*, etc.	
	Pl. Blanditi erimus, *nous aurons flatté*, etc.	

Ainsi se conjuguent : *Largiri, largior, largitus sum*, donner ; — *Experiri, experior, expertus sum*, éprouver.

SUBJONCTIF.		INFINITIF.
Bland iar, *que je flatte.*		**INFINITIFS PROPREMENT DITS.**
Bland iaris ou bland iare, *que tu flattes.*		PRÉS. Blandiri, *flatter.*
Bland iatur, *qu'il flatte.*		PARF. Blanditum, itam esse ou fuisse, *avoir flatté.*
Bland iamur, *que nous flattions.*		
Bland iamini, *que vous flattiez.*		FUTUR. Blanditurum, ituram esse, *devoir flatter, qu'il flattera ou flatterait.*
Bland iantur, *qu'ils flattent.*		
Bland irer, *que je flattasse, je flatterais.*		FUT. PASSÉ. Blanditurum, blanditu ram fuisse, *avoir dû flatter, qu'il aura ou qu'il eût flatté.*
Bland ireris ou bland irere, *que tu flattasses.*		
Bland iretur, *qu'il flattât.*		
Bland iremur, *que nous flattassions.*		
Bland iremini, *que vous flattassiez.*		**PARTICIPES.**
Bland irentur, *qu'ils flattassent.*		PRÉSENT. Blandiens, ientis, *flattant, qui flatte ou qui flattait.*
Blanditus sim ou fuerim, *que j'aie flatté*, etc.		FUT. ACTIF. Blanditurus, ra, rum, *devant flatter, qui flattera ou qui flatterait.*
Blanditi simus, *que nous ayons flatté*, etc.		
Blanditus essem ou fuissem, *que j'eusse flatté, j'aurais flatté.*		**SUPINS.**
Blanditi essemus, *que nous eussions flatté*, etc.		Blanditum, *à flatter.*
		Blanditu, *à être flatté.*
		GÉRONDIFS.
		Blandiendi, *de flatter.*
		Blandiendo, *en flattant.*
		Blandiendum, *à ou pour flatter.*

Ainsi se conjuguent : *Metiri, metior, mensus sum*, mesurer ; — *Partiri, partior, partitus sum*, partager, etc.

OBSERVATIONS.

1° Dans les verbes déponents, la seconde personne de l'impératif est toujours semblable à la seconde personne du présent de l'indicatif en *re*.

2° Ajoutez *r* à la 2° personne de l'impératif, vous aurez l'imparfait du subjonctif : *imitare, imitarer; pollicere, pollicerer; utere, uterer; blandire, blandirer.*

REMARQUE. Le participe futur passif de *uti, utendus, a, um*, est employé rarement ; il en est de même pour tous les verbes déponents qui ne gouvernent pas l'accusatif (voy. p. 67). *Nasci, nascor*, naître, ainsi que tous ceux qui s'emploient dans un sens absolu, c.-à-d. sans régime, n'a point de participe futur passif.

RÈGLE DES VERBES DÉPONENTS.

I. Imitor *patrem meum.*

Il y a des verbes déponents qui gouvernent l'accusatif.

EXEMPLES : J'imite mon père, *imitor patrem meum*; — vous avez promis une récompense, *pollicitus es mercedem.*

II. Miserere *pauperis.*

D'autres verbes déponents gouvernent le génitif.
EXEMPLE : Ayez pitié du pauvre, *miserere pauperis.*

III. Blanditur *nutrici.*

Il y en a d'autres qui gouvernent le datif.
EXEMPLE : Il caresse *ou* il flatte la nourrice, *blanditur nutrici.*

IV. Utor *lacte.*

Il y a des verbes déponents qui gouvernent l'ablatif.
EXEMPLE : Je fais usage de lait, *utor lacte.*
Le dictionnaire indique le cas régi par chaque verbe.

VERBES NEUTRES.

Les verbes neutres se conjuguent comme les verbes actifs, mais ils n'ont point de passif; comme *noceo*, je nuis à ; — *studeo*, j'étudie ; — *faveo*, je favorise.

La plupart des verbes neutres gouvernent le datif.

EXEMPLES : Il nuit aux autres, *nocet aliis ;* — j'étudie la grammaire, *studeo grammaticæ ;* — vous favorisez la noblesse, *faves nobilitati.*

REMARQUE. Le mot *neutre* signifie *ni l'un ni l'autre.* Les verbes neutres ainsi appelés parce qu'ils ne sont ni actifs ni passifs. On les nomme aussi *verbes intransitifs.* En latin, comme en français, il y a des verbes neutres qui ne peuvent point avoir de régime, comme dormir, *dormire ;* d'autres prennent un régime. En français, ce régime est toujours précédé d'une préposition, *à* ou *de ;* en latin, le régime des verbes neutres n'est jamais à l'accusatif. — Les verbes neutres français ne sont pas toujours neutres en latin et réciproquement : *étudier* est actif en français, *studere* est neutre en latin.

CINQUIÈME ESPÈCE DE MOTS.

PARTICIPES, GÉRONDIFS ET SUPINS.

I.

Les *Participes* sont des adjectifs qui viennent des verbes ; ils s'accordent en genre, en nombre et en cas avec le nom auquel ils sont joints, et de plus ils gouvernent le même cas que le verbe d'où ils viennent. On les nomme *participes,* parce qu'ils tiennent de l'adjectif et du verbe.

EXEMPLES : L'enfant écoutant, devant écouter son maître ; *puer audiens, auditurus magistrum suum.*

Un père étant aimé, devant être aimé de son fils ; *pater amatus, amandus a filio suo.*

II. Tempus *legendi*.

De, entre un nom et un infinitif français, veut le verbe latin au gérondif en *di.*

EXEMPLE : Le temps de lire, *tempus legendi.*

III. Fit doctus *legendo*.

En, avec le participe présent, veut le verbe latin au gérondif en *do.*

EXEMPLE : Il devient savant en lisant, *fit doctus legendo.*

REMARQUE. Le gérondif en *do* exprime la cause, le moyen : *Exemple :* Il apprend en écrivant, *discit scribendo.*—Quand *en* avec le participe présent indique qu'une chose se fait en même temps qu'une autre, on le traduit par le participe présent : *Exemple :* Il se promène en lisant, *ambulat legens.*

IV. Legit ad discendum.

Pour, devant un infinitif français, se rend en latin par *ad* avec le gérondif en *dum.*

EXEMPLE : Il lit pour apprendre, *legit ad discendum.*

V. Res jucunda auditu.

Après les adjectifs agréable *à*, admirable *à*, facile *à*, l'infinitif français se rend en latin par le supin en *u.*

EXEMPLE : Chose agréable à entendre, c'est-à-dire à être entendue, *res jucunda auditu.*

VI. Eo lusum.

Quand il y a en français deux verbes de suite, et que le premier marque du mouvement, comme *aller, venir,* on met en latin le second au supin en *um.*

EXEMPLE : Je vais jouer, *eo lusum.*

Les gérondifs et les supins gouvernent le même cas que les verbes d'où ils viennent :

EXEMPLE : Le temps d'étudier la grammaire, *tempus studendi grammaticæ.* Le verbe *studere* gouverne le datif.

J'irai les secourir, *ibo adjutum eos.*

SIXIÈME ESPÈCE DE MOTS.

ADVERBES.

L'*Adverbe* est un mot indéclinable qui se joint le plus souvent à un verbe, et en détermine la signification.

Il y a différentes sortes d'adverbes.

1° Pour marquer le temps.

Hodie, *aujourd'hui.*
Cras, *demain.*
Herì, *hier.*
Pridie, *le jour de devant.*
Postridie, *le lendemain.*
Perendie, *après-demain.*

2° Pour interroger.

Cur? Quare? Quamobrem? Quid ita? *pourquoi?*
Quorsum? *à quoi bon cela?*
An? Anne? Num? *est-ce que?*

3° Pour assurer.

Etiam, Ita, *oui.*
Certè, Sanè, Profectò, Quidem, *assurément.* (*Quidem* ne se met qu'après un mot.)
Equidem, *certes.* (*Equidem* se met en général pour *Ego quidem.*)

4° Pour nier.

Non, Haud, *non, ne, ne point.*
Minimè, *point du tout.*
Nequaquam, Neutiquam, *nullement.*

5° Pour marquer le doute.

Forsan, Forsitan, Fortasse, *peut-être.*
Fortè, *par hasard.*

6° Pour marquer la ressemblance.

Ita, *ainsi.*
Quasi, *comme si.*
Quemadmodum, *de même que.*
Sic, Sicut, Sicuti, Velut, Veluti, Ut, Utì, *comme, de même que.*
Tanquam, *comme si, de même que si.*

7° Pour marquer l'union.

Simul, Unà, *ensemble.*
Pariter, *pareillement.*
Conjunctim, *conjointement.*
Universim, *généralement,*

8° Pour marquer la division.

Alioqui (devant une consonne), Alioquin (devant une voyelle), *autrement, si cela n'était pas.*

Privatim, Seorsim, *en particulier, à part.*

9° Pour montrer.

En, Ecce, *voici, voilà.*

10° Pour exhorter.

Eia, Euge, *courage!*

Age, Agedum (au singulier); Agite, Agitedum (au pluriel), *eh bien, ferme, courage!*

11° Pour marquer le désir.

Utinam, *plaise à Dieu que! Dieu veuille que!*

12° Pour marquer la manière.

Doctè, *savamment.*

Pulchre, *bien.*

Fortiter, *vaillamment, etc.*

DEGRÉS DE COMPARAISON.

Plusieurs adverbes ont un comparatif et un superlatif, comme :

Doctè,	Doctiùs,	Doctissimè.
doctement,	*plus doctement,*	*très-doctement,*
Citò,	Citiùs,	Citissimè.
vite,	*plus vite,*	*très-vite.*
Bene,	Meliùs,	Optimè.
bien,	*mieux,*	*très-bien.*
Malè,	Pejùs,	Pessimè.
mal,	*plus mal,*	*très-mal.*
Sæpe,	Sæpius,	Sæpissime.
souvent,	*plus souvent,*	*très-souvent.*
Prope,	Propiùs,	Proximè.
proche,	*plus proche,*	*très-proche, etc.*

Nuper,	(Sans comparatif),	Nuperrimè.
récemment,		*tout récemment.*
	Potiùs,	Potissimè,
	plutôt,	*principalement.*

REMARQUE. Le comparatif et le superlatif des adverbes *bene,* bien, et *malè,* mal, sont irréguliers (voir le Supplément aux adjectifs, page 92).

RÉGIME DE PLUSIEURS ADVERBES.

Les adverbes de *quantité* veulent le génitif :
Peu de vin, *parum vini.*
Un peu de délai, *paululum moræ.*
Beaucoup d'eau, *multùm aquæ.*
Assez de paroles, *satìs verborum.*
Trop de piéges, *nimis insidiàrum.*
Assez d'autres, *affatim aliorum.*

Les adverbes de *temps* et de *lieu* veulent le génitif:
Nulle part, en aucun lieu du monde, *nusquam gentium.* — En quel lieu du monde? *ubi terrarum? ubinam gentium?*

Pridie, postridie veulent le génitif ou l'accusatif:
Le jour d'avant les calendes, *pridie calendarum* ou *calendas* (sous-entendu *ante*). — Le jour d'après les ides, *postridie iduum* ou *idus* (sous-entendu *post*).

En, Ecce, voici, voilà, veulent le nominatif ou l'accusatif:
Voici, voilà le loup, *en, ecce lupus* ou *lupum.* — Avec le nominatif on sous-entend *adest*; avec l'accusatif on sous-entend *aspice.*

Ergo, employé pour *causá,* veut le génitif, et se met après son régime : A cause de lui, *illius ergo.*

Instar, comme, veut de même le génitif, et se met habituellement après son régime: Comme une montagne, *montis instar.*

Obviàm, au-devant, veut le datif : Aller au-devant de quelqu'un, *ire obviàm alicui.*

SEPTIÈME ESPÈCE DE MOTS.

PRÉPOSITIONS.

La *Préposition* est un mot indéclinable qui, joint à un nom ou à un pronom, veut ce nom ou ce pronom à l'accusatif ou à l'ablatif.

Il y a trente prépositions qui gouvernent l'accusatif.

Ad, *auprès, chez, pour.*
Adversùm, Adversùs, *contre, vis-à-vis.*
Ante, *devant, avant.*
Apud, *auprès, chez.*
Circa, *auprès, environ.*
Circiter, *environ, à peu près.*
Circùm, *autour, à l'entour.*
Cis, Citra, *deçà, en deçà.*
Contra, *contre, vis-à-vis, à l'opposite.*
Erga, *envers, à l'égard de.*
Extra, *hors, outre, excepté.*
Infra, *sous, au-dessous.*
Inter, *entre, parmi.*
Intrà, *dans, au dedans, dans l'espace de.*
Juxta, *auprès, proche.*
Ob, *pour, devant, à cause de.*
Penes, *en la puissance de.*
Per, *par, durant, au travers de, pendant.*
Ponè, *après, derrière, par derrière.*
Post, *après, depuis.*
Præter, *excepté, hormis, outre.*
Prope, *proche, près de, auprès.*
Propter, *pour, à cause de.*
Secundùm, *selon, suivant, auprès de, le long de.*
Secùs, *auprès de, le long de.*
Supra, *sur, au-dessus de.*

Trans, *au delà, par delà*.

Versùs, *vers, du côté de*.

Ultra, *au delà, par delà*.

Usque, *jusqu'à*.

REMARQUE. *Usque*, rangé parmi les prépositions, est réellement un adverbe. Il est le plus souvent accompagné d'une préposition, en latin comme en français : Jusqu'à la ville, *usque ad urbem*. — Depuis la Syrie, *usque ex Syriâ*.

Il y a douze prépositions qui gouvernent l'ablatif :

A, Ab, Abs, *de, du, des, depuis, par*.

Absque, Sinè, *sans*.

Clam, *à l'insu de*.

Coram, *devant, en présence de*.

Cum, *avec*.

De, *de, sur* ou *touchant*.

E, Ex, *de, par*.

Palam, *devant, en présence de*.

Præ, *devant, en comparaison de, au-dessus de*.

Pro, *pour, au lieu de, selon, devant*.

Tenus, *jusqu'à*.

Les quatre prépositions suivantes veulent l'accusatif quand elles sont jointes à un verbe de mouvement, et elles gouvernent l'ablatif quand elles sont jointes à un verbe de repos.

In, *en, dans, sur*.

Subter, *sous, au-dessous de*.

Sub, *sous, au-dessous de*.

Super, *sur, au-dessus de*.

OBSERVATIONS.

Trois prépositions se mettent après leur régime, savoir :

1° Cum, *avec*, se met après les pronoms *ego, tu, sui, nos*, et *qui, quæ, quod*. Ainsi on dit : *mecum*, avec moi ; — *tecum*, avec vous ; — *secum*, avec soi ; — *quocum*, avec lequel.

2° Tenus, *jusqu'à*, veut l'ablatif, lorsque son ré-

gime est au singulier : *Capulò tenus*, jusqu'à la garde ;
mais il veut le génitif quand son régime est au pluriel : *Aurium tenus*, jusqu'aux oreilles.

3° Versùs, *vers : Orientem versùs*, vers l'Orient.

Remarque. *Versus* s'emploie aussi comme adverbe avec *ad* et *in.*

HUITIÈME ESPÈCE DE MOTS.

CONJONCTIONS.

La *Conjonction* est un mot indéclinable qui sert à
lier les parties du discours.

Il y a différentes sortes de conjonctions.

1° Pour joindre.

Et, que, quoquè, etiam, atque, ac, *et, aussi. Que*
ne se met qu'après un mot.

Præterea, *outre cela.*

Cum *ou mieux* quum, tum, *non-seulement, mais
encore.*

2° Pour séparer.

Aut, vel, ve, qui ne se met qu'après un mot, *ou,
ou bien.*

Sive, *soit que ;* sicut, *comme.*

Nec, neque, *ne, ni, non plus.*

3° Pour conclure.

Ergo, igitur, *donc.*

Ideo, idcirco, itaque, *c'est pourquoi, c'est pour
cela que.*

4° Pour faire distribution ou opposition.

Sed, sed enim, at, atqui, porro, autem, verò, *mais.
Autem* et *verò* ne se mettent qu'après un mot.

Etsi, etiamsi, licèt, quanquam, quamvis, tametsi,
bien que, quoique.

Quum, ut, *quoique, quand bien même.*

Imò, imò verò, quin, quin etiam, quin potiùs,
mais, mais au contraire, qui plus est.

5° Pour rendre raison.

Nam, namque, enim, etenim, *car. Enim* ne se met qu'après un mot.

Quòd, quia, propterea quòd, quoniam, *parce que, puisque.*

Quum, *lorsque, puisque.*

Ut, *afin que.*

Ne, *de peur que ne.*

Ita.... ut, sic.... ut, *de sorte que, tellement que.*

6° Conditionnelles.

Dum, dummodo, *pourvu que.*

Modò ne, *pourvu que ne.... pas.*

Si, si modò, *si* ; sin, *sinon.*

Sin minùs, sin aliter, *sinon, si cela n'était pas.*

Nisi, *sinon que, si ce n'est que, à moins que.*

7° Pour marquer le doute.

An, num, utrùm, ne, *si.* (*Ne* se met après un mot.)

RÈGLE DES CONJONCTIONS.

Quelques conjonctions gouvernent le subjonctif, d'autres gouvernent l'indicatif : le régime de chacune est indiqué dans le dictionnaire. (Voir n°⁵ 145 et 315.)

NEUVIÈME ESPÈCE DE MOTS.

INTERJECTIONS.

L'*Interjection* est un mot indéclinable qui sert à marquer les différents mouvements de l'âme.

Pour marquer la joie. *O! evax!* oh! ah!

Pour la douleur. *Hei! heu!* ah! hélas! ha, ha!

Pour l'indignation. *Pro! heu!* ô! oh! ah!

Pour l'admiration. *Papæ! hui!* ô! ah! oh! ho!

Pour menacer. *Proh! væ!* malheur à!

L'usage apprendra les autres.

SUPPLÉMENT

A LA PREMIÈRE PARTIE.

SUPPLÉMENT AUX DÉCLINAISONS.

PREMIÈRE DÉCLINAISON.

I.

1° Il y a huit noms de la première déclinaison qui ont le datif et l'ablatif pluriel en *abus*, comme :

PLURIEL.

Nom.	Famul æ,	*les Servantes.*
Gén.	Famul arum,	*des Servantes.*
Dat.	Famul abus,	*aux Servantes.*
Acc.	Famul as,	*les Servantes.*
Voc.	Famul æ,	*ô Servantes.*
Abl.	Famul abus,	*des Servantes.*

Déclinez de même : *anima, equa, filia, asina, mula, nata, dea.*

Par la terminaison en *abus*, on distingue ces noms féminins des masculins qui y répondent, *famulus, animus, equus, filius, asinus, mulus, natus, Deus.*

REMARQUE. Ces noms féminins prennent aussi bien la terminaison régulière *is* que la terminaison *abus*, quand on ne tient pas à les distinguer des noms masculins correspondants : *Famulis* ou *famulabus*, aux servantes.

II.

2° Il y a des noms de la première déclinaison, dont le nominatif est en *e*, qui font au génitif *es*, à l'accusatif *en*, comme :

SINGULIER.

Nom.	Music e,	*la Musique.*
Gén.	Music es,	*de la Musique.*

Dat. Music æ, *à la Musique.*
Acc. Music en, *la Musique.*
Voc. Music e,   *ô Musique.*
Abl. Music e,   *de la Musique.*

Déclinez de même : *grammatice, ces,* la grammaire ; *epitome, mes,* abrégé ; *Cybele, les,* Cybèle, déesse des païens ; *rhetorice, ces,* la rhétorique.

III.

3° Il y a des noms masculins dont le nominatif est en *es,* qui font au génitif *æ,* à l'accusatif *en,* comme :

SINGULIER.

Nom. Comet es, *la Comète.*
Gén. Comet æ, *de la Comète.*
Dat. Comet æ, *à la Comète.*
Acc. Comet en, *la Comète.*
Voc. Comet e,   *ô Comète.*
Abl. Comet e,   *de la Comète.*

IV.

4° Il y a des noms également masculins dont le nominatif est en *as,* qui font à l'accusatif *an,* comme :

SINGULIER.

Nom. Æne as, *Énée* (nom d'homme).
Gén. Æne æ, *d'Énée.*
Dat. Æne æ, *à Énée.*
Acc. Æne an, *Énée.*
Voc. Æne a,   *ô Énée.*
Abl. Æne à,   *d'Énée.*

Le pluriel de tous ces noms se décline comme *rosæ, rosarum,* à l'exception des noms propres, qui n'ont point de pluriel.

REMARQUE. Ces noms en *e, es* et *as* sont tirés du grec. La plupart des noms communs en *e* et en *es* ont, même au singulier, la forme latine régulière : *musica* ou *musice; grammatica* ou *grammatice.*—Les noms propres en *as* font à l'accusatif singulier *am* ou *an: Æneam* ou *Ænean.*—Les noms patronymiques ou formés du nom du père ou de l'aïeul se déclinent sur *Cometes : Pelides, æ,* le fils de Pélée : *Priamides, æ,* le fils de Priam.

5° Le nom *familia* fait aussi au génitif *familiás* : un père de famille, *paterfamiliás; —* un fils de famille, *filius familiás.*

SECONDE DÉCLINAISON.

I.

Il y a des noms de là seconde déclinaison qui ont le vocatif en *i,* comme :

SINGULIER.

Nom.	Fil ius,	*le Fils.*
Gén.	Fil ii,	*du Fils.*
Dat.	Fil io,	*au Fils.*
Acc.	Fil ium,	*le Fils.*
Voc.	Fil î,	*ô Fils.*
Abl.	Fil io,	*du Fils.*

Le pluriel comme *Domini, Dominorum,* etc.

Déclinez de même : *Genius,* et les noms propres en *ius : Antonius, nii,* Antoine; *Horatius, tii,* Horace; *Pompeius, peii,* Pompée; *Virgilius, lii,* Virgile.

Les noms *Deus, agnus* et *chorus,* ont le vocatif semblable au nominatif.

SINGULIER.

Nom.	De us,	*Dieu.*
Gén.	De i,	*de Dieu.*
Dat.	De o,	*à Dieu.*
Acc.	De um,	*Dieu.*
Voc.	De us,	*ô Dieu.*
Abl.	De o,	*de Dieu.*

PLURIEL.

Nom.	Di i,	*les Dieux.*
Gén.	De orum,	*des Dieux.*
Dat.	Di is,	*aux Dieux.*
Acc.	De os,	*les Dieux.*
Voc.	Di i,	*ô Dieux.*
Abl.	Di is,	*des Dieux.*

REMARQUE. Au pluriel, *Deus* changé à plusieurs cas l'*e* en *i* : *Dii* au lieu de *Dei*. On dit quelquefois *Deûm* par syncope, pour *Deorum*, et *Di, Dis*, pour *Dii, Diis*.

II.

Noms de la seconde déclinaison, tirés du grec.

SINGULIER.

Nom.	Orph eus,	*Orphée* (nom d'homme).
Gén.	Orph ei *ou* Orph eos,	*d'Orphée.*
Dat.	Orph eo, ei,	*à Orphée.*
Acc.	Orph eum, ea,	*Orphée.*
Voc.	Orph eu,	*ó Orphée.*
Abl.	Orph eo,	*d'Orphée.*

Déclinez de même : *Perseus*, Persée ; *Theseus*, Thésée ; *Morpheus*, Morphée.

TROISIÈME DÉCLINAISON.

I.

Il y a des noms de la troisième déclinaison qui ont l'accusatif singulier en *im*, comme :

SINGULIER.

Nom.	Secur is,	*la Hache.*
Gén.	Secur is,	*de la Hache.*
Dat.	Secur i,	*à la Hache.*
Acc.	Secur im,	*la Hache.*
Voc.	Secur is,	*ó Hache.*
Abl.	Secur i,	*de la Hache.*

Déclinez de même les noms communs : *sitis*, la soif ; *tussis*, la toux ; *pelvis*, un bassin ; *vis, vis*, la force ; *clavis*, la clef ; *sementis*, les semailles ; *puppis*, la poupe ; *aqualis*, l'aiguière ; *restis*, la corde ; *febris*, la fièvre ; *turris*, la tour ; *navis*, le vaisseau ; *strigilis*, l'étrille ; et les noms de fleuves en *is* comme : *Tiberis*, le Tibre ; *Tigris*, le Tigre ; *Araris*, la Saône.

Les noms *clavis, sementis*, ont l'accusatif en *em* ou

en *im.*—*Puppis, aqualis, restis, febris, turris,* font plutôt à l'accusatif *puppim* que *puppem,* etc. — Au contraire, *navis, strigilis,* font plutôt *navem* que *navim,* etc.

II.

L'ablatif singulier de la troisième déclinaison se
forme de l'accusatif en retranchant *m.* Ainsi, il y a
des noms de la troisième déclinaison qui font l'ablatif singulier en *i,* comme *securi, siti,* etc.

De plus, les noms neutres dont le nominatif est
en *e,* ou en *al,* ou en *ar,* font l'ablatif singulier en *i,*
comme :

SINGULIER.

Nom.	Cubil e,	*le Lit.*
Gén.	Cubil is,	*du Lit.*
Dat.	Cubil i,	*au Lit.*
Acc.	Cubil e,	*le Lit.*
Voc.	Cubil e,	*ô Lit.*
Abl.	Cubil i,	*du Lit.*

Les noms neutres qui ont l'ablatif en *i* ont le pluriel en *ia,* comme :

PLURIEL.

Nom.	Cubil ia,	*les Lits.*
Gén.	Cubil ium,	*des Lits.*
Dat.	Cubil ibus,	*aux Lits.*
Acc.,	Cubil ia,	*les Lits.*
Voc.	Cubil ia,	*ô Lits.*
Abl.	Cubil ibus,	*des Lits.*

REMARQUE. *Mare, is* (n.), la mer, fait à l'ablatif singulier *mari,*
et très-rarement *mare;* plur. *maria.* — *Far, farris* (n.), la farine;
nectar, is (n.), le nectar; *sal, is* (n. et m.), font *farre, nectare,*
sale. — Au pluriel *far* fait *farra; nectar* n'est pas usité; *sal* est
toujours masculin : *sales.*

III.

Il y a des noms de la troisième déclinaison qui ont
le génitif pluriel en *ium,* savoir :

1° Les noms qui ont l'ablatif singulier en *i*, comme *cubilium*, *securium*, etc.

2° Les noms en *es* et en *is*, qui n'ont pas plus de syllabes au génitif qu'au nominatif, comme *clades*, *cladis*, la défaite, *mensis*, *mensis*, le mois, etc., ont le génitif pluriel en *ium*, quoiqu'ils aient l'ablatif en *e*.

3° Les monosyllabes, c'est-à-dire ceux qui n'ont qu'une seule syllabe au nominatif, comme *ars*, l'art, *lis*, le procès, *dos*, la dot, *nox*, la nuit, etc., ont la plupart le génitif pluriel en *ium*. —L'usage apprendra les exceptions.

REMARQUES. 1° Les noms en *er*, qui n'ont pas plus de syllabes au génitif qu'au nominatif, font aussi *ium* : *linter* ou *lintris*, gén. *lintris*, la nacelle, *lintrium* ; *uter*, *utris*, l'outre, *utrium*.—Sont exceptés *pater*, *mater*, *frater* et *accipiter*, l'épervier, qui ont le génitif en *um*.

2° Les noms pluriels en *es*, comme *manes*, les mânes, *fores*, les portes, *vires*, les forces, *fauces*, le gosier, ont le génitif en *ium*. —*Proceres*, les grands, fait *procerum*.

3° Parmi les monosyllabes, *vox*, *vocis*, la voix, fait *vocum* ; *fraus*, *fraudis*, la fraude, fait *fraudum* et *fraudium*.—Un assez grand nombre de monosyllabes, comme *sal*, le sel ; *fax*, la torche ; *pax*, la paix ; *cor*, le cœur ; *mel*, le miel ; *os*, la bouche ; *rus*, la campagne, ne sont pas usités au génitif pluriel.

4° Le nom *bos*, *bovis*, fait au pluriel : Nom. *Boves*. Gén. *Boum*. Dat. *Bobus*. Acc. *Boves*. Voc. *Boves*. Abl. *Bobus*.

IV.

Les noms neutres terminés en *ma* ont un double datif et ablatif pluriel.

SINGULIER.

Nom.	Poem a,	*le Poëme.*
Gén.	Poem atis,	*du Poëme.*
Dat.	Poem ati,	*au Poëme.*
Acc.	Poem a,	*le Poëme.*
Voc.	Poem a,	*ô Poëme.*
Abl.	Poem ate,	*du Poëme.*

PLURIEL.

Nom.	Poem	ata,	*les Poëmes.*
Gén.	Poem	atum,	*des Poëmes.*
Dat.	Poem	atis *ou* Poem atibus,	*aux Poëmes.*
Acc.	Poem	ata,	*les Poëmes.*
Voc.	Poem	ata,	*ô Poëmes.*
Abl.	Poem	atis *ou* Poem atibus,	*des Poëmes.*

Déclinez de même : *ænigma, matis*, énigme; *diadema, matis*, diadème; *dogma, matis*, dogme; *stratagema, matis*, stratagème.

REMARQUE. Dans ces noms neutres, le datif pluriel en *is* est le plus usité.

V.

Noms de la troisième déclinaison, tirés du grec, en *ésis*, *asis*.

SINGULIER.

Nom.	Hæres	is (*f.*),	*l'Hérésie.*
Gén.	Hæres	is *ou* Hæres eos,	*de l'Hérésie.*
Dat.	Hæres	i,	*à l'Hérésie.*
Acc.	Hæres	im *ou* Hæres in,	*l'Hérésie.*
Voc.	Hæres	is,	*ô Hérésie.*
Abl.	Hæres	i,	*de l'Hérésie.*

PLURIEL.

Nom.	Hæres	es,	*les Hérésies.*
Gén.	Hæres	eon,	*des Hérésies.*
Dat.	Hæres	ibus,	*aux Hérésies.*
Acc.	Hæres	es,	*les Hérésies.*
Voc.	Hæres	es,	*ô Hérésies.*
Abl.	Hæres	ibus,	*des Hérésies.*

Ainsi se déclinent : *poesis* (*f.*), la poésie; *thesis* (*f.*), la thèse; *Genesis* (*f.*), la Genèse; *phrasis* (*f.*), la phrase.

Autres noms.

SINGULIER.

Nom.	Her os,	le *Héros.*
Gén.	Her ois,	du *Héros.*
Dat.	Her oi,	au *Héros.*
Acc.	Her oem *ou* Her oa,	le *Héros.*
Voc.	Her os,	ô *Héros.*
Abl.	Her oe,	du *Héros.*

PLURIEL.

Nom.	Her oes,	les *Héros.*
Gén.	Her oum,	des *Héros.*
Dat.	Her oibus,	aux *Héros.*
Acc.	Her oes *ou* Her oäs,	les *Héros.*
Voc.	Her oes,	ô *Héros.*
Abl.	Her oibus,	des *Héros.*

Ainsi se déclinent les noms grecs :

1° En *as*, comme *Pallas, Palladis*, acc. *Palladem* ou *Pallada;* — *Arcas , Arcadis*, acc. *Arcadem* ou *Arcada.*

2° En *er* : *aer, aeris*, l'air, acc. *aerem* ou *aera;* — *æther, ætheris*, acc. *ætherem* ou *æthera;* — *crater, crateris*, coupe, acc. *craterem* ou *cratera.*

3° En *is, idis* : comme *iris, iridis*, arc-en-ciel, acc. *iridem* ou *irida;* on dit aussi *irim;* — *Phyllis, Phyllidis*, nom de femme, acc. *Phyllidem* ou *Phyllida ;* mais les noms masculins en *is, idis*, font mieux *im* ou *in*, comme *Daphnis*, acc. *Daphnim* ou *Daphnin;* — *Paris*, acc. *Parim* ou *Parin.* — *Tigris, Tigridis*, le Tigre, fait à l'accusatif *Tigrin, Tigrim* ou *Tigridem.*

4° En *yx, ygis: Phryx, Phrygis,* Phrygien, acc. *Phrygem* ou *Phryga.*

5° On décline de même les noms de pays en *o, onis*, comme *Macedo, Macedonis*, Macédonien, acc. *Macedonem* ou *Macedona.*

Les accusatifs singuliers en *a* ne s'emploient guère qu'en poésie; mais les accusatifs pluriels en *as* sont plus usités partout.

REMARQUE. Les noms propres en *is, ys* et *as* perdent *s* final au vocatif : *Daphnis, Daphni; Atlas, Atla.*

QUATRIÈME DÉCLINAISON.

JÉSUS, nom de notre Sauveur, fait à l'accusatif *Jesum*, et à tous les autres cas il fait *Jesu*.

Les neuf noms suivants font *ubus* au datif et à l'ablatif pluriels: *arcus*, un arc, *arcubus*;—*artus*, les membres du corps, *artubus*;—*lacus*, un lac, *lacubus*; —*tribus*, une tribu, *tribubus*;—*portus*, un port, *portubus*;—*quercus*, un chêne, *quercubus*;—*specus*, une caverne, *specubus*;—*partus*, l'enfantement, *partubus*; —*veru*, une broche, *verubus*.

REMARQUE. *Veru* fait aussi *veribus*.—*Tonitru*, le tonnerre, fait *tonitribus* et *tonitrubus*. — *Genu*, le genou, fait *genibus* et rarement *genubus*.

Nom irrégulier.

SINGULIER.

Nom.	Dom	us,	*la Maison.*
Gén.	Dom	ûs *et* Domi,	*de la Maison.*
Dat.	Dom	ui *et* Dom o,	*à la Maison.*
Acc.	Dom	um,	*la Maison.*
Voc.	Dom	us,	*ô Maison.*
Abl.	Dom	o,	*de la Maison.*

PLURIEL.

Nom.	Dom	us,	*les Maisons.*
Gén.	Dom	uum *et* Dom orum,	*des Maisons.*
Dat.	Dom	ibus,	*aux Maisons.*
Acc.	Dom	us *et* Dom os,	*les Maisons.*
Voc.	Dom	us,	*ô Maisons.*
Abl.	Dom	ibus,	*des Maisons.*

REMARQUE. Ce nom prend à certains cas les terminaisons de la seconde déclinaison, *i, o, orum, os*. Le génitif singulier *domi* ne s'emploie qu'adverbialement, *à la maison;* le génitif pluriel *domuum* est peu usité.

L'usage apprendra les autres noms irréguliers.

OBSERVATION
SUR LES NOMS COMPOSÉS.

Si le nom est composé de deux nominatifs, chaque nom se décline à tous les cas.

EXEMPLES : *Respublica*, la république; gén. *reipublicæ*; dat. *reipublicæ*; acc. *rempublicam*; abl. *republicá*.—De même : *Jusjurandum*, le serment; *jurisjurandi, jurijurando*.

Mais si le nom est composé d'un nominatif et d'un autre cas, on ne décline que le mot qui est au nominatif.

EXEMPLES : *Paterfamiliás*, le père de famille; gén. *patrisfamiliás*; dat. *patrifamiliás*.

NOMS DE NOMBRE.

Les noms de nombre servent à compter ou à ranger les choses.

Il y a deux sortes de noms de nombre : 1° le *nombre cardinal* marque simplement le nombre, comme *unus, duo, tres*, un, deux, trois; 2° le *nombre ordinal* marque l'ordre et le rang de chaque chose, comme *primus, secundus, tertius*, le premier, le second, le troisième.

REMARQUE. Les noms de nombre s'appellent aussi *adjectifs numéraux*, parce qu'en exprimant le nombre ils se joignent aux noms comme de véritables adjectifs.

NOMBRES CARDINAUX.
Nom de nombre singulier *UNUS.*

Nom. Unus, una, unum, *un, une, un.*
Gén. Unius, } de tout genre.
Dat. Uni, }
Acc. Unum, unam, unum.
Abl. Uno, unâ, uno.

REMARQUE. Le pluriel *uni, unæ, una*, se décline régulièrement; il est peu employé, et ne sert qu'avec les noms qui n'ont pas de singulier : un seul camp, *una castra* (pluriel neutre).

Ainsi se déclinent : 1° Ullus, ulla, ullum, *aucun, au-*

cune, sans négation. *Gén.* ullius ; *dat.* ulli ; *acc.* ullum, ullam, ullum ; *abl.* ullo, ullâ, ullo.

2° Nullus, nulla, nullum, *aucun*, *aucune*, avec négation, *pas un*. *Gén.* nullius, etc.

3° Solus, sola, solum, *seul, seule*. *Gén.* solius ; *dat.* soli ; *acc.* solum, solam, solum ; *abl.* solo, solâ, solo.

4° Totus, tota, totum, *tout, toute*. *Gén.* totius ; *dat.* toti, etc.

5° Alius, alia, aliud, *autre*. *Gén.* alius ; *dat.* alii.

6° Alter, altera, alterum, *autre.* *Gén.* alterius ; *dat.* alteri.

7° Uter, utra, utrum, *lequel des deux*. *Gén.* utrius ; *dat.* utri.

8° Neuter, neutra, neutrum, *ni l'un ni l'autre*. *Gén.* neutrius ; *dat.* neutri.

9° Uterque, utràque, utrumquè, *l'un et l'autre*. *Gén.* utriusque ; *dat.* utrique.

10° Alteruter, alterutra, alterutrum, *l'un ou l'autre*. *Gén.* alterutrius ; *dat.* alterutri.

Nom de nombre pluriel *DUO*.

	m.	f.	n.	
Nom.	Duo,	duæ,	duo,	*deux.*
Gén.	Duorum,	duarum,	duorum,	*de deux.*
Dat.	Duobus,	duabus,	duobus,	*à deux.*
Acc.	Duos *ou* duo,	duas,	duo,	*deux.*
Abl.	Duobus,	duabus,	duobus,	*de deux.*

Ainsi se décline *ambo, ambæ, ambo*, les deux, tous deux.

Nom de nombre pluriel *TRES.*

	m.	f.	n.	
Nom.	Tres,	tres,	tria,	*trois.*
Gén.	Trium,			
Dat.	Tribus,	de tout genre.		
Acc.	Tres,	tres,	tria.	
Abl.	Tribus,	de tout genre,		

Les autres noms de nombre, jusqu'à cent, sont indéclinables : *quatuor*, quatre ; *quinque*, cinq ; *sex*, six ; *septem*, sept ; *octo*, huit ; *novem*, neuf, etc.

REMARQUES. 1° Quand un nombre est exprimé par deux mots, jusqu'à *vingt* le plus petit se met le dernier avec *et* : seize, *decem et sex*.—De *vingt* à *cent*, le plus petit se place le premier avec *et*, ou le second sans *et* : vingt et un, *unus et viginti* ou *viginti unus*.—Après *cent*, le petit nombre est toujours le dernier avec ou sans *et* : cent vingt, *centum viginti* ou *centum et viginti*.

2° *Mille*, mille, est un adjectif indéclinable: mille hommes, *mille homines* ; de mille hommes, *mille hominum*. Il se multiplie par les adverbes numéraux *bis*, *ter*, etc. : deux mille hommes, *bis mille homines*.—Le pluriel *millia*, des milliers, est un nom neutre qui se décline sur *tria*. Il est suivi d'un génitif pluriel et se multiplie par les nombres cardinaux : trois mille hommes, *tria millia hominum* (trois milliers d'hommes).

SUPPLÉMENT AUX ADJECTIFS.

I.

On distingue dans les adjectifs et les adverbes trois degrés de signification, le *Positif*, le *Comparatif* et le *Superlatif* (voy. page 74).

1° Le positif n'est autre chose que l'adjectif ou l'adverbe simple, comme saint, saintement, *sanctus*, *sanctè*.

2° Le comparatif est la signification de l'adjectif ou de l'adverbe dans un plus haut degré, comme *plus* saint, *plus* saintement, *sanctior*, *sanctiùs*. —On connaît le comparatif quand en français il y a *plus* devant un adjectif ou un adverbe.

3° Le superlatif est la signification de l'adjectif ou de l'adverbe dans le plus haut degré, comme *le plus* saint, *le plus* saintement, *sanctissimus*, *sanctissimè*. —On connaît le superlatif quand, devant un adjectif ou un adverbe, il y a en français *le plus*, *la plus*, *bien*, *très*, *fort*, etc. C'est encore un superlatif quand, devant *plus*, il y a *mon*, *ton*, *son*, *notre*, *votre*, comme : *mon plus* fidèle ami.

II.

1° Le comparatif latin se forme du cas de l'adjectif terminé en *i*, auquel on ajoute *or* pour le masculin et le féminin, et *us* pour le neutre et pour le comparatif adverbe. Ainsi, du génitif *sancti*, on formera *sanctior*, masc. et fém., *sanctius*, neutre ; — du datif *forti*, on formera *fortior*, masc. et fém., *fortius*, neutre. *Sanctior* se décline sur *Soror*, et *Sanctius* sur *Corpus*.

2° Le superlatif latin se forme aussi du cas de l'adjectif terminé en *i*, auquel on ajoute *ssimus*, *ssima*, *ssimum*; et *ssimè* pour le superlatif adverbe. Ainsi, du génitif *sancti*, on formera *sanctissimus*, *a*, *um*, et *sanctissimè*; — du datif *forti*, on formera *fortissimus*, *a*, *um*, et *fortissimè*.

OBSERVATIONS.

1° Les adjectifs en *er* forment leur superlatif du nominatif masculin en ajoutant *rimus : pulcher*, *pulcherrimus*, *rima*, *rimum*.

2° Quelques adjectifs en *lis*, comme *facilis*, facile, *difficilis*, difficile; *humilis*, humble; *similis*, semblable ; *gracilis*, grêle ; *imbecillis*, faible, forment leur superlatif en *illimus*: comme *facilis*, *facillimus*; mais *utilis* fait *utilissimus* régulièrement.

3° Les adjectifs en *dicus*, *ficus*, *volus*, comme *maledicus*, médisant; *munificus*, libéral; *benevolus*, bienveillant, forment leur comparatif en *entior*, et leur superlatif en *entissimus*.

EXEMPLES. — *Maledicus*, comp. *maledicentior*, sup. *maledicentissimus*; — *benevolus*, comp. *benevolentior*, sup. *benevolentissimus*.

4° Les quatre adjectifs suivants forment leurs comparatifs et superlatifs très-irrégulièrement : *bonus*, bon, *melior*, meilleur, *optimus*, très-bon;—*malus*, mauvais, *pejor*, pire, *pessimus*, très-mauvais ; — *magnus*, grand, *major*, plus grand, *maximus*, très-grand; — *parvus*, petit, *minor*, plus petit, *minimus*, très-petit.

5° Les adjectifs terminés en *ius*, *eus*, *uus*, n'ont ni comparatif ni superlatif : alors on exprime par *plus magis* avec le positif, et *le plus* par *maximè : Pius* , pieux; *magis pius*, plus pieux; *maximè pius*, très-pieux.

RÈGLE DES COMPARATIFS.

Doctior Petro.

Le comparatif veut à l'ablatif le nom qui suit, en supprimant le *que* : Plus savant que Pierre, *doctior Petro*. On peut aussi exprimer le *que* par *quàm*, et mettre après le même cas que devant : Paul est plus savant que Pierre, *Paulus est doctior quàm Petrus* (voy. *la Syntaxe*, n° 22, p. 120).

RÈGLE DES SUPERLATIFS.

Altissima arborum ou ex arboribus ou inter arbores.

Le superlatif veut le nom pluriel suivant au génitif, ou à l'ablatif avec *e* ou *ex*, ou à l'accusatif avec *inter*.

Exemple : Le plus haut des arbres, *altissima arborum*, ou *ex arboribus*, ou *inter arbores*.

Le superlatif prend le genre du nom *pluriel* qui suit : *altissima* est du féminin , parce que son régime *arborum* est du féminin (voy. *la Syntaxe*, n° 27, p. 122).

SUPPLÉMENT AUX VERBES.

VERBES IRRÉGULIERS.

On appelle *Irréguliers* les verbes qui, à quelques-uns de leurs temps ou à quelques-unes de leurs personnes, s'écartent des quatre modèles de conjugaisons que nous avons donnés.

VERBE NEUTRE DE LA DEUXIÈME CONJUGAISON.

GAUDERE, GAUDEO, se réjouir.

On l'appelle *Neutre passif*, parce que son parfait et les temps qui en sont formés se composent du participe en *us* et du verbe *sum*, comme à la voix passive. Il se conjugue sur *moneo*, et pour ses temps composés sur *monitus sum*, etc.

INDICATIF.	IMPÉRATIF.	SUBJONCTIF.	INFINITIF.
PRÉSENT. Gaud eo, *je me réjouis.* Gaud es, *tu te réjouis.* Gaud et, *il se réjouit.* Gaud emus, *nous nous réjouissons.* Gaud etis, *vous vous réjouissez.* Gaud ent, *ils se réjouissent.*	**Point de première personne.** Gaud e ou gaud eto, *réjouis-toi.* Gaud eto (ille), *qu'il se réjouisse.* Gaud eamus, *réjouissons-nous.* Gaud ete, *réjouissez-vous.* Gaud ento, *qu'ils se réjouissent.*	Gaud eam, *que je me réjouisse.* Gaud eas, *que tu te réjouisses.* Gaud eat, *qu'il se réjouisse.* Gaud eamus, *que nous nous réjouissions.* Gaud eatis, *que vous vous réjouissiez.* Gaud eant, *qu'ils se réjouissent.*	INFINITIFS PROPREMENT DITS. PRÉSENT. Gaudere, *se réjouir.* PARFAIT. Gavisum, sam esse ou fuisse, *s'être réjoui.* FUTUR. Gavisurum, ram esse, *devoir se réjouir, qu'il se réjouira.*
IMPARFAIT. Gaud ebam, *je me réjouissais.* Gaud ebas, *tu te réjouissais.* Gaud ebat, *il se réjouissait.* Gaud ebamus, *nous nous réjouissions.* Gaud ebatis, *vous vous réjouissiez.* Gaud ebant, *ils se réjouissaient.*		Gaud erem, *que je me réjouisse, je me réjouirais.* Gaud eres, *que tu te réjouisses.* Gaud eret, *qu'il se réjouit.* Gaud eremus, *que nous nous réjouissions.* Gaud eretis, *que vous vous réjouissiez.* Gaud erent, *qu'ils se réjouissent.*	FUT. PASSÉ. Gavisurum, ram fuisse, *avoir dû se réjouir, qu'il se fût réjoui.*
PARFAIT. Gavisus sum ou fui, *je me suis* Gavisus es, *tu t'es* Gavisus est, *il s'est* Gavisi sumus, *nous nous sommes* Gavisi estis, *vous vous êtes* Gavisi sunt, *ils se sont* ∫ *réjoui. réjoui.*		Gavisus sim ou fuerim, *que je me sois* Gavisus sis, *que tu te sois* Gavisus sit, *qu'il se soit* Gavisi simus, *que nous nous soyons* Gavisi sitis, *que vous vous soyez* Gavisi sint, *qu'ils se soient* ∫ *réjouis. réjoui.*	PARTICIPES. PRÉSENT. Gaudens, gaudentis, *se réjouissant.* PASSÉ. Gavisus, gavisa, gavisum, *s'étant réjoui.* FUTUR. Gavisurus, gavisura, gavisurum, *devant se réjouir.*
PL.-Q.-PARF. Gavisus eram ou fueram, *je m'étais* Gavisus eras, *tu t'étais* Gavisus erat, *il s'était* Gavisi eramus, *nous nous étions* Gavisi eratis, *vous vous étiez* Gavisi erant, *ils s'étaient* ∫ *réjouis. réjoui.*		[*je me serais*] Gavisus essem ou fuissem, *que je me fusse,* Gavisus esses, *que tu te fusses* Gavisus esset, *qu'il se fût* Gavisi essemus, *que nous nous fussions* Gavisi essetis, *que vous vous fussiez* Gavisi essent, *qu'ils se fussent* ∫ *réjouis. réjoui.*	SUPINS. Gavisum, *se réjouir.* Gavisu, *à se réjouir.* GÉRONDIFS.
FUTUR. Gaud ebo, *je me réjouirai.* Gaud ebis, *tu te réjouiras.* Gaud ebit, *il se réjouira.* Gaud ebimus, *nous nous réjouirons.* Gaud ebitis, *vous vous réjouirez.* Gaud ebunt, *ils se réjouiront.*			Gaudendi, *de se réjouir.* Gaudendo, *en se réjouissant.* Gaudendum, *à se réjouir ou pour se réjouir.*
FUTUR PASSÉ. Gavisus ero ou fuero, *je me serai* Gavisus eris, *tu te seras* Gavisus erit, *il se sera* Gavisi erimus, *nous nous serons* Gavisi eritis, *vous vous serez* Gavisi erunt, *ils se seront* ∫ *réjouis. réjoui.*			Ainsi se conjuguent audere, audeo, ausus sum, oser; solere, soleo, solitus sum, avoir coutume.

INDICATIF.		IMPÉRATIF.	
PRÉSENT. Fero,	je porte.	*Point de première personne.*	
Fers,	tu portes.	Fer ou ferto,	porte.
Fert,	il porte.	Ferto (ille),	qu'il porte.
Ferimus,	nous portons.	Feramus,	portons.
Fertis,	vous portes.	Ferte ou fertote,	portez.
Ferunt,	ils portent.	Ferunto,	qu'ils portent.
IMPARFAIT. Ferebam,	je portais.		
Ferebas,	tu portais.		
Ferebat,	il portait.		
Ferebamus,	nous portions.		
Ferebatis,	vous portiez.		
Ferebant,	ils portaient.		
PARFAIT. Tuli,	j'ai porté.		
Tulisti,	tu as porté.		
Tulit,	il a porté.		
Tulimus,	nous avons porté.		
Tulistis,	vous avez porté.		
Tulerunt ou tulere,	ils ont porté.		
PL.-Q.-PARF. Tuleram,	j'avais porté.		
Tuleras,	tu avais porté.		
Tulerat,	il avait porté.		
Tuleramus,	nous avions porté.		
Tuleratis,	vous aviez porté.		
Tulerant,	ils avaient porté.		
FUTUR. Feram,	je porterai.		
Feres,	tu porteras.		
Feret,	il portera.		
Feremus,	nous porterons.		
Feretis,	vous porterez.		
Ferent,	ils porteront.		
FUTUR PASSÉ. Tulero,	j'aurai porté.		
Tuleris,	tu auras porté.		
Tulerit,	il aura porté.		
Tulerimus,	nous aurons porté.		
Tuleritis,	vous aurez porté.		
Tulerint,	ils auront porté.		

SUBJONCTIF.		INFINITIF.
Feram,	que je porte.	
Feras,	que tu portes.	**INFINITIFS PROPREMENT DITS.**
Ferat,	qu'il porte.	PRÉSENT. Ferre, porter.
Feramus,	que nous portions.	PARFAIT. Tulisse, avoir porté.
Feratis,	que vous portiez.	FUTUR. Laturum, am esse, devoir
Ferant,	qu'ils portent.	porter, qu'il portera ou porterait.
Ferrem,	que je portasse, je porterais.	FUTUR PASSÉ. Laturum, am fuisse,
Ferres,	que tu portasses.	avoir dû porter, qu'il aura ou au-
Ferret,	qu'il portât.	rait porté.
Ferremus,	que nous portassions.	
Ferretis,	que vous portassiez.	**PARTICIPES.**
Ferrent,	qu'ils portassent.	PRÉSENT. Ferens, entis, portant.
Tulerim,	que j'aie porté.	FUTUR. Laturus, a, um, devant por-
Tuleris,	que tu aies porté.	ter.
Tulerit,	qu'il ait porté.	
Tulerimus,	que nous ayons porté.	**SUPIN.**
Tuleritis,	que vous ayez porté.	Latum, à porter.
Tulerint,	qu'ils aient porté.	
Tulissem,	que j'eusse porté, j'aurais porté.	**GÉRONDIFS.**
Tulisses,	que tu eusses porté.	Ferendi, de porter.
Tulisset,	qu'il eût porté.	Ferendo, en portant.
Tulissemus,	que nous eussions porté.	Ferendum, à porter ou pour porter.
Tulissetis,	que vous eussiez porté.	
Tulissent,	qu'ils eussent porté.	

REMARQUE. Fero perd l'i de la terminaison à plusieurs personnes du
présent de l'indicatif et de l'impératif:
fers, fert, ferte pour feris, ferit, ferite.
— A l'infinitif, il fait ferre par syncope
pour ferere. — Le parfait a pour radical tul et le supin lat.

Ainsi se conjuguent les composés
de fero, comme:

Offero, offers, obtuli, oblatum,
offerre, offrir ; differo, differs, dis-
tuli, dilatum, differre, différer, etc.

5

INDICATIF.

PRÉSENT.

Feror,	je suis porté.
Ferris ou ferre,	tu es porté.
Fertur,	il est porté.
Ferimur,	nous sommes portés.
Ferimini,	vous êtes portés.
Feruntur,	ils sont portés.

IMPARFAIT.

Ferebar,	j'étais porté.
Ferebaris ou ferebare,	tu étais porté.
Ferebatur,	il était porté.
Ferebamur,	nous étions portés.
Ferebamini,	vous étiez portés.
Ferebantur,	ils étaient portés.

PARFAIT.

Latus sum ou fui,	j'ai été ou je fus
Latus es,	tu as été
Latus est,	il a été
Lati sumus,	nous avons été
Lati estis,	vous avez été
Lati sunt,	ils ont été

(portés, portée.)

PL.-Q.-PARF.

Latus eram ou fueram,	j'avais été
Latus eras,	tu avais été
Latus erat,	il avait été
Lati eramus,	nous avions été
Lati eratis,	vous aviez été
Lati erant,	ils avaient été

(portés, portée.)

FUTUR.

Ferar,	je serai porté.
Fereris ou ferere,	tu seras porté.
Feretur,	il sera porté.
Feremur,	nous serons portés.
Feremini,	vous serez portés.
Ferentur,	ils seront portés.

FUTUR PASSÉ.

Latus ero ou fuero,	j'aurai été
Latus eris,	tu auras été
Latus erit,	il aura été
Lati erimus,	nous aurons été
Lati eritis,	vous aurez été
Lati erunt,	ils auront été

(portés, portée.)

IMPÉRATIF.

Point de première personne.

Ferre ou fertor,	sois porté.
Fertor,	qu'il soit porté.
Feramur,	soyons portés.
Ferimini,	soyez portés.
Feruntor,	qu'ils soient portés.

SUBJONCTIF.

PRÉSENT.

Ferar,	que je sois porté.
Feraris ou ferare,	que tu sois porté.
Feratur,	qu'il soit porté.
Feramur,	que nous soyons portés.
Feramini,	que vous soyez portés.
Ferantur,	qu'ils soient portés.

IMPARFAIT.

Ferrer,	que je fusse ou je serais
Ferreris ou ferrere,	que tu fusses
Ferretur,	qu'il fût
Ferremur,	que nous fussions
Ferremini,	que vous fussiez
Ferrentur,	qu'ils fussent

(porté.)

PARFAIT.

Latus sim ou fuerim,	que j'aie été
Latus sis,	que tu aies été
Latus sit,	qu'il ait été
Lati simus,	que nous ayons été
Lati sitis,	que vous ayez été
Lati sint,	qu'ils aient été

(porté.)

PL.-Q.-PARF.

Latus essem ou fuissem,	que j'eusse été
Latus esses,	que tu eusses été
Latus esset,	qu'il eût été
Lati essemus,	que nous eussions été
Lati essetis,	que vous eussiez été
Lati essent,	qu'ils eussent été

(porté.)

INFINITIF.

INFINITIFS PROPREMENT DITS.

PRÉSENT. Ferri, être porté.

PARFAIT. Latum, latam esse ou fuisse, avoir été porté.

FUTUR. Latum iri ou Ferendum, dam esse, devoir être porté, qu'il sera porté.

FUT. PASSÉ. Ferendum, dam fuisse, avoir dû être porté, qu'il eût ou aura été porté.

____

PARTICIPES.

PASSÉ. Latus, lata, latum, porté, ayant été porté.

FUTUR. Ferendus, ferenda, ferendum, devant être porté.

____

SUPIN.

Latu, à être porté.

____

REMARQUE. Au passif, les mêmes voyelles (i ou e) se suppriment dans les terminaisons correspondantes à celles de l'actif qui les perdent, sauf la 2e personne du pluriel du présent de l'indicatif et celle de l'impératif, qui gardent l'i : Ferimini.

Ainsi se conjuguent offeror, oblatus sum, offerri, être offert ; — differor, dilatus sum, differri, être différé, etc.

INDICATIF.

PRÉSENT.		
Eo,	je vais.
Is,	tu vas.
It,	il va.
Imus,	nous allons.
Itis,	vous allez.
Eunt,	ils vont.

IMPARFAIT.	
Ibam,	j'allais.
Ibas,	tu allais.
Ibat,	il allait.
Ibamus,	nous allions.
Ibatis,	vous alliez.
Ibant,	ils allaient.

PARFAIT.	
Ivi,	je suis allé, j'allai.
Ivisti,	tu es allé.
Ivit,	il est allé.
Ivimus,	nous sommes allés.
Ivistis,	vous êtes allés.
Iverunt ou ivere,	ils sont allés.

PL.-Q.-PARF.	
Iveram,	j'étais allé.
Iveras,	tu étais allé.
Iverat,	il était allé.
Iveramus,	nous étions allés.
Iveratis,	vous étiez allés.
Iverant,	ils étaient allés.

FUTUR.	
Ibo,	j'irai.
Ibis,	tu iras.
Ibit,	il ira.
Ibimus,	nous irons.
Ibitis,	vous irez.
Ibunt,	ils iront.

FUTUR PASSÉ.	
Ivero,	je serai allé.
Iveris,	tu seras allé.
Iverit,	il sera allé.
Iverimus,	nous serons allés.
Iveritis,	vous serez allés.
Iverint,	ils seront allés.

IMPÉRATIF.

Point de première personne.	
I ou ito,	va.
Ito,	qu'il aille.
Eamus,	allons.
Ite ou itote,	allez.
Eunto,	qu'ils aillent.

SUBJONCTIF.

Eam,	que j'aille.
Eas,	que tu ailles.
Eat,	qu'il aille.
Eamus,	que nous allions.
Eatis,	que vous alliez.
Eant,	qu'ils aillent.

Irem,	que j'allasse, j'irais.
Ires,	que tu allasses.
Iret,	qu'il allât.
Iremus,	que nous allassions.
Iretis,	que vous allassiez.
Irent,	qu'ils allassent.

Iverim,	que je sois allé.
Iveris,	que tu sois allé.
Iverit,	qu'il soit allé.
Iverimus,	que nous soyons allés.
Iveritis,	que vous soyez allés.
Iverint,	qu'ils soient allés.

Ivissem,	que je fusse allé, je serais allé.
Ivisses,	que tu fusses allé.
Ivisset,	qu'il fût allé.
Ivissemus,	que nous fussions allés.
Ivissetis,	que vous fussiez allés.
Ivissent,	qu'ils fussent allés.

INFINITIF.

INFINITIFS PROPREMENT DITS.

PRÉSENT. Ire, aller.

PARFAIT. Ivisse, être allé.

FUTUR. Iturum, am esse, devoir aller, qu'il irait ou qu'il allât.

FUT. PASSÉ. Iturum, am fuisse, avoir dû aller, qu'il serait ou fût allé.

PARTICIPES.

PRÉSENT. Iens, euntis, allant.

FUTUR. Iturus, a, um, devant aller.

SUPINS.

Itum, aller.

Itu, à aller.

GÉRONDIFS.

Eundi, d'aller.

Eundo, en allant.

Eundum, à ou pour aller.

REMARQUE. Le verbe eo a deux radicaux : e à la première personne du singulier, à la troisième du pluriel du présent de l'indicatif, au présent du subjonctif, à la troisième du pluriel de l'impératif, au participe présent, sauf le nominatif, et au gérondif ; partout ailleurs son radical est i. Le futur est en bo.

Ainsi se conjuguent exire, exeo, is, sortir ; perire, pereo, is, périr ; redire, redeo, is, revenir ; adire, adeo, is, aller trouver ; transire, transeo, is, traverser ; præterire, prætereo, is, passer outre ou auprès.

INDICATIF.		IMPÉRATIF.
PRÉSENT.	Fio, *je suis fait ou je deviens.* Fis, *tu deviens.* Fit, *il devient.* Fimus, *nous devenons.* Fitis, *vous devenez.* Fiunt, *ils deviennent.*	Point de première personne. Fi. *sois fait ou deviens.* Fiat, *qu'il soit fait ou qu'il devienne.* Fiamus, *devenons.* Fite ou fitote, *soyez faits ou devenez.* Fiant, *qu'ils soient faits ou qu'ils deviennent.*
IMPARFAIT.	Fieham, *j'étais fait ou je devenais.* Fiebas, *tu devenais.* Fiebat, *il devenait.* Fiebamus, *nous devenions.* Fiebatis, *vous deveniez.* Fiebant, *ils devenaient.*	. . . .
PARFAIT.	Factus sum ou fui, *je suis devenu, je devins.* Factus es, *tu es devenu.* Factus est, *il est devenu.* Facti sumus, *nous sommes devenus.* Facti estis, *vous êtes devenus.* Facti sunt, *ils sont devenus.*	. . . .
PL.-Q.-PARFAIT.	Factus eram ou fueram, *j'étais devenu.* Factus eras, *tu étais devenu.* Factus erat, *il était devenu.* Facti eramus, *nous étions devenus.* Facti eratis, *vous étiez devenus.* Facti erant, *ils étaient devenus.*	. . . .
FUTUR.	Fiam, *je deviendrai.* Fies, *tu deviendras.* Fiet, *il deviendra.* Fiemus, *nous deviendrons.* Fietis, *vous deviendrez.* Fient, *ils deviendront.*	
FUTUR PASSÉ.	Factus ero ou fuero, *je serai devenu.* Factus eris, *tu seras devenu.* Factus erit, *il sera devenu.* Facti erimus, *nous serons devenus.* Facti eritis, *vous serez devenus.* Facti erunt, *ils seront devenus.*	. . . .

SUBJONCTIF.		INFINITIF.
Fiam, *que je sois fait ou que je devienne.* Fias, *que tu deviennes.* Fiat, *qu'il devienne.* Fiamus, *que nous devenions.* Fiatis, *que vous deveniez.* Fiant, *qu'ils deviennent.*		**INFINITIFS PROPREMENT DITS.** PRÉSENT. Fieri, *devenir.* PARFAIT. Factum, factam esse ou fuisse, *être devenu.* FUTUR. Factum iri ou Faciendum, dam esse, *qu'il deviendra ou deviendrait.* FUT. PASSÉ. Faciendum, dam fuisse, *qu'il serait ou qu'il fût devenu.*
Fierem, *que je devinsse, je deviendrais.* Fieres, *que tu devinsses.* Fieret, *qu'il devînt.* Fieremus, *que nous devinssions.* Fieretis, *que vous devinssiez.* Fierent, *qu'ils devinssent.*		**PARTICIPES.** PASSÉ. Factus, a, um, *ayant été fait ou étant devenu.* FUTUR. Faciendus, a, um, *devant être fait ou devant devenir.*
Factus sim ou fuerim, *que je sois devenu.* Factus sis, *que tu sois devenu.* Factus sit, *qu'il soit devenu.* Facti simus, *que nous soyons devenus.* Facti sitis, *que vous soyez devenus.* Facti sint, *qu'ils soient devenus.*		**SUPIN.** Factu, *à être fait ou à devenir.*
Factus essem ou fuissem, *que je fusse devenu.* Factus esses, *que tu fusses devenu.* Factus esset, *qu'il fût devenu.* Facti essemus, *que nous fussions devenus.* Facti essetis, *que vous fussiez devenus.* Facti essent, *qu'ils fussent devenus.*		
. . . .		REMARQUE. Quand le verbe fio signifie *être fait*, c'est le passif de *facere*, et il est remarquable par ses formes actives. Quand il signifie *devenir*, c'est un verbe neutre ayant les temps composés du passif.

	INDICATIF.		IMPÉRATIF.
PRÉSENT.	Volo,	je veux.	
	Vis,	tu veux.	
	Vult,	il veut.	Point d'impératif.
	Volumus,	nous voulons.	
	Vultis,	vous voulez.	
	Volunt,	ils veulent.	
IMP.	Volebam,	je voulais.	
	Volebas, etc.	tu voulais.	
PARF.	Volui,	j'ai voulu.	
	Voluisti, etc.	tu as voulu.	
P.-Q.-P.	Volueram,	j'avais voulu.	
	Volueras, etc.	tu avais voulu.	
FUT.	Volam,	je voudrai.	
	Voles, etc.	tu voudras.	
F. PASSÉ.	Voluero,	j'aurai voulu.	
	Volueris, etc.	tu auras voulu.	

	SUBJONCTIF.		INFINITIF.
	Velim,	que je veuille.	INFINITIFS PROPREMENT DITS.
	Velis,	que tu veuilles.	PRÉSENT. Velle, vouloir.
	Velit,	qu'il veuille.	PARFAIT. Voluisse, avoir voulu.
	Velimus,	que nous voulions.	Point d'infinitif futur.
	Velitis,	que vous vouliez.	
	Velint,	qu'ils veuillent.	
	Vellem,	que je voulusse, je voudrais.	PARTICIPE.
	Velles, etc.	que tu voulusses.	PRÉSENT. Volens, entis, voulant.
	Voluerim,	que j'aie voulu.	Point de participe futur.
	Volueris, etc.	que tu aies voulu.	Point de supin.
	Voluissem,	que j'eusse voulu, j'aurais voulu.	Point de gérondifs.
	Voluisses, etc.	que tu eusses voulu.	
			Ainsi se conjuguent *nolo*, je ne veux pas, et *malo*, j'aime mieux.

	INDICATIF.		IMPÉRATIF.
PRÉSENT.	Nolo,	je ne veux pas.	Point de première personne.
	Non vis,	tu ne veux pas.	Noli ou nolito, ne veuille pas.
	Non vult,	il ne veut pas.	Nolito (ille), qu'il ne veuille pas.
	Nolumus,	nous ne voulons pas.	Nolimus, ne veuillans pas.
	Non vultis,	vous ne voulez pas.	Nolite ou nolitote, ne veuillez pas.
	Nolunt,	ils ne veulent pas.	Nolunto, qu'ils ne veuillent pas.
IMP. Nolebam,	je ne voulais pas, etc.		
PARF. Nolui,	je n'ai pas voulu, etc.		
P.-Q.-P. Nolueram,	je n'avais pas voulu, etc.		
FUT. Nolam,	je ne voudrai pas, etc.		
F. PASSÉ. Noluero, je n'aurai pas voulu, etc.			

	SUBJONCTIF.		INFINITIF.
	Nolim,	que je ne veuille pas.	INFINITIFS PROPREMENT DITS.
	Nolis,	que tu ne veuilles pas.	PRÉSENT. Nolle, ne vouloir pas.
	Nolit,	qu'il ne veuille pas.	PARFAIT. Noluisse, n'avoir pas voulu.
	Nolimus,	que nous ne voulions pas.	Point d'infinitif futur.
	Nolitis,	que vous ne vouliez pas.	
	Nolint,	qu'ils ne veuillent pas.	
	Nollem,	que je ne voulusse pas, etc.	PARTICIPE.
	Noluerim,	que je n'aie pas voulu, etc.	PRÉS. Nolens, entis, ne voulant pas.
	Noluissem,	que je n'eusse pas voulu, etc.	REMARQUE. *Nolo*, composé de *non* et de *volo*, n'a ni participe futur, ni supin, ni gérondif.

	INDICATIF.	SUBJONCTIF.	INFINITIF.
PRÉSENT.	Malo, *j'aime mieux.* Mavis, *tu aimes mieux.* Mavult, *il aime mieux.* Malumus, *nous aimons mieux.* Mavultis, *vous aimez mieux.* Malunt, *ils aiment mieux.*	Malim, *que j'aime mieux.* Malis, etc.	Malle, *aimer mieux.* Maluisse, *avoir aimé mieux.*
IMP.	Malebam, *j'aimais mieux, etc.*	Mallem, *que j'aimasse mieux.*	**REMARQUE.** *Malo,* composé de ma (pour ma-vis) et de *volo,* n'a ni impératif, ni participe, ni supin, ni gérondif.
PARF.	Malui, *j'ai mieux aimé, etc.*	Maluerim, *que j'aie mieux aimé*	
P.-Q.-P.	Malueram, *j'avais mieux aimé*	Maluissem, *que j'eusse mieux aimé.*	
FUT.	Malam, *j'aimerai mieux, etc.*	....	
F. PAS.	Maluero, *j'aurai mieux aimé.*	....	

	INDICATIF.	SUBJONCTIF.	INFINITIF.
PRÉSENT.	Possum, *je peux ou je puis.* Potes, *tu peux.* Potest, *il peut.* Possumus, *nous pouvons.* Potestis, *vous pouvez.* Possunt, *ils peuvent.*	Possim, *que je puisse.* Possis, *que tu puisses.* Possit, *qu'il puisse.* Possimus, *que nous puissions.* Possitis, *que vous puissiez.* Possint, *qu'ils puissent.*	Posse, *pouvoir.* Potuisse, *avoir pu.*
IMP.	Poteram, *je pouvais.* Poteras, etc.	Possem, *que je pusse.* Posses, etc.	**REMARQUE.** *Possum,* composé de pot ou pos (pour *potis,* qui peut) et de *sum,* n'a ni impératif, ni participe, ni supin, ni gérondif.
PARF.	Potui, *j'ai pu.* Potuisti, etc.	Potuerim, *que j'aie pu.* Potueris, etc.	
P.-Q.-P.	Potueram, *j'avais pu.* Potueras, etc.	Potuissem, *que j'eusse pu.* Potuisses, etc.	
FUT.	Potero, *je pourrai.* Poteris, etc.	....	
F. PAS.	Potuero, *j'aurai pu.* Potueris, etc.	....	

VERBE IRRÉGULIER COMPOSÉ DE SUM : *PROSUM, PRODESSE,* SERVIR A.

	INDICATIF.	IMPÉRATIF.
PRÉSENT.	Prosum, *je sers.* Prodes, *tu sers.* Prodest, *il sert.* Prosumus, *nous servons.* Prodestis, *vous servez.* Prosunt, *ils servent.*	**Point de première personne.** Prodes ou prodesto, *sers.* Prodesto (ille), *qu'il serve.* Prosimus, *servons.* Prodeste ou prodestote, *servez.* Prosunto, *qu'ils servent.*
IMP. Proderam,	*je servais.*	....
PARF. Profui,	*j'ai servi, je servis.*	....
P.-Q.-P. Profueram,	*j'avais servi.*	....
FUTUR. Prodero,	*je servirai.*	....
F. PASSÉ. Profuero,	*j'aurai servi.*	....

SUBJONCTIF.	INFINITIF.
Prosim, *que je serve.* Prosis, *que tu serves.* Prosit, *qu'il serve.* Prosimus, *que nous servions.* Prositis, *que vous serviez.* Prosint, *qu'ils servent.*	**INFINITIFS.** PRÉSENT. Prodesse, *servir.* PASSÉ. Profuisse, *avoir servi.* FUTUR. Profore (indécl.) ou profuturum, am esse, *devoir servir, qu'il servira.* FUT. PAS. Profuturum, am fuisse, *avoir dû servir, qu'il gût ou aurait servi.*
Prodessem, *que je servisse.*	**PARTICIPE.** Pas de participe présent.
Profuerim, *que j'aie servi.*	FUTUR. Profuturus, a, um, *devant servir.*
Profuissem, *que j'eusse servi.*	**REMARQUE.** *Prosum* est composé de pro (pour) et de *sum;* devant e on met prod au lieu de pro.

INDICATIF.		IMPÉRATIF.
PRÉSENT.	Queo, *je peux ou je puis.* Quis, *tu peux.* Quit, *il peut.* Quimus, *nous pouvons.* Quitis, *vous pouvez.* Queunt, *ils peuvent.*	Point d'impératif.
IMP.	Quibam, *je pouvais.* Quibamus, *nous pouvions.*	....
PARF.	Quivi, *j'ai pu.* Quivimus, *nous avons pu.*	....
P.-Q.-P.	Quiveram, *j'avais pu.*	....
FUT.	Quibo, *je pourrai.*	....
FUT. PAS.	Quivero, *j'aurai pu.*	....

SUBJONCTIF.		INFINITIF.
Queam,	*que je puisse.*	**INFINITIFS PROPREMENT DITS.**
Queas,	*que tu puisses.*	PRÉSENT. Quire, *pouvoir.*
Queat,	*qu'il puisse.*	PARFAIT. Quivisse, *avoir pu.*
Queamus,	*que nous puissions.*	
Queatis,	*que vous puissiez.*	REMARQUE. *Queo* composé des let-
Queant,	*qu'ils puissent.*	tres qu et eo, ire, forme réguliè-
Quirem,	*que je pusse, je pourrais.*	rement ses temps usités : il n'a que ceux
Quiremus,	*que nous pussions.*	qui sont indiqués dans ce tableau.
Quiverim,	*que j'aie pu.*	Ainsi se conjugue son composé *ne-*
Quiverimus,	*que nous ayons pu.*	*queo, nequire, ne pouvoir pas.*
Quivissem,	*que j'eusse pu.*	
Quivissemus,	*que nous eussions pu.*	
....		
....		

VERBE DÉFECTUEUX : *MEMINI, MEMINISSE, SE SOUVENIR.*

On appelle *défectueux* les verbes auxquels il manque plusieurs personnes ou plusieurs temps.

INDICATIF.		IMPÉRATIF.
PRÉSENT.	Memini, *je me souviens.* Meministi, *tu te souviens.* Meminit, *il se souvient.* Meminimus, *nous nous souvenons.* Meministis, *vous vous souvenez.* Meminerunt, meminere, *ils se souviennent.*	Point de première personne. Memento, *souviens-toi.* Memento (ille), *qu'il se souvienne.* Mementote, *souvenez-vous.*
IMP.	Memineram, *je me souvenais.* Memineras, etc. *tu te souvenais.*	....
FUTUR.	Meminero, *je me souviendrai.* Memineris, *tu te souviendras.* Meminerit, *il se souviendra.* Meminerimus, *nous nous souviendrons.* Memineritis, *vous vous souviendrez.* Meminerint, *ils se souviendront.*	

SUBJONCTIF.		INFINITIF.
Meminerim,	*que je me souvienne.*	Meminisse, *se souvenir.*
Memineris,	*que tu te souviennes.*	
Meminerit,	*qu'il se souvienne.*	REMARQUE. Ce verbe n'a réellement
Meminerimus,	*que nous nous souvenions.*	ni présent, ni imparfait, ni futur;
Memineritis,	*que vous vous souveniez.*	car *memini* est la forme régulière
Meminerint,	*qu'ils se souviennent.*	d'un parfait; *memineram*, celle d'un
Meminissem,	*que je me souvinsse, je me sou-*	plus-que-parfait, et *meminero*, celle
	viendrais.	d'un futur passé.
Meminisses,	*que tu te souvinsses.*	Ainsi se conjuguent *novi, novisse,*
....		connaître; *cœpi, cœpisse,* commen-
		cer ; *odi, odisse,* haïr; ce dernier fait
		au parfait *osus sum,* j'ai haï; au plus-
		que-parfait *osus eram,* etc. — *Cœpi* a
		aussi un parfait à forme passive :
		cœptus sum, qu'on emploie devant un
		infinitif passif. Aucun de ces trois
		verbes n'a d'impératif.

INDICATIF.	IMPÉRATIF.	SUBJONCTIF.
PRÉSENT. Aio, je dis, j'affirme. Ais, tu dis. Ait, il dit. Aiunt, ils disent.	AÏ (rare), dis.	Aias, que tu dises. Aiat, qu'il dise. Aiant, qu'ils disent.
IMP. Aiebam, je disais. Aiebas, tu disais, etc.		
PARF. Aisti (rare), tu as dit. Ait, il a dit.		**PARTICIPE.** Aiens, disant.

Ce verbe n'a que les temps et les personnes indiqués au tableau.

INDICATIF.		SUBJONCTIF.
PRÉSENT. nquam, dis-je, nquis, dis-tu, nquit, dit-il.	**PARFAIT.** Inquisti, as-tu dit. Inquit, a-t-il dit.	Inquiat, qu'il dise.
nquimus, disons-nous. nquitis, dites-vous. nquiunt, disent-ils.	Inquistis, avez-vous dit.	**IMPÉRATIF.** Inque ou inquito, dis.
IMPARFAIT. Inquiebat, disait-il. Inquiebant, disaient-ils.	**FUTUR.** Inquies, diras-tu. Inquiet, dira-t-il.	

Ce verbe n'a que les temps et les personnes indiqués au tableau.

VERBE IMPERSONNEL :

On appelle *impersonnels* les verbes qui n'ont que la troisième personne du singulier.

POENITET.

REMARQUE. Ce verbe se conjugue dans tous ses temps avec les pronoms accusatifs *me*, *te*, *illum*, *illam* (ou un nom) au singulier; avec *nos*, *vos*, *illos*, *illas* (ou un nom) au pluriel.

INDICATIF.	IMPÉRATIF.
PRÉSENT. me Pœnitet, je me repens. te Pœnitet, tu te repens. illum, illam Pœnitet, il se repent. nos Pœnitet, nous nous repentons. vos Pœnitet, vous vous repentez. illos, illas Pœnitet, ils, elles se repentent.	Point d'impératif.
IMP. me Pœnitebat, je me repentais.	
PARF. me Pœnituit, je me suis repenti.	
P.-Q.-P. me Pœnituerat, je m'étais repenti.	
FUT. me Pœnitebit, je me repentirai.	
FUT. PASSÉ. me Pœnituerit, je me serai repenti.	

SUBJONCTIF.	INFINITIF.
me Pœniteat, que je me repente. te Pœniteat, que tu te repentes. illum Pœniteat, qu'il se repente. nos Pœniteat, que nous nous repentions. vos Pœniteat, que vous vous repentiez. illos Pœniteat, qu'ils se repentent.	**INFINITIFS PROPREMENT DITS.** PRÉSENT. Pœnitere, se repentir. PARFAIT. Pœnituisse, s'être repenti. Pas de futur.
me Pœniteret, que je me repentisse.	**PARTICIPES.** PRÉSENT. Pœnitens, tis, se repentant. FUTUR. Pœnitendus, a, um, dont on doit se repentir.
me Pœnituerit, que je me sois repenti.	
me Pœnituisset, que je me fusse repenti.	**GÉRONDIFS.** Pœnitendi, de se repentir.
	Pœnitendo, en se repentant. Pœnitendum, à ou pour se repentir.

Ainsi se conjuguent : *me pudet*, *me puduit* ou *puditum est*, j'ai honte ; *me piget*, *me piguit* ou *pigitum est*, je suis fâché.

Ainsi se conjuguent : *me miseret*, *ma misertum est*, j'ai compassion ; *me tædet*, *me tæsum est*, je m'ennuie. — *Miseret* et *tædet* n'ont pas de participes, etc.

INDICATIF.	SUBJONCTIF.	INFINITIF.
PRÉSENT. Oportct, *il faut.*	Oporteat, *qu'il faille.*	Oportcre, *fal loir.*
IMPARF. Oportebat, *il fallait.*	Oporteret, *qu'il fallût.*	Oportuisse, *avoir fallu.*
PARFAIT. Oportúit, *il a fallu.*	Oportuerit, *qu'il ait fallu.*	
P.-Q.-P. Oportuerat, *il avait fallu.*	Oportuisset, *qu'il eût fallu.*	
FUTUR. Oportebit, *il faudra.*	....	
FUT. PAS. Oportuerit, *il aura fallu.*	....	

IMPERSONNEL PASSIF.

L'impersonnel passif est la troisième personne du singulier passif dans tou les temps.

INDICATIF.	SUBJONCTIF.
PRÉSENT. Dicitur, *on dit.*	Dicatur, *qu'on dise.*
IMPARFAIT. Dicebatur, *on disait.*	Diceretur, *qu'on dît.*
PARFAIT. Dictum est *ou* fuit, *on a dit.*	Dictum sit *ou* fuerit, *qu'on ait dit.*
PL.-Q.-PARF. Dictum erat *ou* fuerat, *on avait dit.*	Dictum esset *ou* fuisset, *qu'on eût dit.*
FUTUR. Dicetur, *on dira.*	....
FUT. PASSÉ. Dictum erit *ou* fuerit, *on aura dit.*	....

On peut faire impersonnels passifs tous les verbes actifs et neutres.

SECONDE PARTIE.

SYNTAXE LATINE.

La Syntaxe est la manière de joindre ensemble les mots d'une phrase et les phrases entre elles.

Il y a deux sortes de Syntaxes : la Syntaxe d'*accord*, par laquelle on fait accorder deux mots en genre, en nombre, etc.; et la Syntaxe de *régime*, par laquelle un mot régit un autre mot à tel cas, à tel mode, etc.

SYNTAXE DES NOMS.

Accord de deux Noms.

Ludovicus Rex.

1. Règle. Quand deux ou plusieurs noms désignent une seule et même personne, une seule et même chose, ces noms se mettent au même cas.

Exemples : Louis Roi, *Ludovicus Rex ;* — de Louis-Roi, *Ludovici Regis*, etc.; — Esope auteur, *Æsopus auctor ;* — à Ésope auteur, *Æsopo auctori ;* — la ville de Rome, *urbs Roma*. — Les Latins disaient : *la ville Rome.*

De entre deux noms n'empêche pas de mettre ces deux noms au même cas, lorsqu'on peut tourner *de* par *qui s'appelle* : la ville de Rome; *tournez*, la ville *qui s'appelle* Rome.

Régime des Noms.

I. Liber Petri.

2. Règle. Lorsque *de*, *du*, *des*, entre deux noms, ne peuvent pas se tourner par *qui s'appelle*, on met le second au génitif (voy. page 16).

Exemples : Le livre de Pierre, *liber Petri* ; la bonté de Dieu, *bonitas Dei.*

Souvent, au lieu du génitif, on se sert d'un adjectif qui a la même valeur.

Exemples : La bonté de Dieu (*tournez*, la bonté divine), *bonitas divina;* — le parlement de Paris (*tournez*, le parlement parisien), *senatus parisiensis.*

3. Quand le nom qui suit *de* exprime une qualité bonne ou mauvaise, on peut mettre ce nom ou à l'ablatif ou au génitif.

Exemples : Un enfant d'un bon naturel, *puer egregiâ indole* ou *egregiæ indolis;* —d'un mauvais naturel, *pravâ indole* ou *pravæ indolis.*

II. Tempus *legendi.*

4. *De* entre un nom de chose inanimée et un infinitif français, se rend en latin par le gérondif en *di*, qui est un véritable génitif (voy. page 71).

Exemples : Le temps de lire, *tempus legendi ;*—de lire l'histoire, *tempus legendi historiam.* Les gérondifs gouvernent le même cas que les verbes d'où ils viennent.

Si le verbe latin gouverne l'accusatif, au lieu du gérondif en *di*, il est mieux d'employer le participe en *dus, da, dum*, que l'on met au génitif, en le faisant accorder avec le nom en genre, en nombre et en cas ; ainsi, au lieu de dire *tempus legendi historiam*, on dit mieux *tempus legendæ historiæ.*

5. *De*, entre un nom et un infinitif, se rend quelquefois par l'infinitif latin ; c'est lorsque cet infinitif peut servir de nominatif à la phrase.

Exemple : C'est un péché de mentir (*tournez*, mentir est un péché), *culpa est mentiri.*

Remarque. Dans ce dernier cas, *de* tient en quelque sorte lieu de l'article : *le* mentir est un péché; mais on dirait : le péché de mentir, *culpa mentiendi.*

SYNTAXE DES ADJECTIFS.

Accord de l'Adjectif avec le Nom.

I. Deus *sanctus*.

6. RÈGLE. L'adjectif s'accorde en genre, en nombre et en cas avec le nom auquel il se rapporte (voy. p. 21).

EXEMPLES : Dieu saint, *Deus sanctus;*—du Dieu saint, *Dei sancti;*—Vierge sainte, *Virgo sancta;*—de la Vierge sainte, *Virginis sanctæ;* —temple saint, *templum sanctum;* — du temple saint, *templi sancti.*

II. Pater et filius *boni*, mater et filia *bonæ*.

7. Quand un adjectif se rapporte à deux noms, on met cet adjectif au pluriel, parce que deux singuliers valent un pluriel.

EXEMPLES : Le père et le fils bons, *pater et filius boni;*—la mère et la fille bonnes, *mater et filia bonæ.*

III. Pater et mater *boni*.

8. Quand un adjectif se rapporte à deux noms de différents genres, l'adjectif prend le plus noble des deux genres. — Le masculin est plus noble que les deux autres; le féminin est plus noble que le neutre.

EXEMPLE : Le père et la mère bons, *pater et mater boni.*

IV. Virtus et vitium *contraria*.

9. Quand les deux noms sont des noms de choses inanimées, c'est-à-dire sans vie, l'adjectif qui s'y rapporte se met au pluriel neutre. — Il n'y a d'animé que les hommes et les bêtes.

EXEMPLE : La vertu et le vice contraires, *virtus et vitium contraria.*

V. *Verè sapientes.*

10. Lorsque deux adjectifs sont joints ensemble, le premier se change en adverbe.

EXEMPLE : Les vrais sages, *verè sapientes*, c'est-à-dire les hommes vraiment sages.

VI. Turpe est *mentiri.*

11. L'adjectif qui ne se rapporte à aucun nom précédent se met au neutre.

EXEMPLE : Il est honteux de mentir, *turpe est mentiri*.

Il est honteux d'être paresseux, *turpe est esse pigrum*.

L'infinitif *mentiri* est un véritable nom, avec lequel s'accorde l'adjectif *turpe :* le mentir est honteux.

REMARQUE. Tous les infinitifs latins sont considérés comme des noms neutres ; il en est de même d'un infinitif avec un accusatif : *esse pigrum* (pour *aliquem esse pigrum*, quelqu'un être paresseux).

VII. Deus est *sanctus.* — Credo Deum esse *sanctum.*

12. RÈGLE. 1° L'adjectif qui suit immédiatement le verbe *sum* se met au même cas que le nom ou pronom qui précède le verbe, et auquel il se rapporte.

EXEMPLES : Dieu est saint, *Deus est sanctus;* — je crois que Dieu est saint, *credo Deum esse sanctum.* — En latin on dit *je crois Dieu être saint* (voy. n° 148).

Il ne m'est pas permis d'être paresseux, *mihi non licet esse pigro.*

2° Si cependant le nom qui précède était au génitif, il faudrait mettre l'adjectif à l'accusatif.

EXEMPLE : Il importe à un jeune homme d'être laborieux, *refert adolescentis esse impigrum.*

3° On observe la même règle après tout autre verbe, quand l'adjectif le suit immédiatement.

EXEMPLES : Le geai revint tout chagrin, *graculus*

rediit mœrens; — Aristide mourut pauvre , *Aristides mortuus est pauper;* —je m'appelle lion, *ego nominor leo.*

REMARQUE. *Deus est sanctus* énonce un fait, un jugement; c'est une *proposition.* Toute proposition se compose 1° d'un sujet, qui est au nominatif en latin, *Deus;* 2° d'un verbe, *est;* 3° d'un attribut, *sanctus.* Cette proposition forme une phrase. Souvent une phrase contient plusieurs propositions : proposition principale : *Je suis convaincu ;* proposition subordonnée : que *Dieu est saint.*

RÉGIME DES ADJECTIFS.

I. *Adjectifs qui gouvernent le Génitif.*

Avidus *laudum.*

13. RÈGLE. Les adjectifs *avidus,* avide; *cupidus,* qui désire; *studiosus,* qui a du goût pour; *peritus,* habile dans; *expers,* qui manque; *patiens,* qui souffre; *rudis,* qui ne sait pas; *memor,* qui se souvient; *immemor,* qui ne se souvient pas; *plenus,* plein, etc., gouvernent le génitif.

EXEMPLES : Avide de louanges , *avidus laudum ;* — habile dans la musique, *peritus musicæ;* — plein de vin, *plenus vini.* — On trouve quelquefois *plenus* avec un ablatif : *plenus vino.*

REMARQUE. A ces adjectifs il faut joindre 1° les adjectifs verbaux ou participes présents employés comme adjectifs, tels que *amans,* qui aime; *negligens,* qui néglige. *Exemple :* ami de sa patrie , *amans patriæ;* — 2° les adjectifs qui expriment partage , association, comme *particeps,* qui participe à ; *consors,* associé. *Exemple :* qui prend part à la guerre, *particeps belli.*

Cupidus *videndi.*

14. Quand les adjectifs *avide,* etc., sont suivis d'un infinitif français, on met en latin cet infinitif au gérondif en *di.*

EXEMPLES : Curieux de voir, *cupidus videndi ;* —de voir la ville, *videndi urbem,* et mieux *videndæ urbis,* comme nous avons dit plus haut (voy. n° 4).

II. *Adjectifs qui gouvernent le Génitif* ou *le Datif.*

Similis *patris* ou *patri*.

15. *Similis*, semblable ; *par*, *æqualis*, égal ; *affinis*, allié, gouvernent le génitif ou le datif.

EXEMPLES : Semblable à son père, *similis patris* ou *patri* ; — allié au roi, *affinis regis* ou *regi*.

III. *Adjectifs qui gouvernent le Datif seulement.*

Mihi utile est.

16. *Utilis*, utile à ; *commodus*, avantageux à ; *infensus*, *iratus*, irrité contre ; *assuetus*, accoutumé à ; *aptus*, *idoneus*, propre à, gouvernent le datif.

EXEMPLES : Cela m'est utile, *id mihi utile est* ; — corps accoutumé au travail, *corpus assuetum labori.*

Quand ces adjectifs sont suivis d'un infinitif français, on met en latin cet infinitif au gérondif en *do.* —Le gérondif en *do* est ici un véritable datif.

EXEMPLES : Pattes propres à nager, *crura apta natando* ;—matière propre à faire jaillir du feu, *materia idonea eliciendis ignibus*, et non *eliciendo ignes.*

REMARQUES. 1° Le gérondif en *do* se construit très-rarement avec un régime à l'accusatif ; il vaut mieux se servir du participe en *dus, da, dum*, qu'on fait accorder avec le nom (voir n° 4).

2° Après *assuetus*, au lieu du gérondif en *do*, on met l'infinitif. *Exemple :* corps accoutumé à supporter le travail, *corpus assuetum tolerare laborem.*

17. Après *aptus*, *idoneus* et *natus*, on peut mettre l'accusatif avec *ad.*

EXEMPLES : Propre à la guerre, *aptus ad militiam* ; né pour les armes, *natus ad arma.*

IV. *Adjectifs qui gouvernent l'Accusatif avec* ad.

Propensus *ad lenitatem*.

18. *Propensus*, *pronus*, *proclivis*, porté à, et tous les adjectifs qui marquent un penchant ou une in-

clination à quelque chose, gouvernent l'accusatif avec *ad*.

EXEMPLE : Porté à la douceur, *propensus ad lenitatem*.

Quand ces adjectifs sont suivis d'un infinitif en français, on met en latin cet infinitif au gérondif en *dum* avec *ad*.—Le gérondif en *dum* est un véritable accusatif.

EXEMPLES : Prompt à se mettre en colère, *pronus ad irascendum*; à venger une injure, *ad ulciscendum injuriam*, et mieux, *ad ulciscendam injuriam*.

V. *Adjectifs qui gouvernent l'Accusatif sans Préposition.*

Populabundus *agros.*

19. Les adjectifs en *bundus* gouvernent l'accusatif, quand ils viennent d'un verbe qui régit ce cas.

EXEMPLE : Ravageant les campagnes, *populabundus agros*.

REMARQUE. Ces adjectifs en fort petit nombre s'emploient ordinairement sans complément; quand ils en ont un, il se met au cas régi par le verbe d'où ils sont tirés. *Exemple :* Félicitant sa patrie, *gratulabundus pátriæ*. — *Gratulari* gouverne le datif.

VI. *Adjectifs qui gouvernent l'Ablatif.*

Præditus *virtute.*

20. *Præditus*, doué de, *dignus*, digne de; *indignus*, indigne de; *contentus*, content de, etc., gouvernent l'ablatif.

EXEMPLES : Jeune homme doué de vertu, *adolescens virtute præditus*; — digne de louange, *dignus laude*, — content de son sort, *contentus suâ sorte*.

On trouve quelquefois *dignus* avec le génitif.

REMARQUE. Avec *contentus* et *dignus* on ne construit pas le gérondif en *do*. Quand il y a un infinitif français, il faut tourner la phrase. *Exemple :* Content de vivre, *contentus eo quòd vivit* (content de ce qu'il vit). — On trouve quelquefois l'infinitif : Content d'avoir chassé l'ennemi, *contentus hostem pepulisse*.

Mirabile *visu*.

21. Après les adjectifs *admirable*, *facile*, *difficile*, etc., l'infinitif français précédé de *à* se rend en latin par le supin en *u*.

EXEMPLES : Chose admirable à voir (*tournez*, à être vue), *res visu mirabilis*, ou *mirabile visu*.—Quand on n'exprime pas le mot *chose*, l'adjectif latin se met au neutre.

Chose facile à dire, *res dictu facilis*; à trouver, *inventu.*

Si le verbe latin n'a point de supin, tournez la phrase de cette manière : ma leçon est difficile à étudier; *dites*, il est difficile d'étudier ma leçon, *difficile est studere lectioni meæ.*

SYNTAXE DES COMPARATIFS
ET SUPERLATIFS.
COMPARATIFS.

I. Doctior *Petro*.

22. RÈGLE. 1° Après le comparatif, exprimé par un seul mot latin, on met le nom à l'ablatif, en supprimant le *que* (voy. page 93).

EXEMPLES : Plus savant que Pierre, *doctior Petro*.

La vertu est plus précieuse que l'or, *virtus est pretiosior auro*.—On sous-entend *præ*, en comparaison de.

2° On peut aussi, après le comparatif, exprimer *que* par *quàm*, et mettre après le même cas que devant.

EXEMPLES : Paul est plus savant que Pierre, *Paulus est doctior quàm Petrus.*

Je ne connais personne plus savant que Paul, *neminem novi doctiorem quàm Paulum.*

II. Felicior *quàm prudentior.*
Feliciùs *quàm prudentiùs.*

23. Quand, après un comparatif, le *que* est suivi

d'un adjectif ou d'un adverbe, cet adjectif ou cet adverbe se met encore au comparatif, et le second adjectif au même cas que le premier.

EXEMPLES : Il est plus heureux que prudent, *felicior est quàm prudentior.*

Ils envoyèrent un général plus hardi qu'habile, *miserunt ducem audaciorem quàm peritiorem.*

III. *Magìs plus quàm tu.*

24. Quand l'adjectif latin n'a point de comparatif, on exprime *plus* par *magìs*, et alors le *que* s'exprime toujours par *quàm*, avec même cas après que devant.

EXEMPLE : Il est plus pieux que vous, *magìs pius est quàm tu.*

Les adjectifs qui finissent par *eus, ius, uus,* n'ont ni comparatif ni superlatif en latin.

IV. *Majori virtute præditus.*

25. Quand l'adjectif français se rend en latin par deux mots (un adjectif et un nom), l'on exprime *plus* par *major, majus; moins* par *minor, minus,* que l'on fait accorder avec le nom.

EXEMPLES : Plus vertueux, *majori virtute præditus,* et non pas *magìs virtute præditus;*—moins vertueux, *minori virtute præditus.* — Mot à mot : doué d'une vertu *plus grande,* d'une vertu *moindre.*

REMARQUE. Il est plus simple et plus latin de traduire *vertueux* par *bonus, plus vertueux* par *melior, très-vertueux* par *optimus.*

V. *Doctior est quàm putas.*

26. Si le *que,* après le comparatif, est suivi d'un verbe, on exprime toujours *que* par *quàm,* et l'on met dans le latin le même temps que dans le français.

EXEMPLES : Il est plus savant que vous ne pensez, *doctior est quàm putas. Ne* qui suit le comparatif français ne s'exprime point en latin.

6

Rien n'est plus honteux que de mentir, *nihil tur-pius est quàm mentiri.*

SUPERLATIFS.

I. Altissima *arborum*, ou *ex arboribus*, ou *inter arbores.*

27. RÈGLE. Le superlatif veut le nom *pluriel* qui le suit au génitif, ou à l'ablatif avec *ex*, ou à l'accusatif avec *inter* (voy. page 93).

EXEMPLE : Le plus haut des arbres, *altissima arbo-rum*, ou *ex arboribus*, ou *inter arbores.*

Le superlatif prend le même genre que le nom pluriel qui le suit; *altissima* est du féminin, parce que son régime *arborum* est du féminin.

REMARQUE. Le nom pluriel donne son genre au superlatif, parce qu'il est sous-entendu avec ce superlatif : l'*arbre* le plus haut des arbres, *arbor altissima arborum.*

28. Mais si le régime du superlatif est un nom *sin-gulier*, le superlatif ne s'accorde pas en genre avec ce nom, et alors il ne gouverne que le génitif.

EXEMPLE : Le plus riche de la ville, *ditissimus ur-bis.* — On sous-entend *homo*, c'est-à-dire l'homme le plus riche de la ville.

II. *Validior* manuum.

29. Quand on ne parle que de deux choses, au lieu du superlatif qui est dans le français, on met le comparatif en latin.

EXEMPLE : La plus forte des deux mains, *validior manuum.*

III. *Maximè* omnium *conspicuus.*

30. 1° Quand l'adjectif latin n'a point de superlatif, on se sert de *maximè* avec le positif.

EXEMPLE : Le plus remarquable de tous, *maximè omnium conspicuus.*

2° Quand le superlatif pluriel n'est pas suivi d'un génitif, il faut ajouter *quisque* au superlatif latin :

Les plus honnêtes gens le favorisent, *optimus quis-que illi favet.*

3° Les noms que l'on appelle *partitifs*, c'est-à-dire qui marquent la partie d'un plus grand nombre, comme *unus, quis, aliquis, nemo,* etc., gouvernent le même cas que le superlatif.

EXEMPLES : Un des soldats, *unus militum,* ou *ex mi-litibus,* ou *inter milites.*

Qui de nous, *quis nostrûm?* (et non pas *nostri*). — Qui de vous, *quis vestrûm?* (voy. page 23).

SYNTAXE DES VERBES.

Accord du Verbe avec le Nominatif ou Sujet.

I. Ego *audio.*

31. RÈGLE. Tout verbe, quand il n'est pas à l'infi-nitif, s'accorde avec son nominatif en nombre et en personne.

EXEMPLES : J'écoute, *ego audio;* — vous enseignez, *tu doces;* — il lit, *ille legit.*

REMARQUE. Le nominatif d'un verbe s'appelle aussi et plus ha-bituellement le *sujet* de ce verbe.

On sous-entend ordinairement le pronom sujet; ainsi, l'on dit simplement *audio, doces, legit.* Il faut cependant l'exprimer quand il y a deux verbes dont le sens est opposé, ou quand la phrase contient quel-que chose de vif.

Exemples : Vous riez et je pleure, *tu rides, ego fleo.* — Vous osez parler ainsi! *tu loqui sic audes!*

II. Petrus et Paulus *ludunt.*

32. RÈGLE. Quand un verbe a deux nominatifs au singulier, on met ce verbe au pluriel, parce que deux singuliers valent un pluriel.

EXEMPLE : Pierre et Paul jouent, *Petrus et Paulus ludunt.*

III. Ego et tu *valemus*.

33. Règle. Si les nominatifs d'un même verbe sont de différentes personnes, le verbe prend la plus noble des deux personnes. — La première est plus noble que les deux autres, la seconde est plus noble que la troisième.

Exemples : Vous et moi nous nous portons bien, *ego et tu valemus.*

Vous et votre frère vous causez, *tu fraterque garritis.*

En français la première personne se nomme après les autres ; c'est le contraire en latin.

Remarque. Plus *noble* veut dire ici plus importante dans le discours.

IV. Turba *ruit* ou *ruunt*.

34. Règle. Quand le nominatif est un nom *collectif,* le verbe peut se mettre au pluriel. — On appelle *collectif* un nom qui, quoique au singulier, signifie plusieurs personnes ou plusieurs choses.

Exemple : La foule se précipite, *turba ruit* ou *ruunt.*

Remarque. Un nom collectif ne peut se construire avec un verbe au pluriel que lorsqu'il est modifié par un génitif pluriel exprimé ou sous-entendu. *Turba ruunt* ne pourrait se dire que s'il était déjà question d'un nom pluriel, comme *milites, hostes (turba hostium ruunt)*; il vaut mieux éviter cette construction qui est rare.

RÉGIME DES VERBES.

Verbes qui gouvernent l'accusatif.

I. Amo *Deum*.

35. Règle. Tout verbe actif ou transitif gouverne l'accusatif (voy. page 51).

Exemples : J'aime Dieu, *amo Deum;* — vous instruisez les enfants, *doces pueros;* — il écoute le maître, *audit magistrum.*

Remarque. L'accusatif gouverné par un verbe actif en est le *régime direct* ou le *complément direct.*

II. Imitor *patrem*.

36. Plusieurs verbes déponents ont la force des verbes actifs, et gouvernent l'accusatif (voy. page 70).

Exemples : J'imite mon père, *imitor patrem;* — nous admirons la vertu, *miramur virtutem.*

Remarque. Ces verbes sont des verbes déponents transitifs.

III. Musica *me juvat* ou *delectat*.

37. Les verbes *juvat, delectat,* il fait plaisir; *manet,* il est réservé; *decet,* il convient; et *fugit, fallit, præterit,* employés pour exprimer le verbe français *ignorer,* veulent au nominatif le nom de la chose qui fait plaisir, qui convient, etc., et le nom de la personne à l'accusatif.

Exemples : La musique me fait plaisir (*mot à mot,* me réjouit), *musica me juvat* ou *delectat.*

Une gloire éternelle nous est réservée (*mot à mot,* nous attend), *gloria æterna nos manet.* — Quand *attendre* a pour nominatif un nom de chose, on l'exprime par *manere;* quand c'est un nom de personne, par *exspectare.*

Nous ignorons bien des choses (*mot à mot,* bien des choses nous échappent, nous trompent, nous passent), *multa nos fugiunt, fallunt, prætereunt.*

Vous savez cela *ou* vous n'ignorez pas cela, *id te non fugit, fallit, præterit.*

Verbes qui gouvernent le datif.

I. Studeo *grammaticæ*.

38. Règle. La plupart des verbes neutres gouvernent le datif (voy. page 71).

Exemples : J'étudie la grammaire, *studeo grammaticæ.*

Nous favorisons la noblesse, *favemus nobilitati.*

Il a contenté le maître, *satisfecit præceptori.*

Remarque. Le nom, soit au datif, soit à un autre cas, gouverné par un verbe neutre, en est le *régime indirect* ou le *complément indirect*.

II. Defuit *officio*.

39. Les composés du verbe *sum* gouvernent le datif, excepté *absum*, qui veut l'ablatif avec *a* ou *ab*.

EXEMPLES : Il a manqué à son devoir, *defuit officio*.
Il était présent à ce spectacle, *aderat huic spectaculo*.

III. Calamitas *tibi* imminet, impendet, instat.

40. Les trois verbes *imminere*, *impendere*, *instare*, menacer, gouvernent le datif.

EXEMPLE : Un grand malheur vous menace, *magna calamitas tibi imminet, impendet, instat*.

Quand le verbe *menacer* a pour nominatif un nom de chose inanimée, c'est-à-dire sans vie, on l'exprime par *imminere*, *impendere* ou *instare*.

IV. Id *mihi* accidit, evenit, contingit.

41. Les verbes *accidit*, *evenit*, *contingit*, il arrive ; *conducit*, *expedit*, il est avantageux ; *placet*, il plaît, etc., veulent le nom de la personne au datif.

EXEMPLES : Cela m'est arrivé, *id mihi accidit*.—Cela vous est avantageux, *hoc tibi expedit*.

V. Homo irascitur *mihi*

42. Les verbes déponents *irasci*, se mettre en colère ; *blandiri*, flatter ; *opitulari*, secourir ; *minari*, menacer, etc., gouvernent le datif (voy. page 71).

EXEMPLES : Cet homme se fâche contre moi, *hic homo irascitur mihi* ; — il me menace, *minatur mihi*.

Le verbe *menacer* s'exprime par *minari*, quand il a pour nominatif un nom de personne.

REMARQUE. Ces verbes sont des verbes déponents neutres ou intransitifs, ainsi que tous ceux qui ne gouvernent pas l'accusatif.

VI. Est *mihi* liber.

43. Quand on se sert du verbe *sum* pour signifier *avoir*, on met le nom de la personne au datif.

EXEMPLE : J'ai un livre (*tournez*, un livre est à moi), *liber est mihi*.

VII. Hoc erit *tibi dolori*.

44. 1° Quand on se sert du verbe *sum* pour signifier *causer, apporter, procurer*, il gouverne deux datifs.

EXEMPLE : Cela vous causera de la douleur (*tournez*, cela sera à douleur à vous), *hoc erit tibi dolori*.

2° Les verbes *do, verto, tribuo*, suivent la même règle.

EXEMPLES : Il m'a fait un crime de ma bonne foi, *crimini dedit mihi meam fidem*.

Blâmer quelqu'un de quelque chose, *vitio vertere aliquid alicui*; c'est-à-dire tourner *à* défaut *à* quelqu'un.

Verbes qui gouvernent l'ablatif.

I. Abundat *divitiis;* — *nullâ re* caret.

45. RÈGLE. 1° Les verbes neutres qui signifient *abondance* ou *disette* gouvernent ordinairement l'ablatif.

EXEMPLES : Il regorge de biens, *abundat divitiis*.

Il ne manque de rien, *nullâ re caret*.

2° Le verbe *gaudere*, se réjouir, gouverne aussi l'ablatif.

EXEMPLE : Se réjouir du bonheur d'autrui, *gaudere felicitate alienâ*.

II. Fruor *otio*.

46. Les sept verbes déponents qui suivent, et leurs composés, gouvernent l'ablatif : *fruor otio*, je jouis du repos ; *fungor officio*, je m'acquitte du devoir ; *potior urbe*, je suis maître de la ville ; *vescor pane*, je me nourris de pain ; *utor libris*, je me sers de livres ; *gloriari alienis bonis*, se glorifier des avantages d'autrui ; *lætor hac re*, je me réjouis de cela.

Verbes qui gouvernent le génitif.

Misereere *pauperum*.

47. 1° Le verbe *misereri*, avoir pitié, gouverne le génitif (voy. page 70).

EXEMPLE : Ayez pitié des pauvres, *miserere paupe-rum.*

2° *Oblivisci*, oublier; *recordari, meminisse*, se souvenir, gouvernent le génitif ou l'accusatif.

EXEMPLE : Je me souviens des vivants, et je ne puis oublier les morts, *vivorum memini, nec possum oblivisci mortuorum.*

RÉGIME INDIRECT DES VERBES.

48. Il y a des verbes actifs et des verbes déponents qui, outre l'accusatif, que l'on appelle *régime direct*, gouvernent un autre nom, que l'on appelle leur *régime indirect*. Ce régime indirect des verbes est marqué en français par *à, au, aux*, ou par *de, du, des.*

I. Do vestem *pauperi.*

RÈGLE. Les verbes qui signifient *donner*, *dire, promettre*, etc., veulent au datif leur régime indirect marqué par *à.*

EXEMPLES : Je donne un habit au pauvre, *do vestem pauperi.*

Dieu promet une vie éternelle au juste, *Deus vitam æternam justo promittit.*

REMARQUE. Le régime indirect a cela de particulier qu'il se construit avec le verbe passif aussi bien qu'avec le verbe actif. *Exemples :* Un habit a été donné au pauvre, *vestis data est pauperi.* — La vie éternelle est promise au juste, *vita æterna justo promittitur.*

Minari mortem *alicui.*

49. MÊME RÈGLE. Les verbes déponents *minari*, menacer; *gratulari*, féliciter, veulent le nom de la chose à l'accusatif, et le nom de la personne au datif.

EXEMPLES : Menacer quelqu'un de la mort (*tournez*, menacer la mort à quelqu'un), *minari mortem alicui.*

Féliciter quelqu'un d'une victoire (*tournez*, complimenter la victoire à quelqu'un), *gratulari victoriam alicui.*

REMARQUE. Le nom de la chose devient en latin régime direct, et le nom de la personne, régime indirect.

II. Hæc via ducit ad virtutem.

50. Quand le verbe signifie quelque mouvement, comme *conduire à*, ou une inclination vers quelque chose, comme *exhorter à*, *exciter à*, etc., le régime indirect se met à l'accusatif avec *ad*.

EXEMPLES : Ce chemin conduit à la vertu, *hæc via ducit ad virtutem.*

Je vous exhorte au travail, *te hortor ad laborem.*

III. Doceo pueros grammaticam.

51. Les verbes *docere*, instruire ; *rogare*, prier ; *celare*, cacher, veulent deux accusatifs, le nom de la personne et celui de la chose.

EXEMPLE : J'enseigne la grammaire aux enfants (*tournez*, j'instruis les enfants sur la grammaire), *doceo pueros grammaticam.*

REMARQUE. Le nom de la personne est le régime direct ; le nom de la chose enseignée est le régime indirect, c'est pour cela que ce dernier nom à l'accusatif peut se construire comme tous les régimes indirects avec la voix passive. *Exemple* : la grammaire est enseignée aux enfants, *pueri docentur grammaticam* mot à mot : les enfants sont instruits sur la grammaire (voy. n° 193).

IV. Scribo ad te ou tibi epistolam.

52. Les trois verbes *scribo*, j'écris ; *mitto*, j'envoie ; *fero*, je porte, veulent leur régime indirect à l'accusatif avec *ad*, ou au datif

EXEMPLE : Je vous écris une lettre, *scribo ad te* ou *tibi epistolam.*

V. Accepi litteras a patre meo.

53. Les verbes *demander*, *recevoir*, *emprunter*, *acheter*, *espérer*, *attendre*, *obtenir*, etc., veulent leur régime indirect à l'ablatif, avec *a* ou *ao*.

Exemples : J'ai reçu une lettre de mon père, *accepi litteras a patre meo.*

Il a demandé une grâce au roi, *petivit beneficium a rege.*

54. Si le régime indirect du verbe *recevoir* est une chose inanimée, on le met à l'ablatif avec *e* ou *ex* : on fait de même après les verbes *allumer à, suspendre à, puiser à, juger à, retirer de, prendre à,* etc.

Exemples : J'ai reçu une grande joie de votre lettre, *accepi magnam voluptatem ex tuis litteris.*

Puiser de l'eau à une fontaine, *haurire aquam ex fonte.*

Remarque. Avec *haurire,* puiser, *capere,* retirer de, et *sumere*, prendre à, au lieu de *e, ex,* on peut employer *a. Exemple :* je puise la vérité à sa source, *verum a fonte haurio.*

VI. Id audivi *ex amico* ou *ab amico meo.*

55. Les verbes *audire,* apprendre ; *quærere,* s'informer, veulent leur régime indirect à l'ablatif avec *a* ou *ab, e* ou *ex* ; mais après *cognoscere,* apprendre, c'est toujours *e* ou *ex.*

Exemples : J'ai appris cela de mon ami, *id audivi ex* ou *ab amico meo.*

J'ai connu par votre lettre, *ex litteris tuis cognovi.*

VII. Christus redemit hominem *a morte.*

56. Les verbes *délivrer, racheter, éloigner, arracher, ôter, séparer, détourner,* etc., veulent leur régime indirect à l'ablatif, avec *a* ou *ex,* et quelquefois sans préposition.

Exemples : Jésus-Christ a racheté l'homme de la mort, *Christus redemit hominem a morte.*

Délivrer quelqu'un de la servitude, *eximere aliquem a* ou *ex servitute,* ou *servitute* sans préposition.

VIII. Implere dolium *vino.*

57. Les verbes d'*abondance,* de *disette* et de *priva-*

tion, veulent leur régime indirect à l'ablatif sans préposition.

EXEMPLES : Emplir un tonneau de vin, *implere dolium vino*.

Combler quelqu'un de bienfaits, *cumulare aliquem beneficiis.*

Priver quelqu'un de secours, *nudare aliquem præsidio*.

REMARQUES. 1° Avec *implere* on peut mettre le régime indirect au génitif : *implere dolium vini*.

2° Avec *cumulare* on peut mettre le nom de la personne à l'accusatif avec *in*, et faire du nom de la chose le régime direct. *Exemple : Cumulare in aliquem beneficia*, combler quelqu'un de bienfaits ; *mot à mot* : accumuler les bienfaits sur quelqu'un.

IX. Admonui eum *periculi* ou *de periculo*.

58. Les verbes *avertir*, *informer*, veulent leur régime indirect, marqué par *de*, au génitif, ou à l'ablatif avec *de*.

EXEMPLES : Je l'ai averti du danger, *admonui eum periculi* ou *de periculo*.

Plût à Dieu que j'eusse été informé de votre dessein! *utinam factus essem tui consilii certior!*

Avec *moneo*, l'on met bien les accusatifs neutres *hoc*, *id*, *illud*, *unum*, comme régime indirect : Je les avertis de cela, *hoc eos moneo* ; d'une chose, *unum*.

X. Insimulare aliquem *furti* ou *furto*.

59. Les verbes *accuser*, *condamner*, *absoudre*, *convaincre*, veulent leur régime indirect au génitif ou à l'ablatif, mais mieux au génitif.

EXEMPLES : Accuser quelqu'un de larcin, *insimulare aliquem furti*.

Absoudre quelqu'un d'un crime, *absolvere aliquem crimine*.

REMARQUE. L'ablatif ne s'emploie qu'avec *crimen* et certains noms qui désignent la nature de peine, comme *caput*, *pecunia*. *Exemple* : condamner quelqu'un à la peine de mort, *damnare aliquem capite* ou *capitis* ; — à une amende, *pecuniâ*.

60. Avec le verbe *condamner*, le nom de la peine particulière et déterminée se met à l'accusatif avec *ad*.

EXEMPLES : Condamner quelqu'un aux galères, *damnare aliquem ad triremes ;* — à tourner la meule, *ad molam* (*mot à mot*, à la meule).

61. Les verbes *accuser*, *condamner*, suivis d'un infinitif, s'expriment, *accuser* par *arguere*, et *condamner* par *jubere*, avec l'infinitif latin.

EXEMPLES : Il est accusé d'avoir trahi la république, *arguitur prodidisse rempublicam.*

Il fut condamné à sortir de la ville (*tournez*, il reçut ordre de sortir de la ville), *jussus est ab urbe discedere.*

XI. Deus amat *virum bonum*, *illi*que favet.

62. Quand deux verbes n'ont qu'un régime en français, et que les verbes latins gouvernent différents cas, on met le nom au cas du premier verbe, et l'on se sert d'un des pronoms *is*, *ille*, *ipse*, etc , pour le mettre au cas du second.

EXEMPLE : Dieu aime et favorise l'homme de bien (*dites* : Dieu aime l'homme de bien et le favorise), *Deus amat virum bonum, illique favet.*

RÉGIME DES VERBES PASSIFS.

I. Amor *à Deo*.

63. RÈGLE. Le régime du verbe passif se met à l'ablatif avec *a* ou *ab*, quand c'est un nom de chose animée (voir page 61).

EXEMPLE : Je suis aimé de Dieu, *amor a Deo.*

II. *Mœrore* conficior.

Quand le régime du verbe passif est un nom de chose inanimée, on met l'ablatif sans préposition.

EXEMPLE : Je suis accablé de chagrin, *mœrore conficior.*

64. Avec *probor*, *improbor*, *videor*, et les participes

en *dus, da, dum,* on met mieux le nom au datif qu'à l'ablatif.

EXEMPLES : Ce sentiment n'est approuvé ni de lui ni de nous, *hæc sententia neque nobis neque illi probatur.*—Je dois pratiquer la vertu, *mihi colenda est virtus.*

REMARQUE. Ce qu'on appelle régime propre du verbe passif est le nom de la personne par qui l'action est faite, ou le nom de la chose par qui elle est produite. Ce régime est marqué en français par *de* ou *par.* Les verbes passifs peuvent en outre avoir le régime indirect de leur verbe actif. *Exemple* : De l'argent est donné au pauvre par les enfants, *pecunia datur pauperi à pueris.*

RÉGIME DES VERBES

PERTINET, ATTINET, SPECTAT.

Hoc *ad me* pertinet.

65. Les trois verbes *pertinere,* appartenir; *attinere, spectare,* regarder, avoir rapport à, veulent le nom de la personne à l'accusatif avec *ad.*

EXEMPLES : Cela me regarde ou m'appartient, *hoc ad me pertinet* ou *spectat.*—Pour ce qui me regarde, *quod ad me attinet.*

RÉGIME DES VERBES IMPERSONNELS

POENITET, PUDET, PIGET, ETC.

I. Me *pœnitet culpæ meæ.*

66. Les cinq verbes *pœnitet, pudet, piget, tædet, miseret,* veulent à l'accusatif le nom ou pronom qui précède le verbe français, et au génitif, le nom qui le suit.

EXEMPLES : Je me repens de ma faute, *me pœnitet culpæ meæ.*

Le roi a pitié de cet homme, *regem miseret hujus hominis.*

II. Incipit *me pœnitere culpæ meæ.*

67. Tous les verbes, excepté *volo, nolo, malo, au-*

deo, *cupio*, deviennent impersonnels devant *pœnitet*, *pudet*, etc.; c'est-à-dire qu'on les met à la troisième personne du singulier, et le nom qui les précède se met à l'accusatif.

EXEMPLES : Je commence à me repentir de ma faute, *incipit me pœnitere culpæ meæ*.

Vous devez avoir honte de votre paresse, *debet te pudere tuæ negligentiæ*.

REMARQUE. *Pœnitet* est pour *pœna tenet*, le repentir tient; *me* est donc réellement un régime direct : *incipit me pœnitere culpæ meæ* est pour *pœna culpæ meæ incipit tenere me*, le repentir de ma faute commence à me tenir. Les verbes qui expriment volonté ou sentiment comme *volo*, *cupio*, etc., ne peuvent pas avoir *pœna* pour sujet : je veux me repentir, *volo me pœnitere* ou *ut me pœniteat*.

RÉGIME DES VERBES *REFERT*, *INTEREST*

(*il importe à, il est important pour, il est de l'intérêt de*).

I. Refert, interest *regis*.

68. Les verbes *refert*, *interest*, veulent au génitif le nom qui suit le verbe français *il importe*.

EXEMPLE : Il importe au roi, *refert* ou *interest regis*.

On sous-entend *re* ou *causâ* devant ce génitif. *Interest* (causâ) *regis*, il importe pour le roi.

II. Refert, interest *meâ, tuâ, nostrâ, vestrâ, suâ*.

69. Avec *refert*, *interest*, les pronoms *me*, *te*, *nous*, *vous*, *lui*, *leur*, s'expriment par *meâ; tuâ, nostrâ, vestrâ*; on sous-entend *causâ*.

EXEMPLES : Il m'importe, *refert*, *interest meâ*. — Il vous importe, *tuâ*. — Il nous importe, *nostrâ*.

Le maître croit qu'il lui importe (*en latin on dit*: le maître croit importer à soi), *magister credit suâ referre*. — On ne met *suâ* que quand *lui* se rapporte au nominatif de la phrase; autrement ce serait *ejus*.

III. Refert *meâ Cæsaris*.

70. Si, après *il importe*, ces pronoms *à moi, à*

toi, etc., sont suivis d'un adjectif ou d'un nom, l'on met au génitif cet adjectif ou ce nom.

EXEMPLES : Il importe à vous seul, *interest tuâ unius.*

Il importe à moi César, *refert meâ Cæsaris.*

REMARQUE. Le génitif s'accorde avec le pronom personnel *mei*, *tui*, renfermé dans le pronom possessif *meâ*, *tuâ.*

IV. *Utriusque nostrûm* intérest.

71. Ces phrases : Il nous importe *à tous deux*, il vous importe, il leur importe *à tous deux*, se tournent ainsi :

Il importe *à l'un et à l'autre* de nous, de vous, d'eux : *utriusque nostrûm, vestrûm, illorum interest.*

V. *Ad honorem nostrum* intérest.

72. Lorsque les verbes *refert*, *interest*, ont pour régime un nom de chose inanimée, on met ce nom à l'accusatif avec *ad.*

EXEMPLE : Il importe à notre honneur, *ad honorem nostrum interest.*

RÉGIME DU VERBE IMPERSONNEL *EST*
(*il est de...;* — *il appartient à*).

I. Est *regis.*

73. Le verbe impersonnel *est*, il est de, veut au génitif le nom qui suit le verbe français.

EXEMPLE : Il est d'un roi, il appartient à un roi de défendre ses sujets, *est regis tueri subditos.*

On sous-entend *negotium,* devant ce génitif; c'est comme s'il y avait : *est negotium regis*, c'est l'affaire d'un roi.

II. Est *meum, tuum, nostrum, vestrum, suum.*

74. Quand on se sert du verbe *est* pour exprimer *il appartient à*, *c'est à*, les pronoms *à moi, à toi, à nous, à vous, à lui, à eux*, se rendent en latin par *meum, tuum, nostrum, vestrum, suum.*

EXEMPLES : C'est à moi de parler, *ou* il m'appartient de parler, *meum est loqui* (sous-entendu *negotium*).

Le maître croit que c'est à lui de.... ou qu'il lui appartient de.... (*tournez*, le maître croit être son affaire), *magister credit suum esse.* — On ne met *suum* que quand *lui* se rapporte au nominatif de la phrase ; autrement ce serait *ejus*.

III. Hic liber est *meus.*

75. Mais, si ces pronoms *à moi, à toi*, etc., peuvent se tourner par *mien, tien, nôtre, vôtre*, on les exprime par *meus, tuus, noster, vester*, que l'on fait accorder avec le nom.

EXEMPLE : Ce livre est à moi (*tournez*, ce livre est le mien), *hic liber est meus.*

REMARQUE. *Est* n'est plus alors impersonnel : ces livres sont à moi, *hi libri sunt mei.*

RÉGIME DE L'IMPERSONNEL *OPUS EST*

(*il est besoin*).

Mihi opus est *amico.*

76. RÈGLE. Quand on exprime *avoir besoin* par l'impersonnel *opus est*, on met en latin au datif le nom ou pronom qui précède le verbe français, et à l'ablatif le nom qui le suit.

EXEMPLE : J'ai besoin d'un ami (*tournez*, besoin est à moi d'un ami), *mihi opus est amico.*

RÉGIME DU VERBE *INTERDICO.*

Interdico *tibi domo meâ.*

77. RÈGLE. Le verbe *interdico* veut le nom de la personne au datif, et le nom de la chose à l'ablatif.

EXEMPLE : Je vous interdis ma maison, *interdico tibi domo meâ.*

REMARQUE. *Interdicere* signifie *faire une défense;* le nom de la personne au datif est le régime indirect. Le nom de la chose interdite est à l'ablatif, comme complément de la préposition *de* sous-entendue. Comme verbe neutre, *interdico* n'a au passif que la forme impersonnelle. *Exemple* : Les fruits me sont interdits (*tournez* il m'est fait défense au sujet des fruits), *interdicitur mihi pomis*.

RÉGIME D'UN VERBE SUR UN AUTRE VERBE.

I. Amat *ludere.*

78. Règle. Quand deux verbes sont de suite, et que le premier ne marque point de mouvement, on met le second à l'infinitif.

Exemples : Il aime à jouer, *amat ludere.*
Il cessa de parler, *desiit loqui.*

II. Eo *lusum.*

79. Si le premier verbe signifie mouvement pour aller ou venir en quelque lieu, on met le second au supin en *um.*

Exemples : Je vais jouer, *eo lusum.* — Je viens jouer, *venio lusum.*

80. Quand le second verbe n'a point de supin, il faut le tourner par *pour*, et l'exprimer par *ad* avec le gérondif en *dum*; ou le tourner par *afin que*, et l'exprimer par *ut* avec le subjonctif.

Exemple : Je viens étudier (*tournez*, pour étudier), *venio ad studendum*, ou *ut studeam* (afin que j'étudie). — Le verbe *studeo* n'a point de supin.

III. Redeo *ab ambulando.*

81. Lorsque deux verbes sont de suite, et que le premier signifie mouvement pour venir de quelque lieu, on met le second au gérondif en *do*, avec *a* ou *ab*.

Exemple : Je reviens de me promener, *redeo ab ambulando.*

Si le second verbe a un régime, et qu'il gouverne

l'accusatif, il est mieux de se servir du participe en *dus, da, dum ;* et alors on met le participe et le régime à l'ablatif avec *a* ou *ab,* en les faisant accorder (voy. n° 4).

EXEMPLE : Je revenais de visiter mes terres, *redibam ab agris invisendis.*

IV. Te hortor *ad legendum.*

82. RÈGLE. Après les verbes qui signifient mouvement vers quelque lieu, ou inclination vers quelque chose, comme *pousser à, exhorter à,* etc., on exprime *à* par *ad,* et l'on met le verbe au gérondif en *dum.*

EXEMPLES : Je vous exhorte à lire, *te hortor ad legendum ;* — à lire l'histoire, *ad legendum historiam.*

Si le second verbe a un régime, et qu'il gouverne l'accusatif, il est mieux de se servir du participe en *dus, da, dum,* que l'on met à l'accusatif avec *ad,* en le faisant accorder avec son régime (voy. n° 4).

EXEMPLE : Je vous exhorte à lire l'histoire, *te hortor ad legendam historiam.*

V. Consumit tempus *legendo.*

83. Quand *à* devant un infinitif français peut se tourner par *en* et le participe présent, on met cet infinitif au gérondif en *do,* avec ou sans la préposition *in.*

EXEMPLES : Il passe son temps à lire (*tournez,* en lisant), *consumit tempus legendo ;* — à lire l'histoire, *legendo historiam,* et mieux, *in legendâ historiâ.*

VI. Dedit mihi libros *legendos.*

84. Quand *à* devant un infinitif français peut se tourner par *pour* avec l'infinitif passif, on se sert du participe en *dus, da, dum,* que l'on fait accorder avec le nom qui précède.

EXEMPLE : Il m'a donné des livres à lire , *c'est-à-dire* pour être lus, *dedit mihi libros legendos.*

VII. Vidi cum *ingredientem*.

85. Après les verbes *voir*, *sentir*, *écouter*, *entendre*, *admirer*, l'infinitif français se met en latin au participe présent, que l'on fait accorder avec le régime des verbes *voir*, *sentir*, etc.

EXEMPLES : Je l'ai vu entrer (*tournez*, j'ai vu lui entrant), *vidi eum ingredientem*. — Vous l'entendrez parler, *illum loquentem audies*.

SYNTAXE DES PRONOMS.

Accord du Pronom avec l'Antécédent.

I. Deus *qui* regnat.

86. RÈGLE. Le pronom relatif, *qui*, *quæ*, *quod*, s'accorde en genre et en nombre avec le nom ou pronom qui précède, et que l'on nomme *Antécédent*, et il se met au cas où l'on mettrait cet antécédent si on l'exprimait au lieu du relatif qui le représente.

EXEMPLES : Dieu qui règne, *Deus qui regnat*. — Ma mère qui est malade, *mater mea quæ ægrotat*.—L'animal qui court, *animal quod currit*.

Il importe à moi qui enseigne, *refert meâ qui doceo*. *Meâ* tient lieu du génitif *mei* (voir n° 68).

II. Pater et mater *quos* amo.

87. Quand le relatif *qui*, *quæ*, *quod*, a deux antécédents, on le met au pluriel; et, si les antécédents sont de différents genres, le relatif s'accorde avec le plus noble (voir n° 8).

EXEMPLE : Le père et la mère que j'aime, *pater et mater quos amo*.

III. Virtus et vitium *quæ sunt contraria*.

88. Si les deux antécédents sont des choses inanimées, le relatif se met au pluriel neutre (voir n° 9).

EXEMPLE : La vertu et le vice qui sont opposés, *virtus et vitium quæ sunt contraria*.

RÈGLES PARTICULIÈRES.

I. Qui *relatif.*

89. *Qui* se met au nominatif, comme on voit par l'exemple *Deus qui regnat.*

Cependant, lorsque le verbe latin veut à un autre cas le nom qui est au nominatif en français, alors le *qui* relatif se met au cas que le verbe latin demande.

EXEMPLES : L'enfant qui se repent, *puer quem pœnitet.* Je mets *quem*, parce que les verbes *pœnitet, pudet, tædet,* etc., veulent à l'accusatif latin le nom ou pronom qui précède le verbe français *se repentir,* etc.

Le maître qui a besoin, *magister cui opus est.* Je mets *cui*, parce qu'avec *opus est*, le nominatif français se met au datif en latin. — Le roi qui a intérêt, *c'est-à-dire* à qui il importe, *rex cujus interest.*

REMARQUE. *Qui* est ordinairement *sujet* en français. Toutes les fois qu'il est sujet en latin il se met au nominatif; quand il se traduit par un autre cas, c'est qu'il est régime, comme dans *quem pœnitet* (voir nᵒˢ 66, 68 et 76).

90. Si le *qui* français peut se tourner par *celui que*, mettez-le au cas que gouverne le verbe précédent.

EXEMPLE : Envoyez qui vous voudrez (*tournez,* celui que vous voudrez), *mitte quem voles.* — On sous-entend *mittere* (*mitte eum quem voles mittere*).

II. Que *relatif.*

91. *Que* relatif se met toujours au cas du verbe suivant.

EXEMPLES : Dieu que j'aime, *Deus quem amo.* — La grammaire que j'étudie, *grammatica cui studeo.*

La grammaire que je veux étudier, *grammatica cui volo studere.* — *Cui*, parce qu'il est régime du second verbe *studere* (voir nᵒ 38).

Si le *que* relatif est gouverné par deux verbes qui veulent différents cas, on l'exprime deux fois, et on le met au cas de chaque verbe.

EXEMPLE : Les pauvres que nous devons aimer et secourir, *pauperes quos amare et quibus opitulari debemus.*

92. *Qui, quæ, quod,* entre deux noms auxquels il se rapporte également, s'accorde mieux avec celui qui suit.

EXEMPLE : L'animal que nous appelons lion, *animal quem vocamus leonem.*

Il est élégant de n'exprimer l'antécédent qu'après le *qui* ou *que* relatif; et alors on met l'antécédent au même cas que le relatif.

EXEMPLE : La lettre que vous avez écrite m'a été très-agréable; au lieu de dire : *Litteræ quas scripsisti mihi fuerunt jucundissimæ,* dites : *Quas scripsisti litteras, eæ mihi fuerunt jucundissimæ.*

III. *Dont* ou *de qui.*

93. *Dont, de qui,* est toujours gouverné par le mot de la phrase après lequel on peut mettre par interrogation, *de qui? de quoi?* Ce mot est ou un nom, ou un adjectif, ou un verbe.

1° Quand *dont* est gouverné par un nom, il se met au génitif.

EXEMPLE : Dieu, dont nous admirons la providence (on peut demander, *la providence de qui ?*), *Deus, cujus providentiam miramur* (voir n° 2).

2° Quand *dont* est gouverné par un adjectif, il se met au cas que régit cet adjectif.

EXEMPLE : La récompense dont vous êtes digne (on peut demander, *digne de quoi ?*), *merces quâ dignus es* (voir n° 20).

3° Quand *dont* est gouverné par un verbe, il se met au cas de ce verbe.

EXEMPLE : Les livres dont je me sers, *libri quibus utor* (voir n° 46).

IV. *A qui*.

94. *A qui* se met au cas que demande le verbe ou l'adjectif auquel il se rapporte.

Exemples : L'homme à qui vous avez rendu service, *homo cui officium præstitisti;* ou, avec un autre verbe, *homo in quem officium contulisti* (voir n° 48).

L'enfant à qui cela est utile, *puer cui id utile est* (voir n° 6).

V. *Par qui*.

95. 1° *Par qui*, suivi d'un verbe passif, se met à l'ablatif avec *a* ou *ab*.

Exemple : Romulus, par qui Rome fut fondée, *Romulus, a quo Roma condita fuit* (voir n° 63).

2° *Par qui*, signifiant *par le moyen duquel*, s'exprime par *per* avec l'accusatif.

Exemple : Celui par qui j'ai obtenu ma grâce, *c'est-à-dire* par le moyen duquel, *is per quem veniam impetravi*.

Pronoms *me, te, se, nous, le, la, les, lui, leur, en, y*.

I. *Me, te, se, nous, vous*.

96. Les pronoms *me, te, se, nous, vous*, se mettent au cas que gouverne le verbe ou l'adjectif auquel ils se rapportent.

Exemples : Il m'a obéi (*c'est-à-dire* il a obéi à moi), *mihi paruit*. — Je vous ai donné un livre (*c'est-à-dire* j'ai donné à vous), *tibi dedi librum*.—Cela nous sera utile, *id nobis erit utile*.— Vous me louez, *me laudas*.— Vous me favorisez, *mihi faves*.

II. *Le, la, les, lui, leur*.

97. 1° *Le, la, les*, se mettent toujours au cas du verbe suivant, et ils s'accordent en genre et en nombre avec le nom auquel ils se rapportent.

Exemple : Je vous ai promis un livre, je vous le donnerai, *tibi promisi librum, hunc tibi dabo*.

2° Si *le* n'est pas précédé d'un nom auquel il se rapporte, on le tourne par *cela*, et on l'exprime par *hoc, id, illud.*

EXEMPLE : Je ne le ferai pas (*tournez*, je ne ferai pas cela), *hoc non agam.*

98. *Lui, leur*, se tournent toujours par *à lui, à elle, à eux*, et ils sont gouvernés par un verbe ou par un adjectif.

EXEMPLES : Vous lui direz (*tournez*, vous direz à lui), *dices ei.*

Cela leur est facile (*tournez*, est facile à eux), *id illis facile est.*

III. *En, y.*

99. *En* se tourne par *de lui, d'elle, d'eux, d'elles*, et il est gouverné par un nom, ou par un adjectif, ou par un verbe.

EXEMPLES : J'ai vu votre maison, et j'en ai admiré la beauté (*c'est-à-dire* la beauté d'elle), *vidi tuam domum, et illius pulchritudinem miratus sum.*

Vous en êtes bien content, *illâ sanè contentus es.*

J'aime cet enfant, et j'en suis aimé (*c'est-à-dire* je suis aimé de lui), *hunc puerum diligo, et ab eo diligor.*

100. *Y* se tourne par *à lui, à elle, à eux, à elles*, et se met au cas du verbe suivant.

EXEMPLE : L'affaire est très-importante, j'y donnerai mes soins (*c'est-à-dire* à elle), *res est gravissima, huic operam dabo.*

REMARQUE. *En* et *y* sont des adverbes de lieu (voir n° 140) qui s'emploient pour un pronom de la troisième personne, précédé de *de* ou de *à.*

IV. *Se.*

101. On exprime *se* par *sui, sibi, se*, en le mettant au cas du verbe, quand le nominatif est une chose animée qui fait sur elle-même l'action que marque le verbe.

EXEMPLES: L'orgueilleux se loue ; comme c'est l'orgueilleux qui se loue lui-même, dites : *Superbus se laudat;* — il se flatte, *sibi blanditur.*

102. 1° Si le pronom *se* a rapport à un nominatif de chose inanimée, ou même animée, qui ne fasse pas sur elle-même l'action marquée par le verbe, on tourne ce verbe par le passif. _

Exemples : Ce mot se trouve dans Phèdre (*tournez, ce mot est trouvé*), *vox illa invenitur apud Phædrum.*

Il ne s'ébranle pas de vos menaces (*tournez, il n'est pas ébranlé*), *minis non movetur tuis.*

Remarque. Toutes les fois qu'après un verbe réfléchi français on peut ajouter *lui-même, elle-même,* etc., on se sert en latin de *sui, sibi, se.* Autrement on tourne par le passif.

2° Dans les trois phrases suivantes, les nominatifs sont regardés comme choses animées : .

Le poison se glisse dans les veines, *venenum sese in venas insinuat.* — Si l'occasion se présente, *si se dederit occasio.* — Si la chose se passe ainsi, *si res ita se habeat.*

3° Quand *se* a rapport à deux nominatifs qui font l'un sur l'autre l'action que marque le verbe, on ajoute l'adverbe *invicem* (réciproquement) au pronom *sui, sibi, se,* à moins qu'il ne soit gouverné par une préposition.

Exemples : Pierre et Jean se louent, *Petrus et Joannes se invicem laudant.* — Ils se battent, *inter se pugnant.*

———

Qui *interrogatif.*

103. Le *Qui* interrogatif n'a point d'antécédent : on le connaît quand on peut le tourner par *quelle personne?*

I. Quis *vestrûm,* ou *ex vobis,* ou *inter vos?*

Le *qui* interrogatif s'exprime par *quis, quæ, quid* (*quod* avec un nom), ou *quisnam, quænam, quodnam,* et le nom pluriel qui suit se met au génitif, ou à l'ablatif avec *e, ex,* ou à l'accusatif avec *inter.*

EXEMPLES : Qui de vous ? *Quis vestrûm*, ou *ex vo-bis*, ou *inter vos ?*

Qui est content de son sort? *Quis suâ sorte conten-tus est ?*

II. Uter est doctior, *tune an frater?*

104. *Qui des deux*, ou *lequel des deux*, s'exprime par *uter, utra, utrum*, et les deux noms qui suivent se mettent au même cas que *uter* : on met *ne* après le premier, et *an* devant le second ; le superlatif français se met au comparatif latin (voir n° 29).

EXEMPLE : Lequel des deux est le plus savant, de vous ou de votre frère? *Uter est doctior, tune an frater?*

III. *Qui* interrogatif nominatif ou régime.

105. *Qui* interrogatif est tantôt le nominatif, et tantôt le régime du verbe suivant.

1° Il est le nominatif, quand on peut le tourner par *qui est celui qui.*

EXEMPLE : Qui vous a appelé? (*c'est-à-dire* qui est celui qui vous a appelé), *quis te vocavit ?*

2° Il est le régime, quand on peut le tourner par *qui est celui que....*

EXEMPLE : Qui appelez-vous (*c'est-à-dire* qui est celui que vous appelez), *quem vocas ?*

QUE *interrogatif.*

106. 1° Le *Que* interrogatif se tourne par *quelle chose,* et il s'exprime par *quid*, lorsque le verbe suivant gouverne l'accusatif.

EXEMPLE : Que faites-vous? (*tournez*, quelle chose faites-vous) *Quid agis ?*

2° Mais si le verbe suivant gouverne un autre cas, il faut exprimer le mot *chose.*

EXEMPLE : Qu'étudiez-vous, *c'est-à-dire* quelle chose étudiez-vous? *Cui rei studes ?*

3° *Quoi* ou *que*, au commencement d'une phrase se tourne par *quelle chose*, et s'exprime par *quid.*

7

EXEMPLES : Quoi de plus beau que la vertu? *Quid virtute pulchrius ?* — Que sera-ce si...? *Quid futurum est si...?*

REMARQUE. Après *qui* et *que* interrogatifs, on met souvent en français un infinitif pour exprimer le futur ou le conditionnel : *Qui choisir? —Que faire?* En latin il faut toujours qu'après ces mots interrogatifs le verbe soit à un mode personnel. On dira donc selon le sujet indiqué par le sens : Quem *eligemus,* ou *eligamus,* ou *eligam?* — Quid *faciemus, faciamus* ou *faciam?*

QUEL, QUELLE.

I. Quel, quelle, *quis, quæ, quod, quisnam,* etc.

107. *Quel*, *quelle*, s'exprime aussi par *quis*, *quæ*, *quod*, ou *quisnam*, *quænam*, *quodnam*, et s'accorde avec le nom suivant en genre, en nombre et en cas.

EXEMPLES : Quelle mère n'aime pas ses enfants? *Quæ* ou *quænam mater liberos suos non amat?*

Quel avantage y a-t-il dans la vie? *Quod commodum habet vita?* ou mieux *Quid commodi habet vita ?* — *Quel*, suivi d'un nom de chose, s'exprime mieux par *quid* avec le génitif.

REMARQUE. Dans *quid commodi*, le neutre *quid* est considéré comme un nom et il gouverne le génitif *commodi.* On construit de même les adjectifs neutres *aliquid, quidquid, illud, id, aliud* et *nihil*, rien. *Exemples* : quelque mal, *aliquid mali;* — aucune gloire, *nihil laudis.*

II. Quel, quelle, *quotus, quota, quotum.*

108. *Quel*, *quelle*, signifiant *quantième*, s'expriment par *quotus*, *quota*, *quotum;* et l'on répond par le nombre ordinal.

EXEMPLE : Quelle heure est-il? — Sept heures. *Quota hora est ? — Septima* (sous-entendu *est*).

III. Quel, quelle, *quantus, quanta, quantum.*

109. *Quel*, *quelle*, quand on peut ajouter le mot *grand*, s'expriment par *quantus*, *quanta*, *quantum*.

EXEMPLE : Quel malheur nous menace! (*c'est-à-dire* quel grand malheur!) *Quanta nobis instat pernicies !*

Quis te redemit? Jesus Christus.

110. RÈGLE. 1° La réponse se met ordinairement au même cas que la demande.

EXEMPLES : Qui vous a racheté? — Jésus-Christ. *Quis te redemit ? — Jesus Christus.*

Qui a pitié des paresseux ? — Personne. *Quem miseret pigrorum ?— Neminem.*

Le verbe de la demande est toujours sous-entendu dans la réponse; ainsi, quand on dit : *Qui vous a racheté?* et que l'on répond, *Jésus-Christ,* c'est comme si l'on disait : *Jésus-Christ m'a racheté.*

2° Cependant, avec les impersonnels *est, refert, interest,* la réponse, quand elle se fait par un pronom, se met à un autre cas.

EXEMPLES : A qui importe-t-il ? — A moi. *Cujusnam interest ? — Meâ* (voir n° 69). — A qui appartient-il de parler? — À vous. *Cujus est loqui ? — Tuum* (voir n° 74).

OBSERVATIONS

Sur la manière d'interroger, de commander et de défendre.

I.

111. 1° Quand on interroge sans négation, on met en latin *an* ou *num* devant le premier mot, ou *ne* après, et la réponse se fait par le verbe de l'interrogation.

EXEMPLES : Dormez-vous? *Num dormis ?* — Non, *Non dormio. Num* s'emploie quand la réponse doit être négative.

Avez-vous vu le roi? *Vidistine regem ?* — Oui, *Vidi.*

2° Si l'interrogation se fait par deux négations, *ne....* je pas, *ne.... tu pas,* etc., on met *annon* ou *nonne* devant le premier mot.

EXEMPLE : N'avez-vous pas vu le roi? *Annon* ou *nonne vidisti regem ?* — Non, *Non vidi.*

3° Si l'interrogation tient lieu de *lorsque,* on l'exprime par *quum :* Avait-il soupé, il s'en allait (*tournez,* lorsqu'il avait soupé, il....), *quum cœnaverat, abibat.*

II.

112. Quand on commande, le verbe se met à l'impératif.

EXEMPLE : Laquais, chassez les mouches, *puer*, *abige muscas*.

Si le verbe est à la troisième personne, on emploie la troisième personne du présent du subjonctif, et l'on n'exprime pas le *que* français.

EXEMPLE : Qu'il s'en aille, le traître, *abeat proditor*.

III.

113. Quand on défend, on met *ne* avec le subjonctif ou l'impératif ; ou bien l'on se sert de *noli* pour le singulier, *nolite* pour le pluriel, avec l'infinitif.

EXEMPLE : N'insultez pas les malheureux, *ne insultes* ou *ne insulta miseris*; ou bien, *noli*, *nolite insultare miseris*.

Lorsque le verbe est à la troisième personne, on se sert toujours de *ne* avec le subjonctif.

EXEMPLES : Qu'il ne dise pas, *ne dicat*. — Qu'il ne sorte pas de la maison, *domo ne exeat*.

REMARQUE. *Noli*, *nolite*, impératif de *nolo*, je ne veux pas, sont des formes de défense adoucies, et expriment une invitation, une prière. C'est l'équivalent de *n'allez pas* avec un infinitif : n'allez pas croire, *noli credere*.

SYNTAXE DES PARTICIPES.

114. Il y a en latin deux participes de l'actif, comme *amans*, aimant, *amaturus*, devant aimer ; deux du passif, comme *amatus*, aimé, *amandus*, devant être aimé.

Les participes sont de véritables adjectifs qui s'accordent en genre, en nombre et en cas avec le nom auquel ils se rapportent ; et, de plus, ils gouvernent le même cas que les verbes d'où ils viennent.

I. Participes joints au nominatif.

Le participe qui se rapporte au nominatif du verbe s'accorde avec ce nominatif en genre, en nombre et en cas.

EXEMPLES : Un coq, cherchant de la nourriture, trouva une perle, *gallus, escam quærens, margaritam reperit*.

Cicéron devant prononcer un discours, *Cicero orationem habiturus*.

L'enfant, ayant été interrogé, répondit, *puer interrogatus respondit*.

Devant être interrogé, il craignait, *interrogandus timebat*.

II. Participes joints au régime du verbe.

115. Le participe qui se rapporte au régime du verbe s'accorde avec ce régime en genre, en nombre et en cas. Le participe se rapporte ordinairement au régime du verbe, quand ce régime est un des pronoms, *le, la, les, lui, leur*.

EXEMPLES : La ville ayant été prise, l'ennemi la pilla (*tournez*, l'ennemi pilla la ville prise), *urbem captam hostis diripuit*.

Les citoyens devant être passés au fil de l'épée, le vainqueur leur pardonna (*tournez*, le vainqueur pardonna aux citoyens devant être passés), *civibus ferro necandis victor pepercit*.

III. Ablatif absolu.

116. Quand le participe ne se rapporte ni au nominatif ni au régime du verbe, on met à l'ablatif ce participe et le nom auquel il est joint, les faisant accorder en genre et en nombre.

EXEMPLES : Les parts étant faites, le lion parla ainsi, *partibus factis, sic locutus est leo.*

La lettre étant déjà écrite, votre esclave est venu,

scriptâ jam epistolâ, venit puer tuus (voir *Participes français*, p. 195).

REMARQUE. L'ablatif absolu est une véritable proposition dont le sujet est à l'ablatif et le verbe au participe, et qui exprime une circonstance ou la cause du fait énoncé dans la proposition principale : *sic locutus est leo*, proposition principale ; *partibus factis*, proposition accessoire. On voit que les propositions formées d'un participe se trouvent aussi dans le français : *Les parts étant faites.— La lettre étant déjà écrite.* En latin, pas plus qu'en français, ces propositions ne sont régies par une préposition sous-entendue.

SYNTAXE DES PRÉPOSITIONS.

117. On a vu, dans la première partie, qu'il y a trente prépositions qui gouvernent l'accusatif, douze qui gouvernent l'ablatif, et quatre qui gouvernent tantôt l'accusatif et tantôt l'ablatif.

Les prépositions servent principalement à marquer de quelle manière une chose se fait, en quel lieu, dans quel temps ; c'est-à-dire les différentes circonstances de temps, de lieu, de manière, etc. On sous-entend quelquefois les prépositions, quoiqu'elles soient toujours la véritable cause du régime.

REMARQUE. En général on ne doit supposer sous-entendues que les prépositions qui se trouvent quelquefois exprimées.

I. *Noms de matière.*

Vas ex auro.

118. 1° Le nom qui exprime la matière dont une chose est faite se met à l'ablatif avec *e* ou *ex*.

EXEMPLES : Un vase d'or, *vas ex auro*.

Une statue d'airain, *signum ex ære*.

2° On peut aussi, du nom de matière, faire un adjectif qui doit s'accorder avec le nom.

EXEMPLES : Un vase d'or, *vas aureum*; une statue d'airain, *signum æneum*.

II. *Noms de mesure, de distance et d'espace.*

Velum longum *tres ulnas* ou *tribus ulnis.*

119. 1° Le nom qui marque la mesure ou la distance se met à l'accusatif ou à l'ablatif sans préposition.

EXEMPLES : Un voile long de trois aunes, *velum longum tres ulnas*, ou *tribus ulnis*.

Il est éloigné de vingt pas, *abest* ou *distat viginti passibus*.

2° Si le nom de mesure est précédé d'un comparatif, il se met toujours à l'ablatif.

EXEMPLE : Vous n'êtes pas plus grand que moi de deux doigts, *duobus digitis major me non es*.

120. Le lieu précis où une chose est arrivée se met à l'ablatif sans préposition, ou à l'accusatif avec *ad*, et on se sert du nombre ordinal, *primus*, *secundus*, *tertius*, etc.

EXEMPLE : Il est tombé à dix pas d'ici, *abhinc decimo passu cecidit*, ou *abhinc ad decimum passum cecidit*.

III. *Noms de l'instrument, de la cause*, etc.

Ferire *gladio; — fame* interiit.

121. Le nom de l'instrument dont on se sert pour faire quelque chose, de la cause pourquoi elle se fait, de la manière dont elle se fait, et le nom de la partie, se mettent à l'ablatif sans préposition.

EXEMPLES.

Nom d'instrument : Frapper de l'épée ou avec l'épée, *ferire gladio*.

Nom de cause : Il mourut de faim, *fame interiit*.

Nom de manière : Vous l'emportez en beauté, en grandeur, *vincis formâ*, *vincis magnitudine*.

Nom de la partie : Je tiens le loup par les oreilles, *teneo lupum auribus*.

IV. *Noms du prix, de la valeur.*

Hic liber constat *viginti assibus.*

122. Le nom qui marque le prix, la valeur de quelque chose, se met à l'ablatif sans préposition.

EXEMPLE : Ce livre coûte vingt sous, *hic liber constat[1] viginti assibus.*

V. *Noms de temps.*
Veniet *die dominicâ.*

123. Si l'on veut marquer quand une chose s'est
faite ou se fera (*quando ?*), le nom de temps se met à
l'ablatif sans préposition.

EXEMPLES : Il viendra dimanche, *veniet*[2] *die domi-
nicâ ;* — le mois prochain, *mense proximo ;* —à trois
heures, *horâ tertiâ.*

A la question *quando*, l'on se sert du nombre ordinal.

Regnavit *tres annos* ou *tribus annis.*

124. Quand on veut marquer combien de temps
une chose a duré ou durera (*quandiu ?*), le nom de
temps se met à l'accusatif ou à l'ablatif sans préposition, et l'on se sert du nombre cardinal.

EXEMPLE : Il a régné trois ans, *regnavit*[3] *tres annos*
ou *tribus annis.*

Tertium annum regnat.

125. 1° Quand on veut marquer depuis quel temps
une chose se fait (*a quo tempore ?*), le nom de temps
se met à l'accusatif, et l'on se sert du nombre ordinal
ou cardinal.

EXEMPLES : Il y a trois ans qu'il règne, *tertium annum
regnat.* On dit aussi : *a tribus annis,* depuis trois ans.

Il y a plusieurs années que je suis lié avec votre
père, *multos annos utor familiariter patre tuo.*

REMARQUE. Avec *natus* dans le sens de *âgé de,* les mots qui expriment l'âge se mettent à l'accusatif. *Exemple :* Il est mort âgé
de trente ans, *triginta annos natus obiit.*

2° Si le temps est passé, et qu'il ne dure plus, on
met le nom de temps à l'accusatif, ou à l'ablatif avec
abhinc, et l'on se sert du nombre cardinal.

EXEMPLE : Il y a trois ans qu'il est mort, *abhinc*
[4] *tribus annis* ou *abhinc* [5] *tres annos mortuus est.*

---

1. *Pro.* — 2. *In.* — 3. *Per.* — 4. *A.* — 5. *Ante.*

Id fecit *intra tres dies.*

126. 1° Quand on veut marquer en quel espace de temps une chose s'est faite ou se fera (*quanto tempore?*), le nom de temps se met à l'accusatif avec *intrà*.

EXEMPLE : Dieu a créé le monde en six jours, *Deus mundum creavit intrà sex dies.*

2° *Dans*, suivi d'un nom de temps, s'exprime par *post* avec l'accusatif; quand il peut se tourner par *après*.

EXEMPLE : Je partirai dans trois jours, c'est-à-dire après trois jours, *post tres dies proficiscar.*

NOMS DE LIEU.

127. Il y a quatre questions de lieu : *Ubi*, où l'on est; *Quò*, où l'on va; *Unde*, d'où l'on vient; *Quà*, par où l'on passe.

I. *Question UBI.*

Quand on marque le lieu où l'on est, où l'on fait quelque chose, c'est la question *Ubi*.

Sum *in Galliâ, in urbe.*

A la question *Ubi*, le nom de lieu se met à l'ablatif avec *in*.

EXEMPLES : Je suis en France, *sum in Galliâ*; — dans la ville, *in urbe.*

Il se promène dans le jardin, *ambulat in horto*. On met *horto* à l'ablatif, parce qu'on ne sort pas du lieu.

Natus est *Avenione, Athenis.*

128. On sous-entend la préposition, quand c'est un nom propre de ville.

EXEMPLES : Il est né à Avignon, *natus est Avenione*; — à Athènes, *Athenis.*

REMARQUE. On met aussi sans préposition *rure* ou *ruri*, à la campagne. *Ruri* est une ancienne forme d'ablatif qu'on n'emploie qu'à la question *Ubi.*

Habitat *Lugduni*, *Romæ*.

129. Si le nom propre de ville est au singulier, et de la première ou de la seconde déclinaison, on le met au génitif.

EXEMPLES : Il demeure à Lyon, *habitat Lugduni*; —à Rome, *Romæ*.

Les noms *domus*, *humus*, se mettent aussi au génitif, *domi*, *humi*.... Est-il à la maison? *Estne domi*? — On dit aussi *militiæ* ou *belli*, en temps de guerre,

REMARQUE. *Militiæ* et *belli* sont des espèces d'adverbes qui ne s'emploient dans ce sens que rapprochés de *domi*, signifiant pendant la paix, dans la ville. *Exemple : Domi bellique*, en paix et en guerre; dans la ville et à l'armée.

Cœnabam *apud patrem*.

130. Le nom de la personne se met à l'accusatif avec *apud*.

EXEMPLE : Je soupais chez mon père, *cœnabam apud patrem*.

REMARQUE. *Dans* devant le nom d'un auteur que l'on cite se rend aussi par *apud*. *Exemple :* On trouve dans Célius, *scriptum apud Cælium est*.

II. *Question QUO*.

131. La question *Quò* se connaît lorsque le verbe signifie mouvement pour aller, venir en quelque lieu, partir pour quelque lieu.

Eo *in Galliam*, *in urbem*.

A la question *Quò*, le nom du lieu où l'on va se met à l'accusatif avec *in*, quand on entre dans le lieu; et avec *ad*, quand on ne va qu'auprès.

EXEMPLES : Je vais en France, *eo in Galliam*; — à la ville, *in urbem*.

Ils vinrent au même ruisseau, *venerunt ad eumdem rivum*.

Ibo *Lutetiam*, *Lugdunum*.

132. On sous-entend la préposition, quand c'est un nom propre de ville, et devant *rus* et *domum*.

EXEMPLES : J'irai à Paris, *ibo Lutetiam*; — à Lyon, *Lugdunum.*

Je vais à la campagne, *eo rus*; — je vais à la maison, *eo domum.*

Si l'on se sert du verbe actif *petere*, gagner, pour exprimer *aller*, on met le nom du lieu à l'accusatif sans préposition : Je vais au collége, *peto collegium* (je gagne le collége, *collegium* est régime direct).

Eo *ad patrem, ad sacram concionem.*

133. Le nom de la personne et celui de la chose se mettent à l'accusatif avec *ad*.

EXEMPLES : Je vais chez mon père, *eo ad patrem*; — au sermon, *ad sacram concionem.*

III. *Question UNDE.*

134. La question *Unde* se connaît lorsque le verbe signifie mouvement pour partir ou venir de quelque lieu.

Redeo *ex Galliâ, ex urbe.*

A la question *Unde*, le nom du lieu d'où l'on part, d'où l'on vient, se met à l'ablatif avec *e* ou *ex.*

EXEMPLES : Je reviens de la France, *redeo ex Galliâ*; — de la ville, *ex urbe.*

Il est sorti de sa chambre, *egressus est e cubiculo.*

REMARQUE. Au lieu de *e* on se sert de *a* pour indiquer qu'on s'éloigne d'un lieu. *Exemple : *Il s'éloigne de la ville, *ab urbe proficiscitur*; — *ex urbe proficiscitur*, signifierait il sort de la ville.

Redeo *Lugduno, Româ.*

135. On sous-entend la préposition, quand c'est un nom propre de ville, et devant *rure* et *domo*.

EXEMPLES : Je reviens de Lyon, *redeo Lugduno*; — de Rome, *Româ*; — de la campagne, *rure*; — de la maison, *domo.*

Venio *a patre, a venatione.*

136. Le nom de la personne et celui de la chose se mettent à l'ablatif avec *a* ou *ab*.

Exemples : Je viens de 'chez mon père, *venio a patre*; — de la chasse, *a venatione*.

IV. *Question QUA.*

137. Quand on marque le lieu par où l'on passe, c'est la question *Quà*.

Iter feci *per Galliam*, *per Lugdunum*.

138. A la question *Quà*, tous les noms des lieux par où l'on passe se mettent à l'accusatif avec *per*.

Exemples : J'ai passé par la France, *iter feci per Galliam*; — par Lyon, *per Lugdunum*.

Quand on se sert de *transire*, verbe composé de *ire*, aller, et *trans*, au delà, on met l'accusatif sans la préposition *per* : Il passa par la ville, *transiit urbem* (il traversa la ville).

Iter faciam *per domum* avunculi mei.

139. *Par chez*, avec un nom de personne, se tourne *par la maison de*, et se dit en latin *per domum*.

Exemple : Je passerai par chez mon oncle, *iter faciam per domum avunculi mei*.

OBSERVATIONS.

140. Quand, après un nom propre de ville, se trouve le nom commun *ville, endroit*, on met d'abord le nom propre au cas marqué dans chaque question, mais on exprime la préposition devant le nom commun.

Exemples : Ils s'arrêtèrent à Corinthe, lieu célèbre, *constiterunt Corinthi, in loco nobili*.

Je vais à Rome, ville d'Italie, *eo Romam, in urbem Italiæ*.

Je reviens de Lyon, ville de France, *redeo Lugduno, ex urbe Galliæ*.

141. 1° Si le nom commun *ville* est devant le nom propre, il faut exprimer la préposition, et mettre le nom propre au cas de la préposition.

EXEMPLE : Il demeure dans la ville de Lyon, *habitat in urbe Lugduno*.

2° *Domus* et *rus*, suivis d'un génitif ou d'un adjectif, prennent la préposition.

EXEMPLES : Il demeure dans la maison de César, — dans une campagne agréable, *habitat in domo Cæsaris, in rure amœno.*

REMARQUE. On trouve *domi* avec les adjectifs possessifs. *Exemples :* Chez nous, *domi nostræ;* — chez toi, *domi tuæ.*

TABLEAU SYNOPTIQUE
des adverbes de lieu des quatre questions.

UBI.	QUÒ.	UNDE.	QUÀ.
Où, *ubi.*	Où, *quò.*	D'où, *unde.*	Par où, *quâ.*
Ici où je suis, *hìc.*	Ici où je suis, *huc.*	D'ici où je suis, *hinc.*	Par ici où je suis, *hàc.*
Là où tu es, *istic.*	Là où tu es, *istuc.*	De là où tu es, *istinc.*	Par là où tu es, *istac.*
Là où il est, *illic.*	Là où il est, *illuc.*	De là où il est, *illinc.*	Par là où il est, *illac.*
Là, y, *ibi.*	Là, y, *eò.*	De là, en, *inde.*	Par là, y, *eâ.*
Ailleurs, *alibi.*	Ailleurs, *aliò.*	De quelque part, *alicunde.*	Par quelque endroit, *aliquâ.*
Quelque part, *alicubi, uspiam.*	Quelque part, *quòpiam.*	De quelque endroit que ce soit, *undecunque.*	Par quelque endroit que ce soit, *quâcunque.*
Partout où, en quelque lieu que ce soit, *ubicunque.*	Partout où, en quelque lieu que ce soit, *quòcunque.*		
Là même, *ibidem.*	Là même, *eòdem.*	Du même lieu, *indidem.*	Par le même lieu, *eâdem.*
Nulle part, *nusquàm.*	Nulle part, *nusquam.*		
Dehors, *foris.*	Dehors, *forâs.*		
Dedans, *intus.*	Dedans, *intrò.*		

REMARQUE. Au lieu de *ubicunque* et *quòcunque*, on peut employer *ubivis* et *quòvis*. — A la question *unde* et à la question *quâ*, il n'y a pas d'adverbes correspondant à *nusquam, foris, forâs, intus* et *intrò*, des deux autres questions. — On peut rattacher à la question *ubi* les adverbes *ubique* partout et *utrobique* des deux côtés; — à la question *quò, aliquò* quelque part, *utròque* des deux côtés ; — à la question *unde, undique* de tous côtés, et *utrinque* des deux côtés.

SYNTAXE DES ADVERBES.

Régime.

I.

142. Les adverbes de *quantité* gouvernent le génitif.

EXEMPLES : Peu de vin, *parum vini.*
Beaucoup d'eau, *multùm aquæ.*
Plus de forces, *plus virium.*
Moins de vertu, *minùs virtutis.*
Assez de paroles, *satis verborum.*
Trop de piéges, *nimis insidiarum.*

II.

143. 1° Les adverbes de *temps* et de *lieu* gouvernent le génitif.

EXEMPLES : En quel lieu du monde? *ubi terrarum?*
Nulle part, en aucun lieu du monde, *nusquam gentium.*

2° *Pridie*, la veille, *postridie*, le lendemain, veulent le génitif ou l'accusatif.

EXEMPLES : Le jour d'avant les calendes, *pridie calendarum* ou *calendas* (on sous-entend *ante*).

Le jour d'après les ides, *postridie iduum* ou *idus* (on sous-entend *post*).

III.

144. 1° *En, ecce*, voici, voilà, veulent après eux le nominatif ou l'accusatif.

EXEMPLE : Voici, voilà le loup, *en, ecce lupus* (sous-entendu *adest*); — *en, ecce lupum* (sous-entendu *aspice*).

2° *Ergo*, employé pour *causâ*, pour, à cause de, veut le génitif, et se met après son régime.

EXEMPLE : A cause de lui *ou* pour l'amour de lui, *il-lius ergo.*

3° *Instar*, comme, veut le génitif, et se met habituellement après son régime : Comme une montagne, *montis instar.*

4° *Obviàm*, au-devant, veut le datif : Aller au-devant de quelqu'un, *ire obviàm alicui.*

SYNTAXE DES CONJONCTIONS.

Régime.

145. Parmi les conjonctions, les unes gouvernent le subjonctif, les autres gouvernent l'indicatif. Voici celles dont l'usage est le plus fréquent.

I.

1° *Quum*, signifiant *lorsque*, ne veut le subjonctif que devant l'imparfait.

EXEMPLE : Lorsque la ville d'Athènes florissait, *quum Athenæ florerent.*

REMARQUE. *Quum*, signifiant *pendant que, après que*, se construit avec l'indicatif. — *Exemple :* Lorsqu'il a soupé, il se retire, *quum cœnavit, abit.* — Dans ce sens on le trouve même avec l'imparfait et le plus-que-parfait, surtout quand il est précédé de *tum*. *Exemple :* Lorsque la Sicile florissait, *tum quum Sicilia florebat.*

2° *Quum*, signifiant *puisque, vu que, comme*, régit toujours le subjonctif.

EXEMPLES : Puisque vous le voulez, *quum id velis.* — Puisque vous l'avez voulu, *quum id volueris.*

3° *Dum*, signifiant *tandis que*, ne veut le subjonctif que devant l'imparfait.

EXEMPLE : Tandis qu'un chien portait de la chair, *dum canis ferret carnem.*

REMARQUE. *Dum* signifiant *tant que, aussi longtemps que*, ainsi que *quandiu, donec, quoad*, qui ont la même signification, se construit toujours avec l'indicatif. *Exemples :* Tant que son âge l'a comporté, *dum ætas ejus tulit.* — Aussi longtemps que vous voudrez, *quandiu voles.*

4° *Dum*, signifiant *pourvu que, jusqu'à ce que*, veut toujours le subjonctif.

EXEMPLE : Pourvu que je porte mon bât, *clitellas dum portem meas.*

II.

146. 1° *Si* régit le subjonctif devant l'imparfait et le plus-que-parfait.

EXEMPLES : Si tu le faisais, — si tu l'avais fait à cause de moi, *id si faceres, — id si fecisses causá meâ.*

2° Quand, après *si*, il y a un second verbe au futur, on met bien le premier verbe au même futur.

EXEMPLES : Si vous venez, vous me ferez plaisir, *si veneris, pergratum mihi feceris.*

Si vous lisez ce livre, j'en serai charmé, *hunc librum si leges, lætabor.*

III.

147. 1° *Ut*, signifiant *afin que, pour*, gouverne toujours le subjonctif.

EXEMPLE : Afin que je repose pendant le jour, *luce ut quiescam.*

2° *Ut*, signifiant *comme, de même que*, veut l'indicatif.

EXEMPLE : Comme on dit, *ut aiunt.*

3° *Ut*, signifiant *aussitôt que, dès que*, veut l'indicatif.

EXEMPLE : Dès que je me fus éloigné de la ville, *ut ab urbe discessi* (voir *Conjonctions françaises*, n°° 315-321).

REMARQUES. 1° Pour se rendre compte du mode qui se construit avec telle ou telle conjonction, il faut se rappeler que l'indicatif présente toujours le fait comme certain et positif; tandis que le subjonctif le présente comme conditionnel, possible ou hypothétique, et toujours comme subordonné à un autre fait.

2° Même après les conjonctions qui se construisent avec l'indicatif, on met d'ordinaire le verbe au subjonctif, quand, dans la proposition principale, le verbe est lui-même au subjonctif ou à l'infinitif. *Exemple* : Vous me recommandez de me conserver en bonne santé aussi longtemps que je le pourrai, *me admones ut me integrum servem, quoad possim. Possim* est au subjonctif après *quoad*, parce que *servem* est au subjonctif dans la proposition qui est principale, par rapport à celle où se trouve *quoad.*

TROISIÈME PARTIE.

MÉTHODE.

La *Méthode* indique la manière de rendre en latin les *Gallicismes* qui se rencontrent le plus fréquemment • Les différences qui se trouvent entre les deux langues, relativement aux noms et aux adjectifs, sont indiquées dans le dictionnaire. Il suffit d'avertir les enfants de faire attention au genre de chaque nom latin. Ils doivent aussi, quand ils cherchent un verbe, remarquer s'il est actif, neutre ou déponent.

CHAPITRE PREMIER.

DES VERBES.

Verbes à l'indicatif ou au subjonctif en français, qu'il faut tourner en latin par l'infinitif, ou QUE RETRANCHÉ.

148. On appelle *que retranché* celui qui, étant entre deux verbes français, ne peut pas se tourner par *lequel, laquelle*, et qui ne s'exprime point en latin.

Je crois que vous pleurez; on *tourne en latin*, je crois vous pleurer.

RÈGLE. Après les verbes *croire, savoir, assurer, être persuadé, prétendre, promettre, espérer*, etc., on n'exprime pas *que*, mais on met à l'accusatif le nom ou pronom qui suit, et le second verbe à l'infinitif latin.

EXEMPLE : Je crois que vous pleurez, *credo te flere*.

REMARQUE. Ce *que*, non traduit dans le latin, est une conjonction. Il se supprime aussi quelquefois en français. *Exemple :* Je sens *que* la mort approche, ou, en retranchant *que*, je sens la mort approcher, *intelligo mortem appropinquare.* Cette construction est d'un usage très-fréquent en latin. Elle sert à unir deux propositions sans le secours d'aucune conjonction ; 1° proposition principale : je sens, *intelligo* ; 2° proposition complétive : la mort approcher, *mortem appropinquare.* Le nom mis à l'accusatif est le sujet de l'infinitif. Toute proposition dont le sujet est à l'accusatif et le verbe à l'infinitif s'appelle *proposition infinitive.* Ainsi *mortem appropinquare* et *te flere* sont des propositions infinitives.

OBSERVATION.

149. Quand le *que retranché* est suivi d'une phrase *incidente*, ce n'est pas le verbe de la phrase incidente qui se met à l'infinitif, mais c'est l'autre verbe, qui est ordinairement le dernier.

EXEMPLE : Soyez persuadé qu'un enfant (qui honore ses parents) sera aimé de Dieu, *persuasum habeto puerum (qui parentes veretur) a Deo amatum iri.*

On appelle *phrase incidente*, celle qui est jointe à une autre par un de ces mots, *qui, pour, si,* etc.

REMARQUE. Quelquefois cependant c'est la proposition incidente qui devient proposition infinitive. *Exemple :* Lisez les livres que vous savez être bons (*que* pour *lesquels*), *lege libros quos scis esse bonos.*

A quel temps de l'infinitif latin faut-il mettre le verbe français qui suit le QUE RETRANCHÉ ?

RÈGLE GÉNÉRALE.

150. Comparez les temps que marquent les deux verbes.

1° Si les deux actions exprimées par les deux verbes se font ou ont été faites dans le même temps, mettez le second verbe français au présent de l'infinitif latin.

2° Si l'action du second verbe était déjà faite dans le temps que marque le premier verbe, mettez en latin le parfait de l'infinitif.

3° Si l'action du second verbe était encore à faire dans le temps du premier verbe, mettez en latin le futur de l'infinitif.

RÈGLES PARTICULIÈRES.

I.

151. TEMPS *du verbe français qu'il faut mettre au présent de l'infinitif latin.*

1° Mettez au présent de l'infinitif le présent de l'indicatif français.

EXEMPLE : Je crois qu'il lit, *credo illum legere.*

2° Mettez au présent de l'infinitif l'imparfait de l'indicatif, quand le premier verbe est à l'un des trois parfaits (règle gén. 1°).

EXEMPLE : Je croyais, j'ai cru, j'avais cru qu'il lisait, *credebam, credidi, credideram illum legere.*

3° Si cependant le second verbe marque un temps plus ancien que le premier, mettez ce second verbe au parfait de l'infinitif latin (règle gén. 2°).

EXEMPLE : Je vous ai dit que Phèdre était esclave, *tibi dixi Phædrum fuisse servum.*

4° Mettez encore au présent de l'infinitif le présent du subjonctif, quand on peut le tourner par le présent de l'indicatif, en transportant la négation du premier verbe au second (règle gén. 1°).

EXEMPLE : Je ne crois pas qu'il lise (*on peut tourner* je crois qu'il ne lit pas), *non credo illum legere.*

II.

152. *Après un* QUE RETRANCHÉ, *mettez au parfait de l'infinitif latin les trois temps suivants :*

1° Le parfait et le plus-que-parfait de l'indicatif français (règle gén. 2°).

EXEMPLE : Je crois qu'il a lu, qu'il avait lu, *credo illum legisse.*

2° L'imparfait de l'indicatif, quand le premier verbe est au présent ou au futur (règle gén. 2°).

EXEMPLE : Je crois, je croirai qu'il lisait, *credo*, *credam illum legisse*.

3° Le futur passé et le parfait du subjonctif, quand on peut les tourner par le parfait de l'indicatif.

EXEMPLES : Je crois qu'il aura déjà dîné (*tournez*, je crois qu'il a déjà dîné), *credo illum jam prandisse*. Je ne crois pas qu'il ait encore dîné (*tournez*, je crois qu'il n'a pas encore dîné), *non credo illum jam prandisse* (règle gén. 2°).

III.

153. *Après un* QUE RETRANCHÉ, *mettez au futur de l'infinitif latin les trois temps suivants :*

1° Le futur de l'indicatif français (règle gén. 3°).

EXEMPLE : Je crois qu'il viendra demain, *credo illum cras venturum esse*.

2° Le présent du subjonctif, quand on peut le tourner par le futur de l'indicatif, en transportant la négation du premier verbe au second (règle gén. 3°).

EXEMPLE : Je ne crois pas qu'il vienne demain (*on peut tourner*, je crois qu'il ne viendra pas demain), *non credo illum cras venturum esse*.

3° Le conditionnel présent en *rais* (règle gén. 3°).

EXEMPLE : Je croyais qu'il viendrait demain, *putabam eum cras venturum esse*.

IV.

154. *Après un* QUE RETRANCHÉ, *mettez au futur passé de l'infinitif latin :*

Le conditionnel passé ou le plus-que-parfait du subjonctif français.

EXEMPLE : Je crois qu'il serait venu, si..., *credo illum venturum fuisse, si....*

Cependant, si le plus-que-parfait du subjonctif peut se tourner par le plus-que-parfait de l'indicatif, mettez-le au parfait de l'infinitif.

EXEMPLE : Je ne savais pas que vous fussiez arrivé

(*tournez*, que vous étiez arrivé), *nesciebam te adve-nisse* (règle gén. 2°).

V.

155. L'imparfait du subjonctif terminé en *asse*, *insse*, *isse*, *usse*, se tourne quelquefois par l'imparfait de l'indicatif, et alors il en suit la règle.

EXEMPLES : Je ne croyais pas, je n'ai pas cru, je n'avais pas cru que vous fussiez malade (*tournez*, que vous étiez), *non credebam, non credidi, non credideram te ægrotare.* Je mets le présent *ægrotare*, parce que le premier verbe est à l'un des trois parfaits (règle gén. 1°).

Je ne crois pas, je ne croirai pas que vous fussiez malade (*tournez*, que vous étiez), *non credo, non credam te ægrotavisse.* Je mets le parfait de l'infinitif, parce que le premier verbe est au présent ou au futur (règle gén. 2°).

Quelquefois l'imparfait en *asse*, *insse*, etc., se tourne par le futur de l'indicatif; et alors il suit la règle du futur (règle gén. 3°).

EXEMPLE : Si je croyais que vous vinssiez bientôt, je vous attendrais (*tournez*, que vous viendrez), *si putarem te brevi venturum esse, te exspectarem.*

PREMIÈRE OBSERVATION.

156. Lorsque après un *que retranché* on doit mettre le verbe à l'un des deux futurs de l'infinitif, et que le verbe latin n'en a point :

1° Exprimez le futur de l'indicatif et le présent du subjonctif français par *fore ut* ou *futurum esse ut*, avec le présent du subjonctif latin.

EXEMPLE : Je crois que vous vous repentirez, *credo fore ut te pœniteat.* (Je crois qu'*il arrivera* que vous vous repentiez.)

2° Exprimez le conditionnel présent ou l'imparfait du subjonctif français par *fore ut*, avec l'imparfait du subjonctif latin.

EXEMPLE : Je croyais que vous vous repentiriez, *credebam fore ut te pœniteret* (qu'il arriverait que, etc.).

3° Exprimez le conditionnel passé ou le plus-que-parfait du subjonctif français par *futurum fuisse ut*, avec l'imparfait du subjonctif latin.

EXEMPLE : Je croyais que vous vous seriez repenti, *credebam futurum fuisse ut te pœniteret* (qu'il serait arrivé que....).

REMARQUE. Tout verbe latin qui n'a pas de supin manque par là même du participe futur et du futur de l'infinitif qui s'en forment.

157. On se sert encore de *fore ut* avec le parfait du subjonctif, pour exprimer le futur passé et le parfait du subjonctif quand ils marquent l'avenir.

EXEMPLES : Vous croyez qu'il aura bientôt terminé cette affaire, *credis fore ut brevi illud negotium confecerit.*

Je ne crois pas qu'il ait sitôt terminé cette affaire, *non credo fore ut tam cito illud negotium confecerit.*

SECONDE OBSERVATION.

158. Quand les verbes *croire, espérer, promettre, menacer, se souvenir*, etc., sont suivis d'un infinitif français, tournez la phrase de manière qu'il y ait un *que* entre les deux verbes, et alors vous suivrez la règle du *que retranché.*

EXEMPLES : Je crois avoir lu (*tournez*, que j'ai lu), *credo me legisse* (règle gén. 2°).

Vous croyez être heureux (*tournez*, que vous êtes heureux), *credis te esse beatum* (règle gén. 1°).

Il espère partir bientôt (*tournez*, qu'il partira bientôt), *sperat se brevi profecturum* (règle gén. 3°).

Je me souviens d'avoir lu (*tournez*, que j'ai lu), *memini me legere*. Après *memini*, on met mieux le présent que le parfait de l'infinitif *.

---

* Il faut éviter, dans les matières de composition que l'on donne aux enfants, ces locutions : *je crois qu'il part demain*, pour, *qu'il partira* ; — *je croyais que vous partiez demain*, pour, *que vous partiriez* ; — *je dirai que*

REMARQUE. L'accusatif avec l'infinitif, ou *proposition infinitive*, tient lieu, comme on vient de le voir, de régime après un verbe actif. Cette proposition peut aussi tenir lieu de sujet à certains verbes. *Exemple* : il est certain que Dieu est éternel, *constat Deum esse æternum* (littéralement : Dieu être éternel est chose certaine).

VERBES *après lesquels le* QUE *ou* DE *français se rend en latin par plusieurs Conjonctions.*

Conseiller de, *suadere ut*.
Conseiller de ne pas, *suadere ne*.

159. RÈGLE : Après les verbes *conseiller, persuader, souhaiter, faire en sorte, commander, prier, avoir soin, il faut, il est juste, il est nécessaire, il arrive, il importe*, etc., le *de* ou *que* s'exprime par *ut* avec le subjonctif ; et, s'il suit une négation, par *ne* ou *ut ne*.

EXEMPLES : Je vous conseille de lire (*tournez*, que vous lisiez), *suadeo tibi ut legas* ; — de ne pas jouer, *ne ludas*.

Ayez soin de vous bien porter, *cura ut valeas* ; — de ne pas tomber malade, *ne in morbum incidas*.

Dites-lui, avertissez-le de prendre garde à lui (*tournez*, qu'il prenne garde)..., *dic illi, mone illum, ut sibi caveat*.

160. 1° Après *curare*, avoir soin, on met élégamment le participe du futur en *dus, da, dum*, si le verbe a un régime avec lequel on puisse le faire accorder.

EXEMPLE : Il a eu soin de me faire tenir la lettre, *litteras ad me perferendas curavit*.

2° Après *oportet, volo, nolo, malo*, on met élégamment le participe passé en *us, a, um. Exemple :* Je veux vous avertir d'une chose, *unum te monitum volo*.

161. 1° Après *dire, avertir, persuader, écrire,* le *que* se retranche, quand il ne peut pas se tourner par *de.*

---

vous serez sage, pour que *vous êtes sage; — je n'aurais pas cru que vous fussiez devenu si savant*, pour, *que vous deviendriez*, etc. — Le bon sens leur indiquera dans la suite la véritable valeur de ces temps, beaucoup mieux que toutes nos règles.

EXEMPLE : Dites-lui; avertissez-le que je suis arrivé, *dic illi, mone illum me advenisse.*

2° De même après *jubere,* commander, le *que* se retranche presque toujours, et le verbe suivant se met au présent de l'infinitif.

REMARQUE. Avec *de,* ces verbes expriment l'idée de *conseiller,* et alors ils sont suivis en latin de *ut,* afin que. — Avec *que,* ils expriment l'idée *d'informer,* et ils sont suivis en latin d'une proposition infinitive. — *Jubere,* ordonner, se construit avec une proposition infinitive, et le nom qui est son régime indirect en français se met à l'accusatif en latin et devient le sujet de l'infinitif. *Exemple :* il ordonna à *l'armée* d'attendre, *jussit exercitum exspectare.* — Avec les verbes *imperare, mandare, præcipere,* commander, on se sert de *ut.*

Il n'importe pas que.... ou de..., *nihil refert utrùm.... an....*

162. RÈGLE. Quand après *il n'importe pas, il importe peu, qu'importe,* il y a deux *que* ou deux *de,* on les tourne par *si,* et on exprime le premier par *utrùm,* et le second par *an,* avec le subjonctif.

EXEMPLE : Il ne m'importe pas, que m'importe d'être riche ou pauvre (*tournez,* si je suis riche)? *nihil meá refert, quid meá refert utrùm dives sim an pauper ?* Au lieu *d'utrùm,* on peut mettre *ne* après le premier mot : *divesne sim an pauper.*

REMARQUE. *Utrùm* est le neutre de *uter.,* et signifie laquelle des deux choses, mot à mot : laquelle des deux choses, que je sois riche ou que je sois pauvre.

163. Après se mettre peu en peine, *parum curare,* les deux *que* s'expriment aussi par *utrùm..., an...* ; et si, à la place du second *que,* il y a ces mots, *ou non,* on les exprime par *annon* ou *necne.*

EXEMPLE : Je me mets peu en peine que vous m'écoutiez ou non, *parum curo utrùm me audias, necne.*

OBSERVATION.

164. A quel temps du subjonctif latin faut-il mettre

l'infinitif français qui suit *de* exprimé par *ut*, *ne*, *an*, *utrùm*, *quïn?*

1° Si le premier verbe est au présent ou au futur, on met en latin le second au présent du subjonctif, et le régime du premier verbe devient le nominatif du second. EXEMPLES :

Je vous conseille	} de	*Tibi suadeo*	} ut	
Je vous conseillerai	} lire,	*Tibi suadebo*	} legas.	

2° Si le premier verbe est à l'un des trois parfaits, on met le second à l'imparfait du subjonctif.

Je vous conseillais	} de	*Tibi suadebam*	} ut
Je vous ai conseillé	} lire,	*Tibi suasi*	} legeres.
Je vous avais conseillé		*Tibi suaseram*	

REMARQUE. Cette règle de concordance des deux verbes ne s'applique qu'aux phrases où le verbe français est suivi de *de* et d'un infinitif. Lorsqu'il y a *que*, le second verbe se met ordinairement au même temps en latin qu'en français (voir plus bas n° 181). La raison de cette différence, c'est que le *de* suppose qu'il y a conformité de temps entre le premier et le second verbe, tandis que le *que* ne le suppose pas.

Craindre de *ou* que ne.... *timere ne*.

Craindre de ne pas *ou* que ne pas.... *timere ut* ou *ne non*.

165. RÈGLE. 1° Après *craindre*, *appréhender*, *avoir peur*, etc., *de* ou *que*, suivi de *ne* seulement, s'exprime par *ne* avec le subjonctif.

EXEMPLE : Je crains que le maître ne vienne, *timeo ne præceptor veniat*.

2° Mais après ces verbes, *que* ou *de*, suivi de *ne pas* ou *ne point*, s'exprime par *ut* ou *ne non*.

EXEMPLE : Je crains que le maître ne vienne pas, *timeo ut præceptor veniat*, ou *ne non præceptor veniat*.

REMARQUE. En latin, *ne* après *timeo* exprime le désir que la chose n'arrive pas; *ut*, ou l'équivalent *ne non*, exprime le désir qu'elle arrive. En français, après *craindre* au contraire, la demi-négation *ne* exprime la crainte que la chose n'arrive, ou le désir qu'elle n'arrive pas (*ne* en latin) ; et la négation complète *ne pas* exprime la crainte qu'elle n'arrive pas, ou le désir qu'elle arrive (*ut* en latin).

3° Quand le verbe *craindre* signifie *faire difficulté*, on l'exprime par *dubitare* avec l'infinitif, et s'il signifie *ne pas oser*, on l'exprime par *non audere*.

EXEMPLES : Il ne craint pas d'avouer (*tournez*, il ne fait pas difficulté d'avouer), *fateri non dubitat*. — Je crains de dire (*tournez*, je n'ose dire), *non audeo dicere*.

Prendre garde de ou que ne, *cavere ne*.

166. RÈGLE. Après les verbes *prendre garde*, *dissuader*, *de* ou *que ne* s'exprime par *ne* avec le subjonctif.

EXEMPLES : Prenez garde de tomber *ou* que vous ne tombiez, *cave ne cadas*.
Dissuadez-le de partir, *illi dissuade ne proficiscatur*.

167. *Prendre garde*, signifiant *avoir soin*, *faire en sorte*, s'exprime par *curare*, *dare operam*, et *que* par *ut* avec le subjonctif (voir n° 159).

EXEMPLE : Prenez garde que tout soit prêt (*c'est-à-dire* ayez soin que), *da operam ut omnia sint parata*.

168. Si *prendre garde* signifie *remarquer*, on l'exprime par *animadvertere*, et le *que* se retranche.

EXEMPLE : Il ne prend pas garde qu'on se moque de lui (*c'est-à-dire* il ne remarque pas), *non animadvertit se derideri*.

N'avoir garde de.... se garder bien de.... *non committere ut*.

169. RÈGLE. Après *se garder bien de...*, *n'avoir garde de...*, on exprime *de* par *ut*, avec le subjonctif.

EXEMPLE : Je me garderai bien de vous quitter, *non committam ut a te discedam*.

Mériter, être digne de *ou* que..., *dignum esse ut.*

170. Règle. Après *mériter, être digne, de* où *que* s'exprime par *ut* avec le subjonctif *.

Exemples : Il mérite de commander (*tournez*, qu'il commande), *dignus est ut imperet.* — On dit mieux *dignus est qui imperet.* — *Qui* tient lieu de *ut ille.*

Il mérite que j'aie pitié de lui, *dignus est ut illius me misereat* ou *cujus me misereat.* — *Cujus* tient lieu de *ut illius.*

Vous méritez qu'il vous favorise, *dignus es ut tibi faveat* ou *cui faveat.* — *Cui* tient lieu de *ut tibi.*

Il mérite que je l'honore, *dignus est ut eum colam* ou *quem colam.* — *Quem* tient lieu de *ut eum.*

Vous méritez qu'il vous rende service, *dignus es ut de te bene mereatur* ou *de quo bene mereatur.* — *De quo* tient lieu de *ut de te.*

Qui, quæ, quod, est employé pour *ut* et un pronom, et il se met au cas où on mettrait le pronom : ainsi, quand après *mériter* il n'y a point de pronom qui se rapporte au nominatif du verbe *mériter*, on ne peut pas employer *qui, quæ, quod*; mais il faut se servir de *ut*.

Exemple : Vous méritez bien que j'agisse ainsi, *dignus sane es ut sic agam*, et non pas *qui sic agam.*

Empêcher, défendre de *ou* que ne, *prohibere ne*.
Ne pas empêcher, ne pas défendre de *ou* que, *non prohibere quin, quominus*.

171. Règle. 1° Après les verbes *empêcher, défendre*, quand ils ne sont pas accompagnés d'une négation ou d'une interrogation, *de* ou *que ne* s'exprime par *ne* avec le subjonctif, et le régime du premier verbe devient le nominatif du second.

---

* *Ut conjux essem tua digna videbar.* (Ovide.) — *Respondit se meruisse ut....* (Cicéron.)

EXEMPLES : Dieu nous défend de mentir (*tournez*, défend que nous ne mentions), *Deus prohibet ne mentiamur.*

Cela m'a empêché de partir, *id impedivit ne proficiscerer.*

2° Mais quand il y a une négation ou une interrogation jointe aux verbes *empêcher*, *défendre*, *de* ou *que ne* s'exprime par *quin* où *quominus.*

EXEMPLE : Je ne vous empêche pas, qui vous empêche de partir? (*tournez*, que vous partiez) *non impedio, quis impedit quin proficiscaris?*

3° Après *il ne tient pas à moi*, *à quoi tient-il*, *que ne* s'exprime aussi par *quin* ou *quominus* avec le subjonctif.

EXEMPLE : Il ne tient pas à moi que vous ne soyez heureux, *per me non stat quin* ou *quominus sis beatus.*

REMARQUE. Après une proposition négative on se sert surtout de *quominus. Exemple :* Il ne tient pas à moi que vous ne compreniez la vérité, *non stat per me quominus verum intelligas.*(Voir n° 346 la locution *il ne tient qu'à moi.*)

172. Dans cette façon de parler, *je ne puis*, *je ne saurais m'empêcher*, *me défendre*, les verbes *s'empêcher*, *se défendre*, se tournent par *ne pas*, qu'on exprime par *non*, avec l'infinitif.

EXEMPLES : Je ne puis m'empêcher de parler (*tournez*, je ne puis pas ne pas parler), *non possum non loqui.*—Je ne puis m'empêcher de rire (*tournez*, je ne puis pas ne pas rire), *non possum non ridere.*

REMARQUE. Dans le sens de *je ne puis m'empêcher* on dit aussi *retineri non possum quin*, ou seulement *non possum quin*, et le subjonctif. *Exemple :* Je ne puis m'empêcher de m'écrier, *non possum quin exclamem.*

Se réjouir de ou que...., *gaudere quòd.*

173. RÈGLE. Après *se réjouir*, *se repentir*, *être fâché*, *avoir honte*, *s'étonner*, *être surpris*, *remercier*, *savoir bon gré*, etc., *de* ou *que* se tourne par *de ce que*, et

s'exprime par *quòd*, avec le subjonctif ou l'indicatif.

Exemples : Je me réjouis de vous avoir été utile (*tournez*, de ce que je vous ai été utile), *gaudeo quòd tibi profuerim.*

J'ai honte de ne vous avoir pas encore répondu, *me pudet quòd ad te nondum rescripserim.*

Après ces verbes, on peut encore retrancher le *que* :

Exemple : *Gaudeo me tibi profuisse.*

Attendre que, *exspectare dum* ou *donec*.

174. Règle. Après *attendre*, *que* se tourne par *jusqu'à ce que*, et s'exprime par *dum* ou *donec* avec le. subjonctif.

Exemple : Attendez que le roi soit arrivé, *exspecta dum rex advenerit.*

OBSERVATION.

175. Ne confondez pas *s'attendre* avec *attendre*. 1° Après *s'attendre*, en latin *existimare*, *persuasum habere*, on retranche le *que*, et l'on met toujours le verbe suivant au futur de l'infinitif.

Exemple : Je m'attendais que vous m'écririez, *te ad me scripturum esse existimabam.*

2° Quand *s'attendre* signifie *prévoir*, il s'exprime par *prævidere*, et l'on retranche le *que*.

. Exemple : Je m'étais bien attendu qu'il en serait ainsi, *ita futurum sanè prævideram.*

Cela est cause que, *ea causa est cur*.

176. Règle. Après *être cause*, *que* s'exprime par *cur* avec le subjonctif.

Exemple : La maladie a été cause que je n'ai pas été vous voir, *morbus causa fuit cur te non viserim.*

Douter que, *dubitare an.*
Ne pas douter que, *non dubitare quin.*

177. Règle. 1° Quand le verbe *douter* n'est accompagné ni d'une négation ni d'une interrogation, on tourne *que* par *si*, et on l'exprime par *an* avec le subjonctif.

Exemple : Je doute qu'il se porte bien (*tournez*, s'il se porte bien), *dubito an valeat.*

2° Mais quand le verbe *douter* est accompagné d'une négation ou d'une interrogation, on exprime *que* par *quin.* — *Quin* renferme le *ne* français suivant.

Exemples : Je ne doute pas qu'il ne se porte bien, *non dubito quin valeat.*

Qui doute que la vertu ne soit aimable? *Quis dubitat quin virtus sit amabilis?*

OBSERVATION.

Ne confondez pas *se douter* avec *douter;* après se douter, *suspicari, prævidere,* on retranche le *que.*

Exemple : Je me doutais bien que la chose irait mal, *c'est-à-dire* je soupçonnais que..., *suspicabar rem malè cessuram.*

VERBES *à l'indicatif dans le français, qu'il faut mettre au subjonctif en latin.*

I.

Vous ne savez pas qui je suis, *en latin,* qui je sois.

178. Règle. *Qui* ou *quel* interrogatif entre deux verbes veut le second au subjonctif en latin.

Exemples : Vous ne savez pas qui je suis, *nescis quis ego sim.*

Dites-moi quelle heure il est, *dic mihi quota hora sit.*

Je ne sais lequel des deux a été le plus éloquent, *nescio uter fuerit eloquentior.*

Écrivez-moi ce que vous faites, *c'est-à-dire* quelle chose vous faites, *ad me scribe quid agas.*

Écrivez-moi ce qui se passe là où vous êtes, *c'est-à-dire* quelle chose se passe..., *ad me scribe quid istic agatur.*

OBSERVATION.

Ce qui, *ce que*, s'exprime par *quid* quand on peut le tourner par *quelle chose*, comme dans l'exemple précédent ; mais *ce qui*, *ce que*, s'exprime par *quod* quand on ne peut pas le tourner par *quelle chose*, parce qu'alors il n'est pas interrogatif.

EXEMPLE : Il a fait ce que je lui avais commandé, *fecit quod ei præceperam* (*c'est-à-dire* la chose que....).

II. Je voudrais savoir où vous êtes, *scire velim ubi sis.*

179. Les adverbes de lieu, *ubi*, *quò*, *quà*, *unde*, et les conjonctions *cur*, *quare*, *quomodo*, *an*, *utrùm*, etc., entre deux verbes, veulent le second au subjonctif en latin.

EXEMPLES : Je voudrais savoir où vous êtes, *scire velim ubi sis ;* — d'où vous venez, *unde venias ;* — où vous allez, *quò eas ;* — s'il a de quoi vous payer, *an habuerit unde tibi solvat.*

Interrogée pourquoi elle disait cela, *interrogata cur hoc diceret.*

III. Vous voyez combien je vous aime, *vides quantùm te amem.*

180. *Combien* entre deux verbes veut toujours le second au subjonctif en latin.

EXEMPLES : Vous voyez combien je vous aime, *vides quantùm te amem.*

Je dirai en peu de mots combien la liberté est douce, *quam dulcis sit libertas breviter proloquar.*

Il y a beaucoup d'autres conjonctions après lesquelles le verbe latin se met au subjonctif ; nous en avertirons dans l'occasion.

REMARQUE. Tout adjectif ou adverbe interrogatif quel qu'il soit, placé entre deux verbes, veut le second au subjonctif, parce qu'il fait de la seconde proposition le complément de la première : Proposition principale : *scire velim ;* proposition complétive subordonnée : *ubi sis.*

IV. Qui croira, *quis credat.*

Qui interrogatif, devant un futur de l'indicatif ou un conditionnel présent, veut le verbe au présent du subjonctif en latin : Qui croira? *Quis credat ?* — Qui n'admirerait pas cette action? *Quis non illud factum miretur ?*

REMARQUE. L'adjectif interrogatif non précédé d'un verbe se met avec l'indicatif. *Exemple :* Qui a dit? *Quis dixit?.* Si l'on traduit le futur et le conditionnel présent par le subjonctif présent, c'est parce que ce temps est en latin dans bien des cas l'équivalent des deux temps français.

A quel temps faut-il mettre le verbe latin après les mots qui veulent le subjonctif, comme ut, ne, an, quin, *etc.?*

I. Je ne sais ce que vous faites, *nescio quid agas.*

181. Mettez tous les temps de l'indicatif français aux mêmes temps du subjonctif latin, excepté les deux futurs.

EXEMPLES :

Je ne sais	ce que vous faites,	Nescio	quid agas.
	ce que vous faisiez,		quid ageres.
	ce que vous avez fait,		quid egeris.
	ce que vous aviez fait,		quid egisses.

Le futur de l'indicatif après *quin, an,* etc., se met au participe du futur en *rus, ra, rum,* pour l'actif; en *dus, da, dum,* pour le passif, avec *sim, sis, sit.*

EXEMPLES : Je ne sais s'il écoutera, *nescio an auditurus sit ;* — s'il sera écouté, *an audiendus sit.*

II. Je doute que le roi vienne bientôt, *dubito an rex brevi venturus sit.*

182. Si le verbe français est au subjonctif, et qu'il marque l'avenir, mettez en latin le participe du

futur, avec *sim*, *sis*, *sit*, pour exprimer le présent du subjonctif; avec *essem*, *esses*, *esset*, pour l'imparfait du subjonctif ou pour le présent du conditionnel; avec *fuissem*, *fuisses*, *fuisset*, pour le plus-que-parfait du subjonctif, ou pour le passé du conditionnel.

EXEMPLES : Je doute que le roi vienne bientôt, *dubito an rex brevi venturus sit*.

Je doutais que le roi vînt, je ne savais si le roi viendrait bientôt, *dubitabam*, *nesciebam an rex brevi venturus esset*.

Je doute que le roi fût venu, je ne sais si le roi serait venu, *dubito, nescio an rex venturus fuisset*.

REMARQUE. Si le verbe latin qu'on doit employer au participe futur n'a pas de supin, et par conséquent pas de participe en *rus, ra, rum*, il faut recourir à un autre verbe équivalent, ou à une périphrase : Je ne sais s'il aura honte de sa faute, *nescio an sua ei culpa pudori futura sit*, ou *nescio an futurum sit ut suæ eum culpæ pudeat*. Le verbe *pudet* n'a pas de participe en *rus*.

183. Quand le verbe est au subjonctif, et qu'il ne marque pas l'avenir, mettez les temps du subjonctif français aux mêmes temps du subjonctif latin.

EXEMPLES : Je doute qu'il se repente, *dubito an illum pœniteat*.

Je doutais qu'il se repentît, *dubitabam an illum pœniteret*.

Je doutais qu'il se fût repenti, *dubitabam an illum pœnituisset*.

III. Je ne sais s'il aura soupé de si bonne heure, *nescio an tam maturè cœnaverit*.

184. 1° Le futur passé après *ne pas savoir si*, et le parfait du subjonctif après *douter que*, se mettent au parfait du subjonctif, quand ils marquent le passé.

EXEMPLE : Je ne sais s'il aura soupé, je doute qu'il ait soupé de si bonne heure, *nescio an, dubito an tam maturè cœnaverit*.

2° Mais si ces deux temps marquent l'avenir, ce qui arrive quand ils sont suivis de *lorsque*, mettez-les au futur en *rus, ra, rum* ou *dus, da, dum*, avec *sim, sis, sit*, en changeant *lorsque* par *avant que*.

EXEMPLE : Je ne sais s'il aura terminé, je doute qu'il ait terminé l'affaire lorsque vous viendrez ici, *nescio an, dubito an priùs rem confecturus sit quàm huc venias* (c'est-à-dire s'il terminera avant que vous veniez).

Si le verbe latin est au passif, on peut mettre le participe passé avec *futurus, a, um, sim, sis, sit*.

EXEMPLE : Je ne doute pas que l'affaire n'ait été réglée lorsque vous lirez cette lettre, *non dubito quin, te legente has litteras, confecta jam res futura sit*.

VERBES *au passif dans le français, qu'il faut tourner par l'actif en latin.*

Je suis favorisé de la fortune; *tournez*, la fortune me favorise.

185. RÈGLE. 1° Quand un verbe au passif dans le français est neutre ou déponent en latin, il faut tourner le passif en actif; et pour cela on prend le régime pour en faire le nominatif, et le nominatif pour en faire le régime.

EXEMPLES : Je suis favorisé de la fortune (*tournez*, la fortune me favorise), *mihi favet fortuna.* — *Faveo*, verbe neutre, n'a point de passif.

Il est admiré de tout le monde (*tournez*, tout le monde l'admire), *illum omnes admirantur. Admiror*, verbe déponent, n'a pas la signification passive.

2° S'il n'y a point de régime dont on puisse faire le nominatif, mettez le verbe à la troisième personne du pluriel en sous-entendant *homines*.

EXEMPLE : Cicéron était admiré quand il parlait, *admirabantur Ciceronem quum diceret*.

VERBES *à l'actif dans le français, qu'il faut tourner par le passif en latin.*

Vous dites que Pierre aime Paul, *dicis Paulum a Petro amari*.

186. Il faut changer l'actif en passif quand il y a *amphibologie*, c'est-à-dire quand, après un *que retranché*, le nominatif français et le régime seraient mis tous deux à l'accusatif latin sans que l'on pût distinguer l'un de l'autre ; alors on tourne par le passif, en prenant le régime direct pour en faire le nominatif, et le nominatif pour en faire le régime.

EXEMPLE : Vous dites que Pierre aime Paul : vous ne pouvez pas mettre, *dicis Petrum amare Paulum*, parce qu'on ne saurait qui est celui qui aime ; si c'est Pierre qui aime Paul, ou si c'est Paul qui aime Pierre. Il faut donc changer l'actif en passif de cette manière : Vous dites que Paul est aimé de Pierre, *dicis Paulum a Petro amari*.

CHAPITRE SECOND.

DES PRONOMS.

I.

PRONOM *français qui manque en latin*, ON, L'ON.

187. Il y a plusieurs manières de rendre en latin *on*, *l'on*.

Première manière.

On aime la vertu, *virtus amatur*.

On aime la vertu ; *tournez*, la vertu est aimée.

RÈGLE. Le verbe qui suit *on*, *l'on*, est-il actif, *tournez* par le passif.

EXEMPLE : On aime la vertu, *virtus amatur*.

Si le verbe n'a point de régime dont on puisse faire le nominatif du verbe passif, mettez ce verbe à la troisième personne du singulier passif. Tous les verbes neutres eux-mêmes ont cette troisième personne.

EXEMPLES : Non-seulement on ne porte pas envie aux jeunes gens, mais on leur est même favorable, *adolescentibus non modò non invidetur, verùm etiam favetur*.

On raconte, *narratur* ; — on rapporte, *fertur* ; — on va, *itur* ; — on est venu, *ventum est*.

Seconde manière.
On aime la vertu, *amant virtutem*.

188. Mettez le verbe qui suit *on*, *l'on*, à la troisième personne du pluriel en sous-entendant *homines* ; ce qu'il faut toujours faire, quand ce verbe est neutre ou déponent en latin.

EXEMPLES : On admire la vertu, *admirantur virtutem*. On hait celui que l'on craint, *oderunt quem metuunt*. On dit, *aiunt, ferunt, memorant, perhibent*.

OBSERVATION.

Devant les impersonnels *pœnitet*, *pudet*, *tædet*, *miseret*, *piget*, il faut exprimer le mot *homines*.

EXEMPLE : On se repent d'avoir mal vécu, *homines pœnitet male vixisse*.

CAS PARTICULIERS.
1° On ne peut...., *nemo potest*.

189. Si le verbe qui suit *on* est accompagné d'une négation, on tourne par *personne ne*, *nemo*, et le verbe se met à la troisième personne du singulier.

EXEMPLE : On ne peut être heureux sans la vertu (*tournez*, personne ne peut....), *nemo sinè virtute potest esse beatus*.

2° Quand on désire...., *qui appetit*.

190. *Quand on*, *lorsqu'on*, se tournent par *celui qui*, *ceux qui*.

EXEMPLE : Quand on désire le bien d'autrui, on perd justement le sien (*tournez*, celui qui désire....), *qui bonum alienum appetit, meritò amittit proprium*.

Si on, *si l'on*, se tournent par *si quelqu'un, si quis*.

EXEMPLE : Si l'on vous demande, *si quis te interroget*.

On ne dit pas *si aliquis*, mais *si quis*; après *si*, *nisi*, *ne*, *num*, *sive*, *quò*, on retranche *ali* dans les mots qui commencent ainsi : *si quando*, pour *si aliquando*; *ne quando*, etc.

3° On voit des gens qui..., *reperias qui*.

191. *On voit, on trouve des gens qui....* s'expriment par *videas*, *reperias qui...*, *videre est*, *reperire est qui...*, et le verbe suivant se met au subjonctif.

EXEMPLE : On voit des gens qui aspirent aux honneurs, *videas homines qui honores appetant*.

REMARQUE. *Videas* signifie vous verriez, vous pourriez voir. *Videre est* signifie il est possible de voir. — L'antécédent sous-entendu de *qui* est *eos homines*, des personnes telles.

4° On dit..., on croit..., il semble que.

192. *On dit, on croit*, etc., s'expriment en latin de deux manières par le passif.

1° *Personnellement,* en prenant le nominatif du second verbe, pour en faire le nominatif des verbes *on dit, on croit*, etc.

EXEMPLES : On dit que les cerfs vivent très-long-temps (*tournez*, les cerfs sont dits vivre....), *cervi dicuntur diutissimè vivere*.

Il paraît que vous êtes malade (*tournez*, vous paraissez être malade), *videris ægrotare*.

2° *Impersonnellement,* en tournant par la troisième personne du singulier passif, *il est dit que...*, *il est cru que...*; alors le *que* se retranche.

EXEMPLE : On dit que les cerfs vivent très-long-temps(*tournez*, il est dit que les cerfs.....), *dicitur cervos diutissime vivere*.

On exprime toujours de cette seconde manière *on dit, on croit*, quand ils sont suivis d'un verbe impersonnel.

EXEMPLE : On dit que vous vous repentez de votre faute (*tournez*, il est dit que vous. ..), *dicitur te tuæ culpæ pœnitere*.

5° On enseigne....

193. Pour tourner ce verbe par le passif, il faut faire attention à la signification du verbe latin *doceri*, qui veut dire *être instruit* : comme cela ne peut se dire que d'une personne, et non pas d'une chose, le verbe passif *doceor* veut toujours pour nominatif le nom de la personne (voir n° 51).

EXEMPLES : On enseigne la grammaire aux enfants (*tournez*, les enfants sont instruits sur la grammaire), *pueri docentur grammaticam.*

Les enfants à qui l'on enseigne la grammaire (*tournez*, les enfants qui sont instruits sur la grammaire), *pueri qui docentur grammaticam.*

La grammaire que l'on enseigne aux enfants (*tournez*, la grammaire sur laquelle les enfants sont instruits), *grammatica quam pueri docentur.* (Il faut tourner de même cette phrase : la grammaire qui est enseignée aux enfants.)

II.

PRONOMS-ADJECTIFS *français que l'on exprime d'une manière différente en latin.*

1° Il, le, la, lui, leur (sol, à sol), suî, sibi, se.

194. Ces pronoms doivent quelquefois se tourner en latin par *soi, à soi*, etc., et se rendre par *suî, sibi, se :* Le renard dit qu'il n'était pas coupable, *tournez*, dit soi n'être pas coupable.

RÈGLE. Quand les pronoms *il, elle, le, la, lui, leur*, après un *que* retranché ou exprimé par une conjonction, se rapportent au nominatif du premier verbe, on les traduit par *suî, sibi, se.*

Pour connaître si ces pronoms se rapportent au nominatif du premier verbe, faites l'interrogation suivante : *Qui il ? qui elle ?*

EXEMPLES : Le renard dit qu'il n'était point coupable de la faute : *Qui il?* — Réponse : *Le renard.* Quand le mot de la réponse est le même que le nominatif du premier verbe, exprimez *il* par *se*; ainsi dites : *vulpes negavit se esse culpæ proximam.*

Diogène ordonna qu'on le jetât à la voirie : *Qui le?* —Réponse : *Diogène.* Comme le mot de la réponse est le même que le nominatif du verbe, dites : *Diogenes jussit se projici inhumatum.*

Ce philosophe disait qu'il lui importait peu. *Qui lui?* — Réponse : *Ce philosophe : hic philosophus dicebat suâ parvi referre.*

195. Mais je crois qu'il mentait : *Qui il?* — Réponse : *Ce philosophe.*

Quand le mot de la réponse n'est pas le même que le nominatif du verbe, exprimez *il* par *ille, illa, illud*; ainsi dites : *at credo illum mentitum fuisse.* (*Il, elle*, ne peut jamais se rapporter à un nominatif de la première ou de la seconde personne.)

REMARQUE. — En latin, le pronom de la troisième personne est tantôt *sui, sibi, se*, tantôt un des adjectifs-pronoms *is, ille, iste*. Il faut employer *sui, sibi, se*: 1° toutes les fois qu'on se sert en français de *soi, se*; 2° toutes les fois que le sens ne permet pas de remplacer *il, le, lui, elle, la, les, leur*, par *celui-ci, celle-ci, ceux-ci* ou *celles-là*. — Il faut employer un des pronoms-adjectifs, *is, ille, iste*, toutes les fois que *il, le, lui, elle, la, les, leur*, peuvent être remplacés par *celui-ci, celle-ci*, etc.

2° Son, sa, ses, leur, leurs (de lui, d'elle, d'eux), *ejus, eorum, earum.*

I. *Après un seul verbe.*

196. RÈGLE. *Son, sa, ses...*, après un seul verbe, s'expriment par *suus, sua, suum*, quand ils se rapportent au nominatif de ce verbe.

Pour connaître s'ils se rapportent au nominatif du verbe, faites l'interrogation suivante: *De qui?*

EXEMPLE : Un père aime ses enfants : Les enfants *de qui?* — Réponse : *Du père.*

Quand le mot de la réponse est le même que le nominatif du verbe, servez-vous de *suus, sua, suum;* ainsi dites : *Pater amat suos liberos.*

197. Quand le mot de la réponse n'est pas le nominatif du verbe, exprimez *son, sa, ses,* par *ejus; leur, leurs,* par *eorum, earum.*

EXEMPLE : Mais il n'aime pas leurs défauts : Les défauts *de qui?* — Réponse : *Des enfants.* Comme ce mot *enfant* n'est pas le nominatif du verbe, dites : *at eorum vitia odit.*

Cependant, quand le verbe est de première ou de seconde personne, on se sert de *suus, a, um,* pourvu qu'il se rapporte à un second régime.

EXEMPLE : J'ai rendu à César son épée, *suum Cæsari gladium restitui.*

II. *Après deux verbes.*

198. RÈGLE. Quand *son, sa, ses,* etc., sont après deux verbes, on les exprime par *suus, sua, suum,* pourvu qu'ils se rapportent au nominatif de l'un des deux verbes *.

EXEMPLES : La mère vous prie de pardonner à son fils (*c'est-à-dire* que vous pardonniez), *mater te orat ut filiolo ignoscas suo.* Son ici se rapporte au nominatif du premier verbe.

J'ai écrit à mon ami de me confier son affaire (*c'est-à-dire* qu'il me confiât), *ad amicum scripsi ut mihi negotium committeret suum.* Son ici se rapporte au nominatif du second verbe.

199. Mais on exprime *son, sa, ses,* par *ejus* ou *illius;*

---

* A moins que les verbes ne soient tous deux de la troisième personne; car alors il faut que *son, sa, ses....* se rapportent au nominatif du verbe *principal,* c'est-à-dire de celui qui gouverne l'autre, pour éviter l'ambiguïté.

leur, leurs, par *eorum, earum,* quand ils ne se rapportent ni à l'un ni à l'autre de ces deux nominatifs.

EXEMPLE : Je vous prierai de prendre ses intérêts, *te rogabo ut illius commodis inservias.* — *Son, sa, ses,* ne peuvent jamais se rapporter à un nominatif de première ou de seconde personne.

III. *Au commencement d'une phrase.*

Ejus **indoles est optima.**

200. Iʳᵉ RÈGLE. *Son, sa, ses,* au commencement d'une phrase, s'expriment par *ejus* ou *illius; leur, leurs,* par *eorum, earum,* quand ils ne se rapportent pas au régime du verbe suivant.

EXEMPLE : Son caractère est excellent (*tournez,* le caractère de lui....), *ejus indoles est optima.*

Sua **eum commendat modestia.**

201. IIᵉ RÈGLE. *Son, sa, ses,* même au commencement d'une phrase, s'expriment par *suus, sua, suum,* quand ils se rapportent au régime du verbe suivant; ce qui arrive lorsqu'ils sont suivis de *le, la, les,* ou précédés d'un *que* relatif.

EXEMPLES : Sa modestie le rend recommandable, *sua eum commendat modestia.*

L'enfant que sa modestie rend recommandable, *puer quem sua commendat modestia.*

On ajoute en latin, *suus, a, um,* au nominatif, quand le nominatif français est suivi d'un génitif, et de *le, la, les.*

EXEMPLE : L'ambition de cet homme le perdra (*tournez,* son ambition perdra cet homme), *sua hominem perdet ambitio.*

REMARQUE. En résumé, l'adjectif possessif se rend en latin par *suus, sua, suum,* toutes les fois que le nom *possesseur* se trouve dans la même proposition que le nom de l'objet possédé ou qu'il est le sujet de la proposition principale. Dans tous les autres cas on l'exprime par le génitif d'un pronom-adjectif, comme *ejus*, *eorum*, *earum*.

III.

PRONOMS-ADJECTIFS *équivalents en français et en latin*.

1° Tel que, telle que, *is qui, ea quæ*.

202. RÈGLE. *Tel*, *telle que*, se tournent en latin par *celui*, *celle que*, et s'expriment, *tel*, *telle*, par *is*, *ea*, *id*, et *que*, par *qui*, *quæ*, *quod*, que l'on met au nominatif devant *sum*, etc., *sim*, et à l'accusatif devant *esse*, mis pour un *que* retranché.

EXEMPLES : Je ne suis pas tel que vous (*tournez*, je ne suis pas celui lequel vous êtes), *non is sum qui tu* (sous-entendu *es*). On peut dire aussi, *non sum talis qualis tu*.

Il n'est pas tel que vous pensez (*tournez*, il n'est pas celui lequel vous pensez qu'il est), *non is est quem putas* (sous-entendu *eum esse*). *Quem* est à l'accusatif à cause du *que* retranché.

203. 1° *Tel*, quand il n'est pas suivi de *que*, s'exprime par *is* ou *talis*.

EXEMPLE : Tel a été mon père, *is* ou *talis fuit pater meus*.

2° Lorsque *tel*, au commencement d'une phrase, est suivi de *qui*, on tourne *tel* par quelques-uns, *quidam*, ou par : il y en a qui..., *sunt qui*.

EXEMPLE : Tel rit aujourd'hui, qui pleurera demain (*tournez*, quelques-uns rient....), *quidam hodie rident, qui cras flebunt*.

2° Tel répété, *qui, is*.

204. 3° Quand *tel* est répété, le premier s'exprime par *qui*, *quæ*, *quod*, et le second par *is*, *ea*, *id*, ou bien le premier par *qualis*, et le second par *talis*.

EXEMPLE : Tel père, tel fils, *qui pater est, is est filius* ; ou *qualis pater est, talis filius*. C'est comme s'il y avait, le fils est tel que le père, mais la phrase est renversée.

205. Quand *tel*, suivi de *que*, ne peut pas se tourner par *le même* ou *semblable*, on exprime *que* par *ut*, avec le subjonctif.

EXEMPLES : La libéralité doit être telle, qu'elle ne nuise à personne, *ea esse debet liberalitas, ut nemini noceat*.

La force de la vertu est telle, que nous l'aimons même dans un ennemi, *ea vis est probitatis, ut illam vel in hoste diligamus*.

206. Quand *tel* peut se tourner par *de cette sorte*, on l'exprime par *hujusmodi* en bonne part, et par *istiusmodi* en mauvaise part.

EXEMPLES : Qui n'aimerait de tels enfants ? *Quis hujusmodi puerulos non amet?* — Qui ne haïrait de telles gens ? *Quis istiusmodi homines non oderit?*

3° Le même que, *idem qui*..., *idem ac, atque*.

207. RÈGLE. 1° *Le même, la même*, s'expriment par *idem, eadem, idem*, et *que* par *qui, quæ, quod*, que l'on met au cas du verbe suivant.

EXEMPLES : Vous n'êtes pas le même à mon égard que vous avez été autrefois, *non idem es erga me, qui fuisti olim*.

Ma mère n'est pas aujourd'hui la même que je l'ai vue autrefois, *non eadem est hodie mater mea, quam vidi olim* (sous-entendu *eam esse*).

Je me sers des mêmes livres que vous, *iisdem libris utor, quibus tu* (sous-entendu *uteris*).

2° *Le même*, devant un nom ou un pronom, s'exprime par *idem* : Le même homme, *idem homo*.

208. *Même*, après un nom ou un pronom, s'exprime par *ipse, ipsa, ipsum*.

EXEMPLES : L'homme même, *homo ipse*; — moi-même, *ego ipse*; — vous-même, *tu ipse*.

Quand le pronom *même* se rapporte au nominatif du verbe, on met toujours le pronom au nominatif, quoiqu'en français il soit joint au régime.

EXEMPLE : L'avare se nuit à lui-même, *avarus sibi ipse nocet.*

Mais, si *même* ne se rapporte pas au nominatif, on le fait accorder avec le régime.

EXEMPLE : Le temps ronge le fer même, *vetustas ferrum ipsum exedit.*

209. *Ne pas même* s'exprime par *ne.... quidem*, que l'on sépare en mettant un mot entre *ne* et *quidem.*

EXEMPLE : Je ne l'ai pas même vu, *eum ne vidi quidem.*

210. 1° *De même que si*, signifiant *comme si*, s'exprime par *non secus ac.... perinde ac.... tanquam.*

EXEMPLE : Je l'aime de même que s'il était mon frère, *illum perinde amo ac si esset frater meus.*

2° *De même*, non suivi de *que*, se rend par *item.*

EXEMPLE : Il n'en est pas de même des Romains, *non item de Romanis.*

3° *Et même* s'exprime par *imò...*, *quin etiam.*

EXEMPLE : La cause est bonne, et même très-bonne, *causa bona est, imò optima.*

4° Autre, tout autre, autrement que..., *alius, quivis alius, aliter quàm..., ac..., atque.*

211. RÈGLE. *Autre* s'exprime par *alius, alia, aliud*, et *que* par *quàm, ac* ou *atque.*

EXEMPLES : Il n'est pas autre qu'il n'était autrefois, *non alius est quàm erat olim.* On n'exprime pas *ne* après *autre.*

Il parle autrement qu'il ne pense, *aliter loquitur ac* ou *atque sentit.*

Au lieu de *quàm, ac*, on répète quelquefois *alius, aliter* : Il parle autrement qu'il ne pense, *aliter loquitur, aliter sentit.*

212. 1° *Tout autre*, signifiant *quelque autre que ce soit*, s'exprime par *quivis alius*, *quilibet alius*; tout autrement, par *longè aliter*, et *que* par *ac* ou *atque*.

EXEMPLE : Tout autre peuple que le peuple romain eût perdu courage, *quivis alius populus ac Romanus despondisset animum.*

2° Mais, si *tout autre* signifie *tout différent*, il s'exprime par *longè alius.*

EXEMPLE : Vous êtes tout autre que vous n'étiez (*c'est-à-dire* tout différent), *longè alius es atque eras.*

5° Lequel des deux..., l'autre, *uter, uter.*

213. Après *lequel des deux*, en latin *uter*, *l'autre* s'exprime aussi par *uter, utra, utrum.*

EXEMPLE : Examinez lequel des deux a dressé des embûches à l'autre, *quære uter utri insidias fecerit.*

6° L'un... l'autre...., *alius, alter* répétés; — *alii aliis delectantur;* — ni l'un ni l'autre, l'un des deux, l'un après l'autre..., *neuter, alteruter, singuli.*

214. 1° *L'un... l'autre, les uns.... les autres*, quand on parle de plus de deux, s'expriment par *alius, alia, aliud*, que l'on répète.

EXEMPLE : Les uns jouent, les autres chantent, *alii ludunt, cantant alii.*

2° Mais si l'on ne parle que de deux, on se sert de *alter* répété, ou de *unus, alter.*

EXEMPLE : L'un dit oui, l'autre dit non, *alter* ou *unus ait, negat alter.*

215. Quand *l'un* est répété, et *l'autre* aussi répété, on les tourne par l'adjectif *différent*, et on les traduit par *alius, alia, aliud*, de cette manière.

EXEMPLES : Les uns aiment une chose, les autres une autre; *tournez*, différentes personnes aiment différentes choses, *alii aliis rebus delectantur.*

Les uns s'en allèrent d'un côté, les autres de l'autre, *alii alio dilapsi sunt*.

216. *Ni l'un ni l'autre*, quand le nominatif est un pronom, s'expriment par *neuter, neutra, neutrum*; *l'un l'autre*, par *uterque, utraque, utrumque*; ils sont ordinairement suivis de *alter, altera, alterum*, et alors on n'exprime pas *se*.

EXEMPLES : Ils ne s'aiment ni l'un ni l'autre, *neuter alterum amat*.

Ils se haïssent l'un l'autre, *uterque alterum odit*.

217. *L'un des deux, l'un ou l'autre*, s'expriment par *alteruter, alterutra, alterutrum*.

EXEMPLE : Je vous enverrai l'un ou l'autre, *alterutrum ad te mittam*.

218. *L'un après l'autre* s'exprime par *singuli, singulæ, singula* (tous séparément *ou* un à un).

EXEMPLE : Il se mit à les manger l'une après l'autre, *cœpit vesci singulis*.

7° Le premier, le second..., *prior, posterior;* — *primus, secundus.*

219. 1° *Le premier, le second*, quand on ne parle que de deux, s'expriment, *le premier* par *prior*, et *le second* par *posterior*, ou par *alter* répété.

EXEMPLE : Le premier riait toujours, le second pleurait sans cesse, *prior semper ridebat, posterior indesinenter flebat*, ou *alter ridebat, alter flebat*.

2° Mais si l'on parle de plus de deux, servez-vous de *primus, secundus*.

8° Celui-ci, celui-là, celui des deux qui..., *hic, ille, uter.*

220. 1° *Celui-ci, celui-là*, s'expriment : *celui-ci* par *hic, celui-là* par *ille*.

EXEMPLE : Celui-ci riait toujours, celui-là pleurait sans cesse, *hic semper ridebat, ille indesinenter flebat*.

2° *Celui des deux qui* s'exprime par *uter*, *utra*, *utrum*:

EXEMPLE : Celui des deux qui se dédira payera l'amende, *uter sententiam demutaverit, pecuniâ mulctabitur.*

9° Quel que, quelle que, *quicunque, quantuscunque.*

221. RÈGLE. *Quel que, quelle que,* s'exprime par *quicunque, quæcunque*; et, si la chose peut se dire grande, par *quantuscunque, quantacunque...,* qui renferme *que.*

EXEMPLE : Quelle que soit sa mémoire, il oublie cependant bien des choses, *quantacunque est ejus memoria, multa tamen obliviscitur.*

RÉMARQUE. *Quel que* est toujours suivi du subjonctif en français; mais *quantuscunque* se met en latin avec l'indicatif, quand le subjonctif n'est pas exigé par une autre règle de construction.

10° Qui que ce soit qui..., *quicunque, utercunque.*

222. *Qui que ce soit qui...,* s'exprime par *quicunque.... quilibet...;* et si l'on ne parle que de deux, c'est par *utercunque, utracunque.*

EXEMPLE : Qui que ce soit des deux partis qui remporte la victoire, nous périrons, *utracunque pars vicerit, tamen perituri sumus.*

Quelque.... que.... suivi d'un nom.
Quelque.... que.... suivi d'un adjectif.

223. 1° Si c'est un nom de choses qui ne se comptent pas, on rend *quelque.... que* par *quicunque..., qualiscunque...;* et si la chose peut se dire grande, par *quantuscunque, quantacunque,* etc.

EXEMPLE : Quelque parti que vous preniez, vous serez blâmé, *quodcunque consilium ceperis, vituperabere.*

224. 2° Si c'est un nom de choses qui se comptent, on exprime *quelque.... que....* par *quotcunque* ou *quantùmvis multi, æ, a.*

EXEMPLE : Quelques services que vous rendiez à un ingrat, vous ne lui en rendrez jamais assez, *quotcunque apud ingratum officia posueris, nunquam satis multa contuleris.*

225. 3° Si *quelque.... que* est suivi d'un adjectif, d'un adverbe ou d'un participe, on l'exprime par *quantùmvis*; et si c'est le participe d'un verbe de prix, par *quanticunque.*

EXEMPLES : Quelque savant qu'il soit, il ignore cependant bien des choses, *quantùmvis sit doctus, multa tamen ignorat.*

Quelque estimable que soit la science..., *quanticunque æstimanda est doctrina.*

Quelque grand que.... s'exprime par *quantuscùnque, quantacunque...*; *quelque petit que* par *quantuluscunque, quantulacunque.*

REMARQUE : Avec *quantùmvis* on construit toujours le sub-jonctif.

IV.

PRONOMS *français qui ne s'expriment pas en latin.*

1° *Il* devant un impersonnel.

Je crois qu'il faut; *tournez,* je crois falloir.

226. RÈGLE. *Il*, devant un impersonnel, ne s'exprime pas, excepté devant *pœnitet, piget, pudet, tædet, miseret.*

EXEMPLES : Je crois qu'il faut, *credo oportere.*

Vous savez qu'il est honteux de mentir, *scis mentiri turpe esse.*

2° *Celui,* suivi d'un génitif.

227. Quand *celui, celle* ou *ceux,* suivis d'un génitif, sont employés pour un nom précédent, on ne se

sert pas de *ille*, *illa*, *illud*, mais on répète le nom qui précède.

EXEMPLES : Les qualités de l'âme sont bien préférables à celles du corps, *animi dotes corporis dotibus longè præstant*.

La vie des hommes est plus courte que celle des corneilles, *brevior est vita hominum quàm cornicum vita*. —On peut ne pas répéter le nom, quand il doit être mis au même cas, et dire, *brevior est hominum quàm cornicum vita*.

V.

228. Dans les phrases suivantes : *C'est ainsi que, est-ce ainsi que...*, on n'exprime ni *c'est* ni *que*.

EXEMPLES : C'est ainsi qu'il parla (*tournez*, il parla ainsi), *sic locutus est*.

Est-ce ainsi que vous défendez vos amis? (*tournez*, défendez-vous ainsi....) *Siccine tuos amicos defendis?*

C'est vous-même que je cherche, *te ipsum quæro*.

REMARQUE. Ce tour de phrase français a pour objet d'attirer l'attention sur les mots placés entre *c'est* et *que*; pour produire le même effet en latin on a soin de mettre ces mêmes mots en tête de la proposition, comme dans les exemples cités, *sic, siccine, te ipsum*.

VI.

229. *Ce n'est pas que* se rend en latin par *non quòd*; mais *c'est que*, par *sed quòd* avec le subjonctif.

EXEMPLE : Ce n'est pas que j'approuve, mais c'est que.... *Non quòd approbem, sed quòd....*

S'il suit un comparatif, rendez *ce n'est pas que* par *non quò..., sed quò....*

EXEMPLE : Ce n'est pas que l'un me soit plus cher que l'autre, *non quò mihi sit alter altero carior*.

S'il suit une négation, par *non quin*.

EXEMPLE : Ce n'est pas que je ne pense, *non quin existimem*.

REMARQUE. 1° *Non quò* mis pour *non quòd* n'a pas besoin d'être devant un comparatif. *Exemple :* Ce n'est pas que j'accepte volontiers un reproche, *non quò libenter malè audiam*. CIC.

2° Au lieu de *ce n'est pas que*, on dit en français dans le même sens, *non pas que* ou *non que*, et ces locutions se traduisent de même par *non quòd* et le subjonctif. — Après *sed quòd* on met l'indicatif.

VII.

230. *Ce n'est pas à dire pour cela que...*, *Est-ce à dire pour cela que*, se rendent par *non continuò*, *non ideo...*, *an continuò*, *an ideo....*.

EXEMPLE : Quoique j'aie salué des méchants, ce n'est pas à dire pour cela que je sois méchant, *quamvis improbos salutaverim, non continuò sum improbus.*

REMARQUE. *Continuò* et *ideo* sont des adverbes et signifient *comme conséquence, pour cela.* Les mots *ce n'est pas à dire....* *que* forment un tour français qui ne se traduit pas. Seulement, *non continuò, non ideo,* se placent en tête de la proposition.

VIII.

231. *Ce qui* ou *ce que*, suivis de *c'est* et d'un nom, ne s'expriment pas en latin.

EXEMPLE : Ce qui me chagrine le plus, c'est la mauvaise santé de mon père (*tournez*, la mauvaise santé de mon père me chagrine le plus), *valetudo patris me potissimùm sollicitat.*

232. *Ce qui*, *ce que*, s'expriment par *illud*, quand ils sont suivis de *c'est que*.

EXEMPLES : Ce que j'espère, c'est que je vivrai éternellement, *illud spero, me futurum immortalem:* — Après *espérer*, on retranche le *que*.

Ce que je crains, c'est que..., *illud vereor ne.* — Après *craindre*, le *que* s'exprime par *ne*.

Ce dont je doute, c'est que..., *illud dubito, an.* — Après *douter*, le *que* s'exprime par *an*.

Ce qui me console, c'est que..., *illud me consolatur, quòd....*

IX.

233. *C'est*, devant un infinitif suivi de *que de*, se tourne par *celui qui*.

EXEMPLE : C'est se tromper que de croire (*tournez*, celui qui croit se trompe), *errat, qui putat.*

CHAPITRE TROISIÈME.

DES PARTICIPES.

PARTICIPES *français qui manquent en latin.*

I.

234. Le verbe latin *Sum* n'a ni le participe du présent *étant*, ni le participe du passé *ayant été*. Pour y suppléer on se sert des conjonctions *lorsque, après que, puisque, comme : quum, postquam.*

EXEMPLES : Cicéron étant consul, la conjuration fut découverte (*tournez*, lorsque Cicéron était consul, la conjuration fut découverte), *quum Cicero esset consul, detecta fuit conjuratio* *.

Cicéron, ayant été consul, fut néanmoins envoyé en exil (*tournez*, après que Cicéron eut été consul...), *Cicero, quum fuisset* ou *postquam fuerat consul, in exsilium actus est.*

II.

235. Le participe passé actif, comme *ayant aimé*, manque en latin excepté dans les verbes déponents; on le tourne par *lorsque, comme, puisque.*

EXEMPLE : Un rat ayant rencontré un éléphant, *mus elephanto quum occurrisset.*

III.

236. Le participe passé du passif manque en latin, quand le verbe est neutre, et souvent quand il est déponent : alors on tourne par l'actif, et l'on se sert des conjonctions *quum, postquam.*

EXEMPLES : Étant favorisé de Dieu, il vint à bout de

---

* On peut aussi mettre les deux noms à l'ablatif, et dire : *Cicerone consule, detecta fuit conjuratio.* — On sous-entend *sub.*

son entreprise, *quum Deus ei favisset, consilium per-fecit suum.*

Ayant été poursuivi des voleurs, il s'échappa, *quum latrones eum persecuti essent, evasit.*

PARTICIPES *français qui s'expriment en latin par une préposition et un nom.*

Ayant autant de prudence; *tournez*, eu égard à votre prudence.

237. RÈGLE. *Ayant autant de...*, avec un nom, *étant aussi*, avec un adjectif, se tournent en latin par *eu égard à...*, *pro*, avec l'ablatif du nom.

EXEMPLE : Ayant autant de prudence que vous en avez, étant aussi prudent que vous l'êtes, *pro tuâ prudentiâ.*

On peut encore tourner, *quelle est votre prudence* et dire : *quæ tua est prudentia.*

REMARQUE. *Pro* signifie *en proportion de, pour.* Devant la phrase latine *quæ tua est prudentia,* on sous-entend *pro eâ prudentiâ* (mot à mot, eu égard à la prudence qui est la vôtre). — On peut aussi dire : *quâ prudentiâ es,* en sous-entendant *pro eâ.*

CHAPITRE QUATRIÈME.

DES ADVERBES.

I.

QUE *adverbe.*

que tardez-vous? *tournez*, pourquoi tardez-vous?

238. Le *que* interrogatif adverbe se tourne par *pourquoi*, et s'exprime par *quid* ou *cur*; mais, s'il est suivi d'une négation, on tourne par *pourquoi ne*, et on l'exprime par *quin* ou *cur non.*

EXEMPLES : Que tardez-vous? *quid* ou *cur moraris?*

Que n'accouréz-vous ici? *quin* ou *cur non huc advolas?*

239. Si le *que* interrogatif peut se tourner par *combien*, on l'exprime avec un verbe de prix par *quanti*. (Voir la règle des adverbes avec les verbes de prix ou d'estime, n° 250.)

EXEMPLE : Que vous a coûté cette maison? (*tournez*, combien vous a coûté....) *quanti tibi constitit hæc domus?*

II.

QUE *de désir.*

Que ne puis-je! Que je voudrais! *Utinam!*

240. Le *que* de désir se connaît, lorsqu'on peut le tourner par *plaise à Dieu que*..., et se rend en latin par *utinam*, avec le subjonctif, sans exprimer *ne*.

EXEMPLE : Que ne puis-je vous entretenir! *utinam tecum loqui possim!*

REMARQUE. Les locutions *plaise à Dieu! plât à Dieu! fasse le ciel! puissé-je! puisse-t-il!* se traduisent aussi par *utinam. Exemple :* Plaise à Dieu qu'il me soit permis, *utinam mihi liceat!*

III.

Ne.... que, signifiant seulement, *solummodo.*

241. 1° *Ne.... que,* signifiant *seulement,* se rend en latin par *solummodo,* et mieux *tantummodo,* ou par *solus, sola, solum,* que l'on fait accorder avec le nom qui suit.

EXEMPLE : La louange n'est due qu'à la vertu (*c'est-à-dire* est due seulement..., ou est due à la seule vertu), *laus virtuti tantummodo* ou *soli virtuti debetur.*

2° Si *ne.... que* signifie *rien autre chose que,* on exprime *rien autre chose* par *nihil aliud,* et *que* par *nisi* ou *quàm.*

EXEMPLE : Il n'a pris que sa robe (*c'est-à-dire* rien autre chose que....), *nihil aliud nisi togam sumpsit.*

IV.

QUE entre deux négations.

242. 1° Si *que*, entre deux négations, est relatif, c'est-à-dire s'il est précédé d'un nom auquel il se rapporte, on l'exprime par *qui*, *quæ*, *quod*, et on le met au cas du verbe.

EXEMPLE : Le sage n'assure rien qu'il ne prouve, *sapiens nihil affirmat quod non probet*.

2° Mais, s'il est adverbe, on l'exprime par *quin*, *nisi* ou *priusquam*, avec le subjonctif.

EXEMPLE : Je ne partirai pas d'ici que je ne vous aie vu, *non hinc proficiscar, quin*, ou *nisi*, ou *priusquam te viderim*.

V.

QUE d'admiration.

Que je vous aime, *quantùm te diligo*.

243. 1° Le *que* d'admiration se connaît quand il peut se tourner par *combien*; et il s'exprime de même que *combien* (voir les tableaux ci-après).

EXEMPLE : Que je vous aime! *quantùm te diligo!*

2° Lorsque le *que* d'admiration ou l'adverbe *combien* est joint au mot *grand*, on l'exprime par *quantus, quanta, quantum*.

EXEMPLE : Que ma joie serait grande! *quanta esset mea lætitia!*

3° Lorsqu'il est joint au mot *petit*, on l'exprime par *quantulus, quantula, quantulum*.

EXEMPLE : Que cette classe est petite! *quantula est hæc schola!*

4° Après un *que* d'admiration, la négation française ne s'exprime pas en latin.

EXEMPLE : Que de malheurs n'a-t-il pas essuyés! *quot et quantas calamitates hausit!*

ADVERBES DE QUANTITÉ.

244. Les adverbes de quantité s'expriment de différentes manières en latin, selon les différents mots auxquels ils sont joints.

I.

245. Devant un nom de choses qui ne se comptent pas :

1° Que *ou* combien,	*Quantùm,*	
Peu,	*Parum,*	
Beaucoup,	*Multùm,*	avec le génitif.
Moins,	*Minùs,*	
Plus,	*Plus,*	
Autant, tant,	*Tantùm,*	
Assez,	*Satìs,*	
Trop,	*Nimis, nimiùm,*	

EXEMPLES :

Que *ou* combien d'eau,	*Quantùm aquæ.*
Peu d'eau,	*Parum aquæ.*
Beaucoup d'eau,	*Multùm aquæ.*
Moins d'eau,	*Minùs aquæ.*
Plus d'eau,	*Plus aquæ.*
Tant, autant d'eau,	*Tantùm aquæ.*
Assez d'eau,	*Satìs aquæ.*
Trop d'eau,	*Nimis, nimiùm aquæ.*

2° *Un peu, quelque peu*, devant un nom, s'expriment par *tantillùm, aliquantulùm*, avec le génitif.

EXEMPLE : Un peu d'eau, *tantillùm aquæ.*

3° *Un peu*, devant un adjectif, ou un adverbe, ou un verbe, s'exprime par *leviter*, légèrement.

EXEMPLES : Un peu blessé, *leviter vulneratus.* — Il se fâche un peu, *leviter irascitur.*

4° Quand la chose qui ne se compte pas peut se dire grande,

Que *ou* combien,	*Quantus, a, um.*
Peu,	*Parvus, a, um.*
Beaucoup,	*Magnus, a, um.*
Moins,	*Minor, us.*
Plus,	*Major, us.*

Autant, tant,	*Tantus, a, um.*
Assez,	*Satìs magnus, a, um.*
Trop, *Nimius, a, um,* ou	*Nimis magnus, a, um.*

On fait accorder ces adjectifs avec le nom.

EXEMPLES :

Que *ou* combien de science,	*Quanta doctrina.*
Peu de science,	*Parva doctrina.*
Beaucoup de science,	*Magna doctrina.*
Moins de science,	*Minor doctrina.*
Plus de science,	*Major doctrina.*
Autant, tant de science,	*Tanta doctrina.*
Assez de science,	*Satìs magna doctrina.*
Trop de science, *Nimia* ou	*Nimis magna doctrina.*

II.

246. Devant un nom pluriel de choses qui se comptent :

1° Que *ou* combien,	*Quot* ou *quàm multi, æ, a.*
Peu,	*Pauci, cæ, ca.*
Beaucoup,	*Multi, æ, a.*
Moins,	*Pauciores, ra.*
Plus,	*Plures, ra.*
Autant, tant,	*Tot* ou *tam multi, æ, a.*
Assez,	*Satìs multi, æ, a.*
Trop,	*Nimis multi, æ, a.*

On fait accorder ces adjectifs avec le nom pluriel qui suit.

EXEMPLES :

Que *ou* combien de livres,	*Quot* óu *quàm multi libri.*
Peu de livres,	*Pauci libri.*
Beaucoup de livres,	*Multi libri.*
Moins de livres,	*Pauciores libri.*
Plus de livres,	*Plures libri.*
Autant, tant de livres,	*Tot libri.*

Assez de livres,   *Satìs multi libri.*
Trop de livres,   *Nimis multi libri.*

2° Quand l'adverbe *combien* signifie *combien de personnes*, on l'exprime toujours par *quàm multi* : Vous voyez combien nous sommes ici, *vides quàm multi hic adsimus;* et non pas *quot adsimus.—Quot* et *tot* ne s'emploient que devant un nom exprimé.

3° *Combien*, signifiant *combien peu*, s'exprime par *quotusquisque, quotaquæque* : Combien y en a-t-il qui soient éloquents? *quotusquisque est disertus?*

III.

247. Devant un adjectif ou un adverbe :

1° Que *ou* combien, *Quàm* ou *ut.*
Peu,   *Parum.*
Beaucoup, bien, fort, *Multùm, valde,* ou un superlatif.
Moins,   *Minùs.*
Plus,   *Magìs* ou un comparatif.
Tant, aussi, si,   *Tam.*
Assez, } *   *Satìs.*
Trop,   }   *Nimis.*

EXEMPLES : Que *ou* combien il est modeste! *Quàm* ou *ut modestus est!*

Peu modeste,   *Parum modestus.*
Bien modeste,   *Multùm modestus* ou *modestissimus.*
Moins modeste,   *Minùs modestus.*
Plus modeste,   *Magìs modestus* ou *modestior.*
Aussi, si modeste,   *Tam modestus.*
Assez modeste,   *Satìs modestus.*
Trop modeste,   *Nimis modestus* ou *modestior.*

2° *Si grand, aussi grand,* s'expriment par *tantus, a, um;* — *si petit, aussi petit,* par *tantulus, a, um.*

REMARQUE. Le comparatif d'un adjectif, comme *modestior,* peut

---

* Voyez *assez, trop,* suivis de *pour,* ci-après, page 213.

exprimer l'idée de *trop*, parce qu'on sous-entend l'ablatif neutre
æquo ; mot à mot plus modeste *qu'il n'est juste.*

IV.

**248. Devant un comparatif ou un verbe d'excellence,
còmme *excello, præsto, supero, malo* :**

Que *ou* combien,	*Quantò.*
Un peu,	*Paulò.*
Bien, beaucoup,	*Multò* ou *longè.*
Autant, tant,	*Tantò.*

EXEMPLES : Qu'il est, *ou* combien est-il plus savant!
Quantò doctior est! — un peu plus savant, *paulò doctior ;* — bien *ou* beaucoup plus savant, *multò doctior.*

Vous l'emportez autant sur les autres, *tantò præ-
stas aliis.*

Combien, un peu, beaucoup, autant, devant les adverbes *ante* et *post,* s'expriment de même : combien
auparavant, *quantò ante ;* — un peu auparavant, *paulò
ante ;* — beaucoup auparavant, *multò ante.*

REMARQUE. Ces adverbes en *o* sont de véritables ablatifs d'adjectifs neutres employés substantivement. Ils suivent la règle du
nom de mesure devant un comparatif (voir n° 119) : plus grand
d'un doigt, *uno digito major ;* — plus grand de beaucoup, *multo
major.*

V.

249. Devant un verbe ordinaire :

1° Que ou combien,	*Quàm, quantùm, ut.*
Peu,	*Parum.*
Beaucoup,	*Multùm, valdè, plurimùm.*
Moins,	*Minùs.*
Plus,	*Magis, plus, ampliùs.*
Autant, aussi, si,	*Tantùm, tam.*
Assez,	*Satìs.*
Trop,	*Nimìs, nimiòplus, plusæquo.*

Exemples : Que *ou* combien il est aimé! *Quàm, quantùm amatur !*

Il est peu aimé,	*Parum amatur.*
Il est beaucoup aimé,	*Multùm, valdè amatur.*
Il est moins aimé,	*Minùs amatur.*
Il est plus aimé,	*Plus, magìs amatur.*
Il est aussi, autant aimé,	*Tantùm, tam amatur.*
Il est assez aimé,	*Satìs amatur.*
Il est trop aimé,	*Nimis, nimiò plus amatur.*

2° *Plus, moins, trop,* avec *refert, interest,* s'expriment par *magìs, minùs* : Il vous importe plus, *tuâ magìs interest;* — il m'importe moins, *meâ minùs interest.*

VI.

250. Devant un verbe de prix ou d'estime :

On exprime	Par
1° Que *ou* combien,	*Quanti.*
Peu,	*Parvi.*
Beaucoup,	*Magni.*
Moins,	*Minoris.*
Plus,	*Pluris.*
Tant, autant, aussi, si,	*Tanti.*
Assez,	*Satìs magni.*
Trop,	*Nimiò pluris.*

Exemples : Que *ou* combien il est estimé! *Quanti æstimatur !*

Il est peu estimé,	*Parvi æstimatur.*
Il est fort estimé,	*Magni æstimatur.*
Il est moins estimé,	*Minoris æstimatur.*
Il est plus estimé,	*Pluris æstimatur.*
Il est tant, autant, aussi, si estimé,	*Tanti æstimatur.*
Il est assez estimé,	*Satìs magni æstimatur.*
Il est trop estimé,	*Nimiò pluris æstimatur.*

2° *Combien, peu, beaucoup, autant, assez,* devant les verbes *refert, interest,* s'expriment par *quanti, parvi, magni, tanti, satis magni.*

EXEMPLE : Il m'importe beaucoup, *med magni refert.*

3° *Plus* devant *odisse* et *fugere* se rend par *pejùs.*

EXEMPLE : Je le haïssais plus, *eum pejùs oderam.*

REMARQUE. 1° Les adverbes en *i,* comme *quanti, parvi,* sont de véritables génitifs avec lesquels on peut sous-entendre *pretii.* C'est la règle du génitif exprimant une *qualité* (voir n° 3).

2° Avec *refert* et *interest,* on peut aussi employer les adverbes ordinaires de mesure *multùm, plurimùm* ou *magnopere,* beaucoup; *parum,* peu; *nimis,* trop; *satis,* assez; *nihil,* pas du tout; *tantùm,* autant; *quantùm,* que, combien. EXEMPLE : Il importe beaucoup, *multùm, magnopere* ou *plurimùm refert.*

CAS PARTICULIERS.

I. Que *après* plus, moins.... *Quàm.*

251. RÈGLE. De quelque manière qu'on exprime *plus, moins,* le *que* suivant se rend toujours par *quàm.*

Exemples :

Plus Moins	de courage que de prudence,
Plus *Minùs*	*fortitudinis quàm prudentiæ.*
Plus Moins	de villes que de bourgs,
Plures *Pauciores*	*urbes quàm vici.*
Il est {plus {moins}	estimé que son frère,
Pluris *Minoris*	*æstimatur quàm frater.*

II. Que *après* autant, aussi.

252. 1° Si *que* est devant un nom de choses qui ne se comptent pas, on l'exprime par *quantùm* avec le génitif.

EXEMPLE : Autant de modestie que de science, *tantùm modestiæ, quantùm doctrinæ.*— On dit aussi : *tanta modestia, quanta doctrina.*

2° Devant un nom de choses qui se comptent, on l'exprime par *quot.*

EXEMPLE : Autant de fruits que de fleurs, *tot fructus, quot flores.*

3° Devant un adjectif ou un adverbe, par *quàm.*

EXEMPLE : Il est aussi prudent que brave, *tam prudens est, quàm fortis.*

4° Devant un verbe ordinaire, par *quantùm.*

EXEMPLE : Je vous aime autant que vous m'aimez, *tantùm te amo, quantùm me amas.*

5° Devant un verbe de prix ou d'estime, par *quanti.*

EXEMPLE : Je vous estime autant que vous m'estimez, *tanti te facio, quanti me facis.*

6° Áprès *autant, aussi, que* suivi de *peu* s'exprime par *quàm,* et alors *autant* s'exprime par *tam magni.*

EXEMPLE : Il vous importe autant qu'il m'importe peu, *tuâ tam magni refert, quàm parvi meâ.*

REMARQUE. Avec un verbe ordinaire, *autant et que.... peu* se traduiraient par *tam multùm et quàm parum :* Je vous aime autant que je vous imite peu, *te tam multùm amo, quàm parum imitor.*

III. Autant que.... *Quantùm.*

253. *Autant que,* au commencement d'une phrase, s'exprime par *quantùm.*

EXEMPLE : Autant que je puis prévoir, *quantùm prospicere possum.*

IV. Autant, aussi, à la fin d'une phrase.

254. *Autant, aussi,* à la fin d'une phrase, s'expriment par les adverbes suivants :

S'ils se rapportent à un nom de choses qui ne se comptent pas, *Tantumdem ;*
à un nom de choses qui se comptent, *Totidem ;*
à un adjectif, *Item.*

à un verbe ordinaire,   *Tantùmdem;*

à un verbe de prix,   *Tantidem.*

EXEMPLES : Vous avez beaucoup de loisir, je n'en ai pas autant, *habes multùm otii, non habeo tantùmdem.*

J'ai beaucoup de livres, vous n'en avez pas autant, *sunt mihi libri bene multi, non sunt tibi totidem.*

V. Aussi, autant, plus qu'homme du monde....

255. 1° Après *aussi, autant, plus,* on exprime de cette manière :

Qu'homme du monde,	
Que qui que ce soit,	*Quàm qui maximè.*
Que chose du monde,	
Que quoi que ce soit,	*Quàm quod maximè.*
Que jamais,	*Quàm quum maximè.*
Qu'en aucun lieu du monde,	*Quàm ubi maximè.*

EXEMPLES : Il est aussi prudent qu'homme du monde (*tournez,* que celui qui l'est le plus), *tam prudens est, quàm qui maximè.*

Cela m'est aussi agréable que quoi que ce soit (*tournez,* que ce qui me l'est le plus), *id mihi tam gratum est, quàm quod maximè.*

Il est aussi paresseux que jamais (*tournez,* que lorsqu'il l'est le plus) , *tam piger est quàm quum maximè.*

La vieillesse était aussi honorée à Lacédémone qu'en aucun lieu du monde, *senectus tantùm honorabatur Lacedæmone, quantùm ubi maximè.*

2° Avec un verbe de prix ou d'estime, mettez *quanti* au lieu de *quàm,* et *plurimi* au lieu de *maximè.*

EXEMPLE : Il est autant estimé qu'homme du monde ou que qui que ce soit, *tanti fit, quanti qui plurimi.*

VI. Autant *répété,* quantùm, tantùm, etc.

256. Quand *autant* est répété, le premier tient lieu de *que,* et s'exprime de même par *quantùm, quot, quanti,* etc.; le second par *tantùm, tot, tanti,* selon les mots auxquels ils sont joints.

EXEMPLES : Autant ce jeune homme avait de science, autant il avait de modestie; *quantùm doctrinæ in eo adolescente, tantùm modestiæ inerat.* — C'est comme s'il y avait, *ce jeune homme avait autant de modestie que de science;* mais la phrase est renversée.

Autant d'hommes, autant de sentiments, *quot homines, tot sententiæ.*

Autant la politesse plaît, autant la grossièreté déplaît, *quàm delectat urbanitas, tam offendit rusticitas.*

VII. D'autant devant *plus que, moins que...*, eò.... quò ou quòd.

257. RÈGLE. 1° *D'autant* devant *plus, moins,* s'exprime par *eò* ou *tantò.* 2° *Plus, moins,* s'expriment encore selon les mots auxquels ils se rapportent. 3° *Que* s'exprime par *quò* ou *quantò*, s'il est suivi d'un comparatif auquel il se rapporte.

EXEMPLES : Il est d'autant plus modeste qu'il est plus savant (*tournez*, il est plus modeste par cela qu'il est plus savant), *eò modestior est, quò doctior.*

Il est d'autant moins estimé qu'il est plus orgueilleux, *eò minoris fit, quò superbior est.*

Cette règle s'applique même quand d'*autant plus* est suivi de deux *que.*

EXEMPLE : Je vous suis d'autant plus redevable que les effets de votre obligeance pour moi sont bien plus grands que ceux de mon dévouement pour vous, *Tibi eò plus debeo, quò tua in me humanitas fuerit excelsior quàm in te mea.* CIC.

258. *Que,* après *d'autant plus,* s'exprime par *quòd,* s'il n'est pas suivi d'un comparatif.

EXEMPLE : Cela a paru d'autant plus surprenant qu'on ne s'y attendait pas, *id eò mirabilius visum est, quòd a nemine exspectabatur.*

A proportion que se tourne par *d'autant plus*, et s'exprime de même.

EXEMPLE : Il est plus modeste à proportion qu'il est plus savant, *eò modestior est, quò doctior* (*c'est-à-dire*, il est d'autant plus modeste qu'il est plus savant).

VIII. Plus ou moins répétés.... quò, eò.

259. *Plus*, *moins*, répétés, sont la même chose que *d'autant plus*, *d'autant moins*; mais la phrase est renversée : ainsi l'on met *quò* devant le premier *plus* ou *moins*, *eò* devant le second, en exprimant toujours *plus* ou *moins* selon les mots auxquels ils se rapportent.

EXEMPLE : Plus il est savant, plus il est modeste, *quò doctior, eò modestior est.*

IX. Plus on, plus une personne.... quò quis, ut quisque.

260. 1° *Plus on*, *plus une personne*, se tournent par *plus quelqu'un*, quò quis, avec un comparatif; *plus une chose* se tourne par *plus quelque chose*, quò quid, (*pour* quò aliquis, aliquid; *après* quò *on retranche* ali).

EXEMPLES : Plus on est vicieux, plus on est malheureux (*tournez*, plus quelqu'un est vicieux....), *quò quis vitiosior, eò miserior est.*

Tout le monde convient que, plus une chose est difficile, plus il faut y apporter de soin, *fatentur omnes, quò quid difficilius sit, eò majorem ad id adhibendam esse curam.* — Lorsqu'il y a un *que retranché* devant le premier *plus* ou *moins*, ce *que* retombe sur le second *plus* ou *moins*.

2° Le premier *plus on* peut encore s'exprimer par *ut quisque* avec un superlatif, et le second par *ita* avec un superlatif encore.

EXEMPLE : Plus on est vicieux, plus on est malheureux, *ut quisque vitiosissimus, ita miserrimus est.*

REMARQUE. *Ut* et *ita* établissent une comparaison ou proportion : selon que quelqu'un est très-vicieux, ainsi il est très-malheureux.

X. Le plus, le moins, *maximè, minimè…. maximi, minimi…. quàm plurimùm, quàm minimùm,* etc.

261. I. Devant un adjectif :

1° *Le plus* s'exprime par un superlatif ou par *maxime* avec le positif (voir n° 30).

EXEMPLE : Le plus savant de tous, *omnium doctissimus,* ou *maximè doctus.*

2° *Le moins* s'exprime par *minimè* avec le positif.

EXEMPLE : Le moins savant de tous, *omnium minimè doctus.*

3° Servez-vous aussi de *maximè, minimè* avec un verbe ordinaire.

EXEMPLE : C'est lui que j'aime le plus, *illum maximè diligo.*

262. II. Devant un verbe de prix, d'estime,

1° *Le plus* s'exprime par *maximi, plurimi* (v. n° 250).

EXEMPLE : L'enfant que j'estime le plus, *puer quem plurimi omnium facio.*

2° *Le moins* s'exprime par *minimi.*

EXEMPLE : L'enfant que j'estime le moins, *puer quem minimi omnium facio.*

263. III. Devant un adjectif ou un adverbe suivis d'un *que* adverbe,

1° *Le plus* s'exprime par le superlatif, devant lequel on met *quàm.*

EXEMPLE : Soyez le plus indulgent que vous pourrez, *esto quàm facillimus.*

2° *Le moins* s'exprime par *quàm minimè,* avec le positif.

EXEMPLE : Soyez le moins indulgent que vous pourrez, *esto quàm minimè facilis.*

REMARQUE. Dans cette construction latine, *quàm* est pour *quàm poteris* et est l'équivalent de *que vous pourrez.*

264. **IV.** Devant un nom singulier suivi d'un *que* adverbe,

1° *Le plus* s'exprime par *quàm plurimùm*, avec le génitif, ou par *quàm plurimus, a, um*, que l'on fait accorder avec le nom.

EXEMPLE : Il a employé le plus de diligence qu'il a pu, *adhibuit quam plurimùm potuit diligentiæ*, ou *quàm plurimam potuit diligentiam.*

2° *Le moins* s'exprime par *quàm minimùm*, avec le génitif, ou par *quàm minimus, a, um*, que l'on fait accorder avec le nom.

EXEMPLE : Il a employé le moins de diligence qu'il a pu, *adhibuit quàm minimùm potuit diligentiæ*, ou *quàm minimam potuit diligentiam.*

265. **V.** Devant un nom pluriel de choses qui se comptent, suivi d'un *que* adverbe,

1° *Le plus* s'exprime par *quàm plurimi, mæ, ma*, que l'on fait accorder avec le nom.

EXEMPLE : Il a lu le plus de livres qu'il a pu, *quàm plurimos potuit libros legit.*

2° *Le moins* s'exprime par *quàm paucissimi, mæ, ma*, que l'on fait accorder avec le nom.

EXEMPLE : Il a lu le moins de livres qu'il a pu, *quàm paucissimos potuit libros legit.*

266. **VI.** Devant un adjectif suivi d'un *qui* ou *que* relatif,

Le plus s'exprime par le superlatif; *qui* ou *que* par *qui, quæ, quod.*

EXEMPLE : Il est le plus savant que je connaisse, *c'est-à-dire* le plus savant de tous ceux que je connais, *est omnium, quos novi, doctissimus.*

Le moins, s'exprime par *minimè* avec le positif; *qui* ou *que*, par *qui*, *quæ*, *quod*.

EXEMPLE : Il est le moins savant que je connaisse, *c'est-à-dire* de tous ceux que je connais, *est omnium, quos novi, minimè doctus*.

REMARQUE. En français le *qui* ou *que* tombe sur le superlatif, et c'est pour cela qu'il est suivi du substantif. En latin, cette construction n'est pas usitée. En tournant la phrase on fait tomber le *qui*, *quæ*, *quod* sur le génitif pluriel et non sur le superlatif, et alors il n'y a pas de raison pour mettre le subjonctif, à moins qu'il ne soit motivé par une autre règle de construction. Si la proposition où se trouve *qui*, *quæ*, *quod*, était subordonnée à une proposition infinitive, on mettrait le subjonctif. *Exemple* : Je sais que vous êtes l'homme le plus savant que je connaisse, *scio te esse omnium, quos noverim, doctissimum*.

XI. Tant.... que.... *tantùm quantùm.... tot, tanti.... ut quum.*

267. 1° Si *tant que* est précédé d'une négation, on le tourne ordinairement par *autant que*, et on l'exprime de même.

EXEMPLES : Il n'a pas tant de science que de présomption, *c'est-à-dire* autant de science que de présomption; *non in eo inest tantùm doctrinæ, quantùm arrogantiæ* (voir n° 252).

Il n'y a pas tant de fruits que de fleurs, *non sunt tot fructus, quot flores*.

2° *Tant*, devant un comparatif, se rend par *tantò*.

EXEMPLES : tant pis, *tantò pejùs*; — tant mieux, *tantò meliùs* (voir n° 248).

268. Si *tant* ne peut pas se tourner par *autant*, c'est-à-dire s'il n'y a pas de comparaison, le *que* suivant s'exprime toujours par *ut* avec le subjonctif.

EXEMPLES : Il a reçu tant de coups qu'il en est mort, *tot plagas accepit, ut mortuus sit*.

J'estime tant la vertu, que je la préfère à tous les trésors, *tanti facio virtutem, ut eam thesauris omnibus anteponam*.

269. *Tant que*, signifiant *tandis que*, *dans le temps que*, s'exprime par *dum*, *donec*, *quandiu*.

EXEMPLES : Tant que vous serez heureux, vous compterez beaucoup d'amis, *donec eris felix, multos numerabis amicos*.

Tant qu'il a vécu, *quandiu vixit*.

270. *Tant.... que*, signifiant *non-seulement, mais encore*, s'exprime par *tum* répété, ou par *quum.... tum*.

EXEMPLE : Les philosophes, tant anciens que modernes, *philosophi, tum veteres, tum recentiores*, ou *quum veteres, tum recentiores*.

271. *Non pas tant pour.... que pour....* s'exprime par *non tam ut.... quàm ut....* avec le subjonctif.

EXEMPLE : Je vous écris, non pas tant pour vous louer que pour vous féliciter, *ad te scribo, non tam ut te laudem, quàm ut tibi gratuler*.

272. *Tant..., tant il est vrai que*, se rend en latin par *adeò* devant un adjectif ou un verbe ordinaire, par *tanti* devant un verbe de prix, par *tantò* devant un comparatif.

EXEMPLES : Tant est rare une amitié fidèle, *adeò rara est fidelis amicitia*.

Tant la sagesse l'emporte sur les richesses, *tantò præstat divitiis sapientia*.

REMARQUE. La locution française *tant il est vrai que....* ne sert comme *adeò* qu'à résumer ce qu'on vient de dire; il est donc inutile de la traduire littéralement en latin. *Exemple :* Tant il est vrai de dire que presque tout le sénat était pour Annibal, *adeò propè omnis senatus Annibalis erat.*

XII. Si.... que, tam, adeò, tanti..., ut; — si grand.... que, tantus, a, um..., quantus, etc.

273. Quand *si.... que....* peut se tourner par *aussi.... que*, on l'exprime de même (voyez *que* après *aussi*, n° 252).

Quand *si* ne peut pas se tourner par *aussi*, on l'exprime par *tam*, *adeò*, *ita*, devant un adjectif, un adverbe et un verbe ordinaire; par *tanti* devant un verbe de prix ou d'estime; et le *que* s'exprime toujours par *ut* avec le subjonctif.

Exemples : Dieu est si bon qu'il aime les hommes, *Deus est tam bonus*, *ut amet homines.*

Il fut si frappé de cette nouvelle qu'il mourut, *eo nuntio ita perculsus est*, *ut mortuus sit.*

Il est si estimé que..., *tanti fit, ut....*

274. 1° *Si grand* s'exprime par *tantus, ta, tum*; — *si petit*, par *tantulus*, *la*, *lum*; et quand *si* ne peut pas se tourner par *aussi*, le *que* suivant se rend par *ut* avec le subjonctif.

Exemples : La bonté de Dieu est si grande qu'il nous aime, *tanta est Dei bonitas*, *ut nos amet.*

Cette étoile est si petite qu'on ne peut la voir, *stella hæc tantula est*, *ut perspici non queat.*

2° Mais quand *si grand* peut se tourner par *aussi grand*, on exprime *que* par *quantus, ta, tum*; et quand *si petit* peut se tourner par *aussi petit*, on exprime *que* par *quantulus*, *la*, *lum.*

Exemples : La terre n'est pas si grande que le soleil (*tournez*, n'est pas aussi grande....), *non tanta est terra, quantus sol.*

Cette classe n'est pas si petite que la nôtre, *c'est-à-dire* aussi petite..., *hæc schola non tantula est*, *quantula est nostra.*

XIII. Assez.... pour, pour que *en latin*, Tant ou si.... que, *tantùm, tam.... ut.*

275. Règle. Quand *assez* est suivi de *pour*, on tourne *assez* par *tant* ou *si*, qu'on exprime selon les mots auxquels il se rapporte; *pour* se tourne par *que*, et s'exprime par *ut* avec le subjonctif.

EXEMPLES : Avez-vous assez de loisir pour lire même des fables? (*tournez*, avez-vous tant de loisir que vous lisiez....) *estne tibi tantùm otii, ut etiam fabulas legas?*

Je ne suis pas assez insolent pour me croire roi (*tournez*, si insolent que je me croie....), *non sum tam insolens, ut regem esse me putem.*

Il n'est pas assez estimé pour que je me fie à lui (*tournez*, si estimé, que je me fie....), *non tanti fit, ut ei confidam.*

Au lieu de *ut*, on peut se servir de *qui, quæ, quod*, comme après mériter : *non sum tam insolens, qui regem esse me putem* (voir n° 170).

<h3>XIV. Assez peu.... pour, *en latin* si peu.... que, tam parùm.... ut.</h3>

276. *Assez peu* suivi de *pour*, se tourne par *si peu.... que* et s'exprime, *assez* par *tam*, *peu* selon le mot auquel il se rapporte, et *pour* par *ut* avec le subjonctif.

EXEMPLE : J'ai assez peu d'ambition pour mépriser les honneurs (*tournez*, j'ai si peu d'ambition que je méprise....), *inest in me tam parum ambitionis, ut honores despiciam.*

<h3>XV. Trop.... pour.... *en latin*, plus que (il ne faut) pour.... plus quàm.... ut.</h3>

277. RÈGLE. Quand *trop* est suivi de *pour*, on tourne *trop* par *plus*, qu'on exprime suivant les mots auxquels il se rapporte; et *pour* s'exprime par *quàm ut* avec le subjonctif.

EXEMPLES : Il a avalé trop de poison pour recouvrer la santé (*tournez*, plus de poison que pour qu'il recouvre la santé), *plus veneni hausit, quàm ut sanitati restituatur.*—On peut dire aussi *quàm qui sanitati restituatur.*

Il a commis trop de crimes pour que les juges aient pitié de lui, *plura admisit scelera, quàm ut illius judices misereát*. — On peut dire aussi, *quàm cujus judices misereat.*

Je suis trop élevé pour que la fortune puisse me nuire, *major sum, quàm ut fortuna mihi nocere possit* (ou *quàm cui....*).

Je vous estime trop pour vous blâmer, *pluris te facio quàm ut te vituperem.*

XVI. Ne pas assez pour,.... Trop peu pour.... *en latin moins que* (il ne faut) *pour*.... minùs quàm ut.

278. RÈGLE. *Trop peu* se tourne par *moins*, et s'exprime de même ; et *pour* par *quàm ut* avec le subjonctif.

EXEMPLES : Il a trop peu d'esprit pour conduire cette affaire (*tournez*, il a moins d'esprit que pour....), *minùs habet ingenii, quàm ut rem gerat.*

Il avait trop peu de soldats pour vaincre, *pauciores habebat milites, quàm ut vinceret.*

Il était trop peu estimé pour...., *minoris æstimabatur, quàm ut....*

ADVERBES DE TEMPS.

I. A peine.... que.... vix.... quum.... Aussitôt que.... Simul ut....

279. 1° *A peine* s'exprime par *vix*, et le *que* suivant par *quum* avec l'indicatif.

EXEMPLE : A peine fut-il arrivé, qu'il tomba malade, *vix advenit, quum in morbum incidit.*

2° *Aussitôt que* s'exprime par *simul ut*, ou *ut primùm* ; — *ne pas plutôt.... que* est la même chose.

EXEMPLE : Aussitôt qu'il fut arrivé, il tomba malade, *ou*, il ne fut pas plutôt arrivé qu'il tomba malade, *simul ut advenit, in morbum incidit.*

REMARQUE. Après *simul*, au lieu de *ut* on peut mettre *ac, atque* ou *at* : *simul ac advenit, in morbum incidit.*

II. Plus tôt.... *maturiùs, citiùs.*

280. *Plus tôt*, signifiant *de meilleure heure*, s'exprime par *maturiùs*; s'il signifie *plus vite*, par *citiùs, celeriùs.*

EXEMPLES : Il s'est levé plus tôt qu'à l'ordinaire, *maturiùs solito surrexit.*

Il est arrivé plus tôt qu'on ne pensait, *citiùs venit quàm putabant.*

Observation.

281. Quand *plutôt* marque la préférence d'une chose sur une autre, on l'exprime par *potiùs*, et *que de* par *quàm* avec le subjonctif.

EXEMPLE : Combattez plutôt que de devenir esclave, *depugna potiùs quàm servias.*

REMARQUE. Quand *plutôt que* est entre deux infinitifs, on met aussi en latin l'infinitif après *potiùs quàm* : il convient de combattre plutôt que d'être esclave, *decet pugnare potiùs quàm servire.* De même avec le gérondif : *pugnandum est potiùs quàm serviendum.*

III. *Que*, après les adverbes et les noms de temps.... *quum, ex quo.*

282. Après les adverbes et les noms de temps, on exprime *que* par *quum* ou par *ex quo*, quand il peut se tourner par *depuis que.*

EXEMPLES : Présentement que..., *nunc quum.*—Hier que..., *herì quum.*

La dernière fois que je vous vis, *proximè quum te vidi.*

Un jour que j'étais avec vous, *quâdam die quum tecum essem.*

Il y a longtemps que je vous attends, *diu est quum te exspecto.*—*Il y a, il y avait*, se tourne par le verbe *être.*

Du temps que Rome florissait, *tum quum Roma flo-reret.*

Un jour viendra que..., *veniet* ou *erit tempus quum.*

Il y a des temps que..., *incidunt sæpe tempora quum....*

Il y a deux ans qu'il est mort, *duo anni effluxere ex quo mortuus est* (sous-entendu *tempore*), et non pas *ex quibus.*

REMARQUE. Le plus souvent la locution française *il y a* avec un nom de temps se traduit par l'adverbe *abhinc,* d'ici, qui ne se dit que du passé, et se place toujours en tête de la phrase. Il y a trois cents ans qu'il vivait, *abhinc annos trecentos,* ou *abhinc trecentis annis vixit.*

CHAPITRE CINQUIÈME.

PRÉPOSITIONS FRANÇAISES.

I. *Préposition* DE.

I. *De* au commencement d'une phrase.

283. *De,* au commencement d'une phrase, s'exprime par *e* ou *ex,* avec l'ablatif.

EXEMPLE : De tous les vices, il n'en est pas de plus grand que l'orgueil, *ex omnibus vitiis nullum est majus superbiâ.*

REMARQUE. Dans le même sens on peut se servir de *inter* avec l'accusatif, ou même du génitif sans préposition. Exemple : *Inter omnia vitia,* ou *omnium vitiorum nullum est majus superbiâ.*

II. Le temps *de* prier, tempus *orandi.*

284. 1° *De,* entre un nom et le présent de l'infinitif actif, veut le gérondif en *di.*

EXEMPLE : Le temps de prier, *tempus orandi.*

2° *De,* entre un nom et l'infinitif passif, ou tout autre verbe qui n'a point de gérondif, s'exprime par différentes conjonctions, selon le verbe d'où le nom est dérivé.

10

Exemples : Il tremblait de crainte d'être surpris, *contremiscebat timore ne deprehenderetur*. — Après *craindre*, *de* s'exprime par *ne*.

Il a une grande joie d'être le premier, *summá perfunditur lætitiâ quòd primas teneat*.—Après *se réjouir*, *de* s'exprime par *quòd*.

Remarque. Quand le verbe qu'on devrait mettre au gérondif est au parfait de l'infinitif, on tourne la phrase par le participe passé passif. Exemple : Le soupçon d'avoir tué Cicéron, *suspicio oppressi Ciceronis* (mot à mot, le soupçon de Cicéron tué).

III. *De* suivi d'un infinitif.

285. Quand *de*, suivi d'un infinitif, peut se tourner par *si*, on l'exprime en latin par *si*.

Exemple : Vous me ferez plaisir de lui écrire (*tournez*, si vous lui écrivez), *pergratum mihi feceris, si ad eum scripseris*.

286. Quand *de*, suivi d'un infinitif, peut se tourner par *moi qui, vous qui....* on l'exprime par *qui, quæ, quod*, avec le subjonctif.

Exemple : Que vous êtes malheureux d'avoir couru de vous-même à la mort! *O te infelicem, qui ultro ad necem cucurreris !*

Remarque. *Qui* est alors pour *quòd* et un pronom. Dans l'exemple cité il est pour *quòd tu*. — Lorsque *qui* renferme la conjonction *quòd*, il est toujours suivi du subjonctif.

II. *Préposition* A.

I. *A* devant un infinitif se tourne par *qui, que, si, pour*.

287. Quand la préposition *à*, précédée d'un nom, peut se tourner par *qui, que*, on l'exprime par *qui, quæ, quod*, avec le subjonctif.

Exemple : Je n'avais rien à vous écrire (*tournez*, que je vous écrivisse), *nihil habebam quod ad te scriberem*.

Remarque. *Qui* est alors pour *talis ut* (littéralement : *nihil*

tale ut id scriberem, rien de tel que je te l'écrivisse). *Ut*, con-
tenu dans *qui*, est cause du subjonctif.

288. Quand *à* peut se tourner par *si*, on l'exprime
en latin par *si*.

Exemple : A l'entendre parler, vous diriez.... (*tournez*, si vous l'entendiez parler....), *hunc si loquentem
audias, dicas....* — On met élégamment en latin le présent du subjonctif, au lieu de l'imparfait, pour rendre
notre conditionnel présent.

289. Quand *à* peut se tourner par *pour*, on l'exprime par *ut* avec le subjonctif ; et, s'il suit une négation, c'est par *ne*.

Exemples : A dire vrai (*tournez*, pour dire vrai), *ut
verum dicam.* — A ne pas mentir, *ne mentiar.*

**II. Être *homme à*.... *femme à*...; tournez, *être celui,
celle qui*....**

290. Règle. 1° *N'être pas homme à.... femme à.... capable de....* se tourne par *n'être pas celui, celle qui*, et
s'exprime par *non is.... qui, non ea.... quæ*, avec le
subjonctif ; et le second verbe est toujours à la même
personne que le premier.

Exemple : Je ne suis pas homme à reculer, *non is
sum, qui pedem referam.*

Votre mère n'est pas femme à élever mal ses enfants, *non ea est tua mater, quæ liberos suos malè in-
stituat.*

2° Si *être capable* ou *n'être pas capable* a pour nominatif un nom de chose inanimée, on l'exprime par
posse, possum.

Exemple : Tous les trésors du monde ne sont pas
capables de satisfaire son avarice, *thesauri quilibet
illius avaritiam satiare non possunt.*

Remarques. 1° *Non is sum qui* est pour *non talis sum ut ;* voilà
pourquoi on met le subjonctif. — Cette locution latine répond encore en français à celles-ci : *n'être pas d'humeur à...*, *n'être pas
fait pour...*, *n'être pas gens à....* Exemple: Ils ne sont pas gens à
dissimuler la vérité, *non ii sunt, qui verum dissimulent.*

2° On emploie aussi *is sum qui* sans négation. Exemple : Je suis homme à n'avoir jamais agi dans mon intérêt personnel plutôt que dans celui de mes concitoyens, *ego is sum, qui nihil unquam med potiùs, quàm meorum civium causd, fecerim.*

III. *Préposition* POUR.

Pour s'exprime de différentes manières, suivant ses différentes significations.

I. *Pour signifiant envers,... in, erga.*

291. Quand *pour* signifie *envers*, il s'exprime par *in* ou *erga*, avec l'accusatif.

EXEMPLE : Mon zèle pour vous, *meum in te* ou *erga te studium.*

II. *Pour se tournant par de.*

292. Quand *pour* peut se tourner par *de*, on le rend par le génitif.

EXEMPLE : L'amour pour la liberté nous est naturel (*tournez*, l'amour de la liberté....), *amor libertatis nobis est innatus.*

III. *Pour signifiant au lieu de.... pro, loco.*

293. Quand *pour* signifie *au lieu de*, il s'exprime par *pro* avec l'ablatif, ou par *loco* avec le génitif.

EXEMPLE : Pour une épée, il prit un bâton, *pro gladio* ou *loco gladii fustem sumpsit* (voir n° 310).

IV. *Pour signifiant à cause de.... ob, propter.*

294. Quand *pour* signifie *à cause de*, il s'exprime par *ob* ou *propter* avec l'accusatif.

EXEMPLE : Je l'aime pour sa modestie, *illum propter modestiam amo.*

V. *Pour signifiant pour l'amour de.... causd, gratid.*

295. Quand *pour* signifie *pour l'amour de*, il se rend par *causd* ou *gratid*, avec le génitif.

EXEMPLES : Je ferai volontiers cela pour lui, *id libenter illius causâ faciam; —* pour vous, *tuâ causâ.* — Au lieu des génitifs *meî*, *tuî*, on dit *meá*, *tuâ*, avec *causâ.*

VI. *Pour* marquant l'intention : *pour votre santé....* *in valetudinem.*

296. Quand *pour* marque l'intention, le motif, il se rend par *in* avec l'accusatif.

EXEMPLE : Employez tous vos soins pour votre santé, *omnem curam in valetudinem confer.*

REMARQUE. *In valetudinem* est réellement le complément indirect de *confer.*

VII. *Pour* signifiant *à l'avantage.*

297. *Pour* signifiant *à l'avantage,* au désavantage *de,* se rend en latin par le datif.

EXEMPLE : Je craignais pour votre vie, *vitæ tuæ metuebam.*

Demander grâce pour quelqu'un, *veniam alicui petere.*

VIII. *Pour* devant un infinitif : *pour répondre....* *ad respondendum.*

298. 1° *Pour,* devant un infinitif, s'exprime par *ad* avec le gérondif en *dum,* ou par *ut* avec le subjonctif, ou par *causâ, gratiâ,* avec le gérondif en *di.*

EXEMPLE : Il se leva pour répondre, *surrexit ad respondendum,* ou *ut responderet,* ou *respondendi causâ.*

2° On se sert aussi quelquefois du futur en *rus, ra, rum,* que l'on fait accorder avec le nominatif : *Surrexit responsurus.*

3° Si *pour* est suivi d'un comparatif, au lieu de *ut,* on se sert de *quò.*

EXEMPLE : Reposez-vous pour mieux travailler, *otiare, quò meliùs labores.*

REMARQUE. *Quò* est pour *ut eò,* afin que par là, et répond à *d'autant* devant un comparatif : reposez-vous, afin que vous travailliez *d'autant* mieux.

4° Quand *pour* est accompagné d'une négation, il se rend par *ne* avec le subjonctif.

EXEMPLE : Pour ne pas vous ennuyer, *ne vobis tædium afferam*.

299. Si *pour*, devant un infinitif, peut se tourner par *qui*, *que*, on l'exprime par *qui*, *quæ*, *quod*, avec le subjonctif.

EXEMPLE : Il m'envoya quelqu'un pour m'avertir (*tournez*, quelqu'un qui m'avertît), *misit hominem qui me moneret* (*qui* pour *ut ille*); ou, en sous-entendant *hominem* : *misit, qui me moneret*.

IX. *Pour* rendu par *quamvis*.

300. *Pour*, devant le parfait de l'infinitif, suivi de ces mots, *ce n'est pas à dire pour cela que*..., se tourne par *quoique*.

EXEMPLE : Pour avoir salué des méchants, ce n'est pas à dire pour cela que je sois méchant, *quamvis improbos salutaverim*, *non continuò sum improbus*.

REMARQUE. Dans cette construction, *pour* a aussi le sens de *si*, et il se traduit souvent par *si*. Exemple : Pour avoir été en société avec des méchants, est-ce à dire pour cela que je sois un méchant? *non continuò, si me in gregem improborum contuli, sum improbus*.

X. Pour peu que.... *si vel minimùm*.

301. *Pour peu que* se tourne par *si même très-peu*, et s'exprime par *si vel minimùm*.

EXEMPLE : Pour peu que vous vouliez réfléchir, vous comprendrez la chose, *si vel minimùm cogitare volueris, rem percipies*.

XI. Pour moi, pour vous.... *verò*.

302. *Pour*, dans ces façons de parler, *pour moi*, *pour vous*, *pour lui*, etc., se rend par *verò*, que l'on met après le pronom ou le nom.

EXEMPLES : Pour moi, je suis prêt, *ego verò sum paratus*.

Pour vous, il vous importe, *tuâ verò interest*.

303. *Pour*, signifiant *eu égard à...*, se rend en latin par *ut*, et quelquefois par *pro*, qui gouverne l'ablatif.

EXEMPLES : Il avait beaucoup de littérature pour un Romain (*c'est-à-dire* eu égard à un Romain), *in illo erant multæ, ut in homine romano, litteræ.*

Il était habile pour ce temps-là, *erat, ut illis temporibus, eruditus.*

Il est assez savant pour son âge, *pro ætate satis est eruditus.*

REMARQUES. 1° De ces différentes manières de traduire *pour*, il résulte que c'est moins ce mot lui-même que le sens indiqué par ce mot, qu'il faut s'attacher à rendre en latin. *Pour* se traduit par le datif quand il signifie *dans l'intérêt de, au profit, en vue de.* Exemple : J'ai demandé à César une charge de tribun pour Marcus, *Marco tribunatum a Cæsare petivi.* — Travaillez pour la vertu, non pour la gloire, *virtuti labora, non gloriæ.*

2° On a vu *pour* traduit par diverses prépositions; en voici encore quelques exemples : Cela est tout pour moi (*c'est-à-dire* en ma faveur), *hoc totum est a me.* — Combattre pour Annibal (*c'est-à-dire* avec Annibal), *stare cum Annibale.*

3° On peut aussi dans certains cas traduire *pour* par le génitif. Exemple : Le sénat tout entier était pour Annibal, *senatus totus Annibalis erat.*

IV. *Préposition* SANS.

I. *Sans* devant un infinitif français.

304. PREMIÈRE RÈGLE. Quand le verbe qui précède *sans* n'a ni négation ni interrogation, on tourne *sans* par *et ne pas*, et on l'exprime par *nec*.

EXEMPLE : Il est sorti sans fermer la porte (*tournez*, et il n'a pas fermé la porte), *exiit, nec fores clausit.*

305. DEUXIÈME RÈGLE. 1° Quand le premier verbe est accompagné d'une négation ou d'une interrogation on tourne *sans* par *que ne*, et on l'exprime par *quin* ou *nisi*.

EXEMPLE : Personne ne devient savant, qui peut devenir savant, sans lire beaucoup? (*tournez*, qu'il ne lise....) *nemo fit doctus, quis potest doctus fieri, quin multa legat?*

2° On tourne aussi quelquefois *sans* par *avant que, priusquam.*

EXEMPLE : Je ne partirai pas sans vous avoir dit adieu (avant que je vous aie dit adieu), *non proficiscar priusquam tibi vale dixerim.*

> REMARQUE. *Sans que* avec le subjonctif se traduit comme *sans* avec l'infinitif. Exemple : Il ne se passe presque pas de jour sans que Satrius vienne chez moi, *dies ferè nullus est, quin Satrius domum meam ventitet.*

II. Autres manières d'exprimer *sans* devant un verbe.

306. On exprime de plusieurs autres manières la préposition *sans* devant un verbe.

1° Par un nom dérivé d'un verbe : Sans pleurer, *sinè lacrimis.* — Sans craindre, *sinè metu.*

2° Par un adjectif : Passer la nuit sans dormir, *noctem insomnem ducere.*—Sans blesser sa conscience, *salvâ fide.* — Sans se plaindre, *æquo animo.*

3° Par un adverbe : Sans faire semblant de rien, *dissimulanter.* — Sans y penser, *temerè.*

4° Par un participe : Vous comprenez cela sans que je vous le dise, *id, etiam me tacente, intelligis.* — Sans rire, *remoto joco.* — Sans tarder, *nullâ interpositâ morâ.*

> REMARQUE. C'est aussi par quelque expression équivalente qu'on traduit les nombreuses locutions adverbiales formées de *sans.* Exemples : Sans s'appliquer, *negligens* ou *negligenter;* — sans être sur ses gardes, ou sans prendre de précautions, *incautus* ou *incautè.* — Sans le vouloir, *imprudens* ou *imprudenter;* — sans le savoir, *inscius;* — sans y être préparé, *imparatus,* etc.

V. *Préposition* APRÈS.

I. *Après* suivi d'un nom.... *post, secundùm, sub.*

307. 1° *Après* s'exprime par *post* avec l'accusatif.

EXEMPLE : Après le dîner, *post prandium.*

2° Quand *après* marque la seconde place, le second

rang, on l'exprime par *secundùm* avec l'accusatif, ou par *a* ou *ab* avec l'ablatif.

EXEMPLE : Après Cicéron, il est, sans contredit, le premier des orateurs ; *secundùm Ciceronem*, ou bien *a Cicerone est oratorum facilè princeps*.

3° *Après*, signifiant *immédiatement après*, se rend par *sub* avec l'accusatif.

EXEMPLE : Après cette lettre, on lut la vôtre, *sub eas litteras*, *recitatæ sunt tuæ*.

II. *Après* suivi d'un infinitif français.... *quum, postquam*.

308. RÈGLE. *Après*, suivi du parfait de l'infinitif actif, se tourne par *après que*, et s'exprime par *postquam* ou *quum*, et le verbe se met à différents temps de l'indicatif, de cette manière :

EXEMPLES : Après avoir lu, j'écris (*c'est-à-dire* après que j'ai lu), *postquam legi, scribo*.

Après avoir lu, j'écrivais (*c'est-à-dire* après que j'avais lu), *postquam legeram, scribebam*.

Après avoir lu, j'ai écrit (*c'est-à-dire* après que j'eus lu), *postquam legi, scripsi*.

Après avoir lu, j'écrirai (*c'est-à-dire* après que j'aurai lu), *postquam legero, scribam*.

VI. *Préposition* AVANT.

Avant suivi d'un infinitif français.... *antequam, priùsquam*.

309. RÈGLE. 1° *Avant*, suivi d'un infinitif, se tourne par *avant que, antequam, priùsquam*, avec le subjonctif, de cette manière :

EXEMPLES : Je lis, je lirai avant d'écrire (*tournez*, avant que j'écrive), *lego, legam, antequam scribam*.

Je lisais, j'ai lu, j'avais lu avant d'écrire (*tournez*, avant que j'écrivisse), *legebam, legi, legeram, antequam scriberem*.

2° *Avant*, suivi d'un parfait de l'infinitif, peut se

rendre par un participe passé passif, en y ajoutant une négation.

EXEMPLE : Il est parti avant d'avoir terminé l'affaire (*c'est-à-dire* l'affaire n'étant pas terminée), *infecto negotio, profectus est*. — *In*, ajouté à un adjectif, équivaut à *non*.

REMARQUE. Cette phrase est l'équivalent de celle-ci, qu'on traduirait de la même manière : *Il est parti sans avoir terminé l'affaire.* — *Infecto negotio* est un ablatif absolu. Mais on peut aussi, selon le sens, faire accorder le participe avec le sujet ou avec le régime. Exemples : Il est parti avant d'avoir déjeuné, *impransus profectus est.*—Il m'a quitté avant de m'avoir apaisé, *ou* sans m'avoir apaisé, *me implacatum reliquit.*

VII. *Préposition* AU LIEU DE.

I. *Au lieu de* suivi d'un nom.... *pro, loco*.

310. *Au lieu de* s'exprime par *pro* avec l'ablatif, ou par *loco* avec le génitif (voir n° 293).

EXEMPLE : Au lieu d'épée, il se servit d'un bâton, *pro gladio* ou *loco gladii fuste usus est.*

II. *Au lieu de* suivi d'un infinitif..... *quum*.

311. 1° On le tourne par *lorsque je devrais, tu devrais, il devrait...*, quand il y a obligation de faire la chose.

EXEMPLE : Au lieu de lire, il joue (*tournez* lorsqu'il devrait lire), *quum legere deberet, ludit.*

2° On le tourne par *lorsque je pourrais, tu pourrais, il pourrait...*, quand il n'y a qu'une simple permission de faire la chose.

EXEMPLE : Au lieu de jouer, il lit (*tournez*, lorsqu'il pourrait jouer), *quum posset ludere, legit.*

III. Au lieu de..:. *non autem*.

312. *Au lieu de* précédé d'un verbe à l'impératif, s'exprime par *non autem*; et le second verbe se met aussi à l'impératif en latin.

EXEMPLE : Lisez, au lieu de badiner (*tournez*, lisez et ne badinez pas), *lege, non autem nugare.*

IV. Au lieu que (au contraire).... *verò, autem.*

313. *Au lieu que* se tourne par *au contraire*, et s'exprime par *verò, autem,* que l'on met après un mot.

EXEMPLE : Il lit, au lieu que vous badinez (*tournez*, vous, au contraire, vous badinez), *legit ille, tu verò nugaris.*

V. Au lieu de, bien loin de.... *nedum*.

314. Quand *au lieu de*, suivi d'un infinitif, peut se tourner par *bien loin de*, on l'exprime ainsi qu'il suit.

RÈGLE. *Bien loin de*, suivi d'un infinitif, s'exprime par *nedum* avec le subjonctif, et le membre de la phrase où il se trouve devient le second.

EXEMPLE : Bien loin de m'aimer, il me regarde à peine (*tournez*, il me regarde à peine, bien loin qu'il m'aime), *vix me aspicit, nedum amet.*

CHAPITRE SIXIÈME.

CONJONCTIONS FRANÇAISES.

315. La principale conjonction française est *que;* nous en avons parlé dans différents articles.

REMARQUE. Il est bon de se rappeler en général que la conjonction *que* se traduit en latin :

1° Par l'infinitif et l'accusatif, c'est-à-dire par la *proposition infinitive* après les verbes *dire, croire, espérer,* etc. (voir n° 148).

2° Par *ut* ou avec négation par *ne*, après les verbes *désirer, conseiller,* etc. (voir n° 159).

3° Par *ne* ou avec négation par *ut*, après les verbes *craindre, appréhender,* etc. (voir n° 165).

4° Par *ne*, après *prendre garde* (voir n° 166).

5° Par *ne*, après *empêcher*, et par *quin* ou *quominus*, après *ne pas empêcher* (voir n° 171).

6° Par *dum* ou *donec*, après *attendre* (voir n° 174).

7° Par *cur*, après *être cause* (voir n° 176).

8° Par *an*, après *douter*, et par *quin*, après *ne pas douter* (voir n° 177).

I. Sɪ *conditionnel.*

I. *Si vous le faisiez.... id si faceres.*

316. 1° *Si*, au commencement d'une phrase, se traduit par *si*, et veut le subjonctif devant un imparfait ou un plus-que-parfait.

EXEMPLE : Si vous le faisiez, si vous l'aviez fait pour l'amour de moi, *id si faceres, si fecisses causâ meâ.*

2° Quelquefois, au lieu de répéter *si*, on met *que* en français.

EXEMPLE : Si vous aviez voulu et que vous eussiez pu, *si voluisses et potuisses* (voir n° 422).

3° Quand le second verbe est au futur, on met aussi le premier au futur en latin.

EXEMPLE : Si vous lisez ce livre, j'en serai charmé, *hunc librum si leges, lætabor.*

II. *Si.... ne.... nisi.*

317. Quand *si* est suivi de *ne* seulement, on le traduit par *nisi*.

EXEMPLE : Si vous ne prenez garde, *nisi caves.*

III. *Si.... ne pas.... ne point.... si non, si minùs.*

318. Quand *si* est suivi de *ne.... pas, ne.... point*, on le traduit par *si non*, *si minùs*; et les mots, *au moins*, *du moins*, *pour le moins*, s'expriment par *saltem, at certè, at minimùm.*

EXEMPLE : Si vous ne craignez pas les hommes, au moins craignez Dieu, *si non homines, at certè Deum time.*

REMARQUE. Il y a cette différence entre *nisi* et *si non*, que *nisi* s'emploie après une proposition négative et toutes les fois qu'on pourrait remplacer en français *si.... ne* ou *si.... ne.... pas* par *à moins que, si ce n'est que*; tandis que *si non* s'emploie dans tous les cas où le sens ne permettrait pas de mettre *à moins que.*

IV. *Si..., que si..., mais si..., si au contraire, etc.... Quòd si..., sin, sin autem..., sin aliter, sin minùs.*

319. 1° *Si*, signifiant *quand, parce que*, ne veut pas

le subjonctif. Dans ce sens, il est toujours suivi de deux présents, de deux imparfaits ou de deux parfaits.

EXEMPLES : Si je l'appelle, il s'en va, *hunc si arcesso, abit*; — si je l'appelais, il s'en allait (*tournez*, quand je l'appelais), *quem si arcessebam, abibat*.

2° *Que si* s'exprime par *quòd si*; — *mais si*, par *sin, sin autem*; — *si au contraire, si cela n'était pas*, par *sin aliter, sin minùs*.

3° *Si ce n'est que, à moins que*, s'expriment par *nisi, nisi fortè, nisi verò, nisi si*. — *Si ce n'est*, suivi d'un nom, par *nisi*, avec même cas que devant; ou par *præter* avec l'accusatif.

EXEMPLE : Il ne lui reste que sa gloire, *nihil ei, nisi gloria*, ou *præter gloriam, restat*.

II. Si *dubitatif*.

Si..., ou si, ou non.... an, utrùm..., an non, necne.

320. *Si*, après les verbes de doute, comme *douter si, examiner si, ne pas savoir si, délibérer si, demander si, juger, dire, s'informer si*, etc., s'exprime par *an* ou *utrùm*. — *Ou si* s'exprime par *an*. — *Ou non* s'exprime par *an non* ou *necne*.

EXEMPLES : Elle demanda si elle était plus grosse que le bœuf, *interrogavit an esset latior bove*.

Je ne sais s'il dort ou s'il écoute, *nescio utrùm dormiat an audiat*; — s'il dort ou non, *an dormiat, necne*.

REMARQUE. Au lieu de *an* on peut se servir des adverbes interrogatifs *num, numquid* et *ne*. Exemple : Je voudrais savoir si cela est nécessaire, *scire velim numquid illud necesse sit*. On ne se sert de *utrùm* que lorsque le *si* français est suivi de *ou si*, en latin *an*.

III. COMME, *de même que*.

I. Comme, de même que.... de même.... ut, quemadmodum.... sic, ita.

321. *Comme, de même que*, dans le premier membre d'une comparaison, s'exprime par *ut* ou *quemad-*

modum avec l'indicatif ; et *de même*, dans le second membre, s'exprime par *sic* ou *ita*.

EXEMPLE : Comme le feu éprouve l'or, de même l'adversité éprouve l'homme courageux; *ut* ou *quemadmodum ignis aurum probat, sic* ou *ita miseria fortes viros*.

II. Comme (vu que, puisque), *quum*.

322. *Comme*, signifiant *vu que*, *puisque*, se rend par *quum*, et il veut le subjonctif.

EXEMPLES : Comme on le menait au supplice, il n'y avait plus d'espoir (*tournez*, vu qu'on le), *quum ad supplicium duceretur, nulla spes supererat*.

Comme la chose est ainsi (*c'est-à-dire* puisque la chose est ainsi), *quum ita se res habeat*.

REMARQUE. *Comme*, signifiant *pendant que, dans le temps que*, se rend aussi par *quum* ou *tum quum*, plutôt avec l'indicatif qu'avec le subjonctif. Exemple : Comme vous vous en alliez, il arriva, *quum abibas, advenit*.

DIFFÉRENTES LOCUTIONS

FRANÇAISES.

ALLER, DEVOIR, IL FAUT, *suivis d'un infinitif.*

I. Trois manières de les traduire en latin.

323. Quand *aller*, *devoir*, suivis d'un infinitif, marquent seulement qu'une chose est près de se faire, on n'exprime pas les verbes *aller*, *devoir*; mais on met le verbe suivant au participe du futur avec le verbe *sum*, *es*, *est*, au même temps qu'est le verbe *aller* en français.

EXEMPLES : Je vais *ou* je dois partir, *mox profecturus sum*.

Il devait partir, *profecturus erat*.

La ville doit être pillée demain, *urbs cras diripienda est*.

324. 1° Quand les Verbes *devoir*, *il faut*, marquent obligation, on tourne la phrase par le passif, et l'on se sert du futur en *dus*, *da*, *dum*.

EXEMPLE : Il faut réprimer ses passions (*tournez*, les passions doivent être réprimées), *comprimendæ sunt libidines*.

2° Exprimez de même, par le participe en *dus*, *da*, *dum*, *avoir besoin* suivi d'un infinitif.

EXEMPLE : Il a besoin d'être excité au travail, *is ad laborem est incitandus*.

325. 1° Si le verbe qui suit *devoir*, *il faut*, ne gouverne pas l'accusatif, servez-vous du participe neutre en *dum*, avec *est*, et mettez au cas du verbe le nom ou le pronom suivant.

EXEMPLE : Il faut servir Dieu, *serviendum est Deo*. — Le verbe *servire* gouverne le datif.

2° On peut aussi se servir de *debere* ou *oportere* : *debemus Deo servire* ou *oportet Deo servire*.

II. Tant s'en faut que.... être si éloigné de.... *tantùm abest.... ut.*

326. 1° *Tant s'en faut* s'exprime par *tantùm abest*, et les deux *que* suivants par *ut*, avec le subjonctif.

EXEMPLE : Tant s'en faut qu'il vous haïsse, qu'au contraire il vous aime, *tantùm abest ut te oderit, ut contrà te amet*.

2° On peut exprimer *tant s'en faut que* par *adeò non*, et le second *que* par *ut* : *Adeò non te odit, ut contrà te amet*.—On peut encore le tourner par *bien loin de*, et l'exprimer de même : *Te amat, nedum oderit*.

III. Peu s'en faut, il s'en faut peu que, *paulùm abest.... quin.*

327. 1° *Peu s'en faut, il ne tient à rien que*, s'expriment par *paulùm abest, haud multùm abest, nihil abest*, et *que* par *quin* avec le subjonctif.

EXEMPLES : Peu s'en faut que je ne sois très-malheureux, *paulùm abest, quin sim miserrimus*.

Peu s'en fallut qu'il ne tombât, *paulùm abfuit, quin caderet.*

REMARQUE. On dit aussi dans le même sens *haud multùm abest, non longè abest.* Exemple : Peu s'en fallut qu'il ne fût tué, *haud multùm abfuit, quin interficeretur.* Mais on ne dit pas *parum abest,* parce que *parum* ne s'oppose pas ordinairement à *multùm,* mais à *nimiùm* et à *satìs.* Il signifie *trop peu. Parum abest* voudrait dire, il s'en faut *trop peu.*

2° On peut encore exprimer *peu s'en est fallu* par *tantùm non* ou par *pæne.*

EXEMPLE : Peu s'en est fallu qu'il ne tombât (*tournez,* seulement il n'est pas tombé), *tantùm non cecidit;* ou *pæne cecidit,* il est presque tombé.

3° *Penser, faillir, manquer,* suivis d'un infinitif, sont la même chose que *peu s'en faut.*

EXEMPLE : Il a pensé tomber, il a failli tomber, il a manqué de tomber, *pæne cecidit,* ou *tantùm non cecidit.*

IV. Il s'en faut beaucoup, combien s'en faut-il que....

328. *Il s'en faut beaucoup* s'exprime par *multùm abest...,* *combien s'en faut-il* par *quantùm abest;* et le *que* suivant par *ut* avec le subjonctif.

EXEMPLE : Il s'en faut beaucoup que vous surpassiez vos condisciples, *multùm abest, ut tuos superes condiscipulos.*

329. Cette façon de parler, *faut-il que,* mise par exclamation, ne s'exprime pas; on met le nom ou pronom à l'accusatif, et le verbe suivant à l'infinitif.

EXEMPLE : Faut-il que je sois si malheureux! *Mene ita miserum esse!*

REMARQUE. Il y a dans cette construction ellipse du verbe *oportet* qui régit la proposition infinitive: *oportetne me esse ita miserum?*

FAIRE *suivi d'un infinitif français.*

I. Faire (faire en sorte), *facere ut, dare operam ut.*

330. Quand le verbe *faire* signifie *faire en sorte,* on l'exprime par *facere ut* ou *dare operam ut,* avec le subjonctif.

Exemple : Faites-moi savoir (*tournez*, faites en sorte que je sache), *fac ut sciam* ou *da operam ut sciam.*

331. *Faire connaître*, quand il a pour nominatif un nom de chose inanimée, se tourne de la manière suivante :

Exemple : Votre lettre m'a fait connaître (*tournez*, j'ai connu par votre lettre), *ex litteris tuis cognovi.*

Remarque. Quand *faire connaître* a pour sujet un nom de personne, il signifie découvrir et se rend par *aperire*. Exemple : Faites-moi connaître vos desseins, *aperi mihi tua consilia.*

II. Faire *signifiant* contraindre.... *cogere, jubere.*

332. Quand *faire* signifie *contraindre*, *commander*, *engager*, on l'exprime par *cogere, jubere, impellere.*

Exemples : Vous me faites mourir (*c'est-à-dire* vous me contraignez), *mori me cogis.*

Il le fit tuer (*c'est-à-dire* il ordonna qu'il fût tué), *jussit eum occidi.* — Après *jubeo*, on met toujours le verbe au présent de l'infinitif.

Cela m'a fait croire (*c'est-à-dire* cela m'a engagé à croire), *id me impulit, ut crederem.*

III. Ne faire que de. .. *modò.*

333. 1° *Ne faire que de....* se tourne par *tout à l'heure*, et s'exprime par *modò.*

Exemple : Il ne fait que d'arriver (*tournez*, il est arrivé tout à l'heure), *modò advenit.*

2° *Ne faire que....* se tourne par *toujours*, et s'exprime par *semper, perpetuò.*

Exemple : Il ne fait que badiner; *tournez*, il badine toujours, *perpetuò nugatur.*

IV. Autres emplois du verbe *Faire*.

334. Se faire donner quelque chose par force, *aliquid vi extorquere.*

Faire sa paix avec quelqu'un, *in gratiam redire cum aliquo.*

Faire espérer à quelqu'un que..., *aliquem in spem adducere.* Le *que* se retranche (voir n° 148).

Faire concevoir une bonne opinion de soi, *bonam sui* ou *de se spem concitare.*

Les autres significations du verbe *Faire* se trouvent dans le dictionnaire. — Voir le *Supplément à la méthode,* n°ˢ 382-406.

Venir de.... devant un infinitif français.... *modò*.

335. *Venir de...*, devant un infinitif, se tourne par tout à l'heure, *modò*.

EXEMPLE : Il vient de partir (*tournez*, il est parti tout à l'heure), *modò profectus est.*

Venir à devant un infinitif français.

336. *Venir à.... N'aller pas...*, devant un infinitif, ne s'expriment pas en latin.

EXEMPLES : S'il vient à savoir cela (*tournez*, s'il sait cela), *id si rescierit.*

N'allez pas vous imaginer (*tournez*, ne vous imaginez pas), *ne existimes* ou *noli existimare.*

REMARQUE. *Venir à* exprimant l'idée de *par hasard,* on peut ajouter l'adverbe *fortè* : *id si fortè rescierit.*

Être près *ou* sur le point de.... *jamjam,... in eo esse ut.*

337. *Être sur le point de...*, devant un infinitif, se tourne par *dans peu, bientôt*, et se rend par *jamjam* ou *mox ;* et le verbe suivant se met au futur en *rus, ra, rum*, pour l'actif, en *dus, da, dum,* pour le passif, avec *sum.... eram....*

EXEMPLE : Il était sur le point de prendre la ville, *mox* ou *jamjam oppido potiturus erat.* — On dit encore : *In eo erat, ut oppido potiretur.*

REMARQUE. *In eo esse ut* est toujours suivi du subjonctif, et répond exactement aux locutions françaises *être sur le point de, être au moment de* (littéralement, *en être là que....*).

Ne manquer pas de.... *profectò...*, *memento*.

338. 1° *Ne manquer pas de...*, devant un infinitif, se tourne par *certainement*, profectò.

EXEMPLE : Je ne manquerai pas de lui écrire (*tour-nez*, je lui écrirai certainement), *ad illum profectò scribam.*

2° Mais quand on commande quelque chose, *ne manquez pas* se tourne par *souvenez-vous :* au singulier *memento* ; au pluriel, *mementote.*

EXEMPLE : Ne manquez pas de l'avertir, *memento ut illum moneas.*

LAISSER *devant un infinitif.*

I. Laisser (permettre que).... *sinere.*

339. *Laisser,* devant un infinitif, se tourne par *permettre que*, et s'exprime par *sinere.* Le *que* se retranche.

EXEMPLE : Vos chants ne me laissent pas dormir, *cantus tui non sinunt me dormire. — Me* est le sujet de *dormire.*

II. Ne pas laisser de (cependant).... *tamen.*

340. *Ne pas laisser de,* devant un infinitif, se tourne par *cependant,* tamen.

EXEMPLE : Quoique je vous attende vous-même, ne laissez pas de donner une lettre, *quanquam te ipsum exspecto, da tamen epistolam.*

REMARQUE. Au lieu de *tamen* on peut se servir de *nihilominus.* Exemple : On l'informe de tout, et il ne laisse pas de louer la maison, *omnia docetur, ac nihilominus domum conducit.*

S'occuper à...., se mettre à..., se mêler de.... *cœpisse, cœpi.*

341. 1° Les verbes *s'occuper à , se mêler de,* devant un infinitif, ne s'expriment pas en latin.

EXEMPLE : Il s'occupe à lire (*tournez,* il lit), *legit.*

2° *Se mettre à...,* devant un infinitif, s'exprime en latin par *cœpisse, cœpi,* commencer.

EXEMPLE : Il se mit à pleurer, *flere cœpit.*

Avoir la force de..., la hardiesse de..., *sustinere*, *audere*.

342. *Avoir la force de...*, devant un infinitif, s'exprime par *sustinere* ou *audere*, avec l'infinitif.

EXEMPLE : Avez-vous bien eu la force de nier cela? *sustinuisti* ou *ausus es id negare ?*

REMARQUE. Les locutions *avoir le courage, avoir la hardiesse, avoir le cœur, avoir le front*, ont la même signification que *avoir la force*, et se traduisent aussi par *sustinere* ou *audere*. Exemple : Ils ont eu le courage de regarder le carnage, *cædem spectare sustinuerunt.*

Ne servir qu'à devant un infinitif.

343. *Ne servir qu'à...*, devant un infinitif, ne s'exprime pas en latin.

EXEMPLE : Cela ne sert qu'à aigrir ma douleur (*tournez*, cela aigrit....), *hoc dolorem meum exulcerat.*

REMARQUE. *Ne servir qu'à* étant l'équivalent de *seulement, exclusivement*, on peut, pour le traduire exactement, employer un des adverbes *tantùm, tantùmmodo, solùmmodo* ou *nihil aliud quàm*. Exemple : *Hoc nihil aliud quàm dolorem exulcerat.*

Savoir devant un infinitif français.

344. *Savoir*, devant un infinitif, ne s'exprime pas en latin.

EXEMPLE : Il sut profiter de cette occasion (*tournez*, il profita de....), *eâ occasione usus est.*

REMARQUE. Cependant lorsque *savoir* signifie *avoir le talent, être habile à*, il se traduit par *scire*. Exemple : Il sait parler latin, *scit latinè loqui.*

Il me tarde de..., je suis dans l'impatience de..., *nihil mihi longius est quàm*.

.345. *Il tarde de..., être dans l'impatience de...*, s'expriment par *nihil longius est quàm...*, avec l'infinitif, ou *quàm ut....* avec le subjonctif.

EXEMPLE : Il me tarde de vous voir, *nihil mihi longius est, quàm ut te videam.*

REMARQUE. *Nihil longius est quàm,* ou *nihil longius videtur quàm,* répondent exactement à la locution *rien ne me tarde plus que* (mot à mot : *rien n'est* ou *ne paraît plus long à venir).* — *Être impatient* ou *dans l'impatience de,* signifie désirer très-vivement, et peut se traduire encore par *vehementissimè cupio* ou par quelque autre verbe équivalent.

Il ne tient qu'à moi..., *per me stat.... quominus.*

346. Il ne tient qu'à moi, qu'à vous, qu'à lui, que cela ne se fasse, *per me, per te, per hunc unum stat, quominus id fiat.*

REMARQUE. *Per me stat* signifie littéralement *il y a obstacle par moi.* Cette locution répond au français : *il ne tient qu'à moi, il dépend de moi, il ne dépend que de moi.* Au lieu de *quominus,* on la construit quelquefois avec *ne,* comme le verbe *impedire,* empêcher, et toujours avec le subjonctif. Exemple : Il n'a tenu qu'à lui que cela ne se fît, *per ipsum stetit ne id fieret* (voir *il ne tient pas à moi,* n° 171).

Avoir beau..., *frustra, quamvis.*

347. *Avoir beau...,* devant un infinitif, se tourne par en vain, *frustra,* ou par quoique, *quamvis.*

EXEMPLE : Vous avez beau crier (*tournez,* vous criez en vain), *frustra vociferaris,* ou *quamvis vociferere* (quoique vous criiez).

REMARQUE. Au lieu de *frustra,* on peut se servir de *nequicquam,* et au lieu de *quamvis* on peut employer *licèt* ou *etiamsi,* qui ont la même signification.

Avoir de la peine à.... (difficilement), *ægre.*

348. 1° *Avoir de la peine à...,* devant un infinitif, se tourne par *difficilement.*

EXEMPLE : Il a eu de la peine à obtenir cela (*tournez,* il a obtenu difficilement), *ægre id impetravit.*

2° *N'avoir pas de peine à....* se tourne par *facilement.*

EXEMPLE : On n'a pas de peine à faire cela, *id facilè fieri potest.*

REMARQUE. *Avoir peine à* se dit aussi à peu près dans le même sens et se traduit de même. Au lieu de *ægre* on peut employer *difficulter* ou *vix.*

A force de travailler, *multo labore.*

349. *A force de*..., devant un infinitif, se rend par le nom dérivé du verbe, avec *multus, a, um.*

EXEMPLE : A force de travailler, il est devenu savant (*tournez*, par beaucoup de travail), *multo labore doctus evasit.*

REMARQUE. On peut aussi exprimer le même sens avec l'adverbe *multùm* ou *plurimùm* et le gérondif en *do.* Exemple : A force de lire vous deviendrez savant, *plurimùm legendo doctus fies.*

Pour ne pas dire..., *ne dicam.*

350. *Pour ne pas dire* s'exprime par *ne dicam*, et le nom ou l'adjectif suivant se met au même cas que celui qui précède, quand on renvoie le premier verbe à la fin.

EXEMPLE : Vous êtes un enfant, pour ne pas dire un badin, *tu puer, ne dicam nugator, es.*

Avoir le bonheur de...., avoir le malheur de...., *contingit, accidit ut....*

351. *Avoir le bonheur de....* s'exprime par l'impersonnel *contingit ut...; avoir le malheur de...,* par l'impersonnel *accidit ut.*

EXEMPLES : J'ai eu le bonheur de voir le roi (*tournez*, il m'est arrivé de), *mihi contigit, ut regem viderem.*

J'ai eu le malheur d'être vaincu, *mihi accidit, ut vincerer.*

REMARQUE. *Contingit*, venant de *contingere*, atteindre à, se dit ordinairement des événements heureux ; *accidit*, au contraire, dérivé de *cadere*, tomber, exprime, comme en français *accident*, un événement malheureux.

Avoir lieu, sujet ou raison..., *est locus, est cur, est quòd.*

352. 1° *Avoir lieu, sujet* ou *raison*, se tourne par le verbe *être*, et l'infinitif suivant se met au gérondif en *di*.

EXEMPLE : Vous n'avez pas lieu de craindre (*c'est-à-dire* lieu n'est pas à vous de craindre), *tibi non est timendi locus.*

2° On peut encore exprimer *de* par *quòd* ou *cur*, avec le subjonctif : *Non est quòd timeas.*

(Voir, pour d'autres locutions formées d'*avoir*, le *Supplément à la méthode.*)

Je voudrais parler, *velim dicere.* Vous ne sauriez croire..., *vix credas.*

353. Souvent le conditionnel présent français au commencement d'une phrase se rend en latin par le présent du subjonctif, au lieu de l'imparfait (voir page 36, remarque 1°), surtout avec *volo, nolo, malo, audeo* et *possum.*

EXEMPLES : Je voudrais parler, *velim dicere.* — Vous ne sauriez croire, *vix credas* ou *vix credideris.*

Vous le prendriez pour un homme sage (*tournez,* vous penseriez qu'il est sage), *eum sapere putes.*

Malgré lui..., *invitus.*

354. 1° *Malgré*, devant un nom de personne, s'exprime par *invitus, a, um,* que l'on fait accorder avec ce nom.

EXEMPLES : Il a fait cela malgré lui, *id invitus fecit.*

Je l'ai renvoyé malgré lui, *illum invitum dimisi.*

J'ai fait cela malgré lui, *id, illo invito, feci.*

REMARQUE. *A regret, à contre-cœur,* ont la même signification et se traduisent de la même manière. Au lieu de *id, illo invito feci*, on pourrait dire, *id, illo adversante* ou *repugnante, feci*.

Malgré (quoique)..., *quamvis*.

355. 2° *Malgré*, devant un nom de chose, se tourne par *quoique* avec un verbe.

EXEMPLE : Il le tua malgré ses cris redoublés (*tournez*, quoiqu'il criât beaucoup), *illum, quamvis clamitaret, interfecit.*

REMARQUE : On pourrait aussi mettre le participe avec ou sans quamvis : *Illum clamitantem* ou *quamvis clamitantem interfecit.*

Au haut de..., au milieu de..., au bas de..., *summus, medius, imus.*

356. Le haut, le sommet d'un arbre, d'un rocher, d'une montagne, *summa arbor, summa rupes, summus mons.* — Au haut de l'arbre, *in summâ arbore.*

Le milieu d'un arbre, d'un rocher, d'une montagne, *media arbor, media rupes, medius mons.* — Au milieu du marché, *in medio foro.*

Le bas d'un arbre, d'une montagne, *ima arbor, imus mons.*

Le bout des doigts, *extremi digiti.*

Le fond de la mer, *imum mare.*

REMARQUE. On exprime ainsi par des adjectifs le nom des différentes parties d'un objet considérées sous le rapport de sa dimension, de sa forme, de sa durée ou de sa situation; comme le *haut* ou le *sommet*, le *bas* ou le *pied*, le *milieu*, l'*intérieur* ou le *cœur*, l'*extérieur* ou le *dehors*, le *commencement*, le *bout*, le *fond*, le *creux*. Exemples : Goûter du bout des lèvres, *primoribus labris gustare.* — Le pied de la muraille, *imus murus.* — Dans le cœur de la Macédoine, *in intimâ Macedoniâ.* — Au fond de l'Italie, *in ultimâ Italiâ.* — Les ennemis du dehors, *exteri hostes.* — Au commencement de l'été, *primâ æstate.* — Le creux de la main, *cava manus.*

SUPPLÉMENT

DE QUELQUES IDIOTISMES
FRANÇAIS ET LATINS.

I.

357. Par *idiotisme* on entend une locution particulière à une langue, et dans laquelle les mots s'éloignent des règles générales ou passent de leur signification ordinaire à un sens que l'usage a déterminé.

La langue française a ses idiotismes qu'on nomme *gallicismes*; la langue latine a les siens qu'on nomme *latinismes*.

Un des caractères des idiotismes est de ne pouvoir se transporter sans changement d'une langue dans une autre. Pour les traduire il faut recourir à des équivalents.

Dans la troisième partie de cette grammaire, dite *Méthode*, et notamment dans les *Locutions françaises* (n°s 323-356), on a vu la manière de traduire un assez grand nombre d'idiotismes français. On doit s'attacher à en rendre non les mots, mais seulement le sens. Il y a presque toujours plusieurs traductions possibles.

Les verbes *avoir* et *faire* servent à former un grand nombre d'idiotismes d'un usage fréquent. A ceux qu'on a déjà vus (n°s 330-333 et 347, 348), nous croyons utile d'en ajouter quelques autres, pour faire mieux comprendre les procédés de traduction qu'on y doit appliquer.

Le plus sûr de tous est de commencer par tra-

11

duire l'idiotisme français en d'autres termes exprimant le même sens, et de mettre ensuite en latin
cette locution ainsi transformée.

IDIOTISMES DU VERBE *AVOIR*.

I.

358. 1° *Avoir* signifiant *posséder, avoir en propre*, se
traduit par *habere* ou par *esse* et le datif.

EXEMPLES : J'ai un domaine, *habeo fundum* ou *est
mihi fundus.*

Des frères ont des caractères différents, *fratres
dissimiles naturas habent*, ou *fratribus dissimiles sunt
naturæ.*

2° On se sert plutôt du verbe *esse* quand il s'agit
d'un sentiment, d'une intention ou d'un avantage, et
que le nom est accompagné d'un adjectif.

EXEMPLES : Cet enfant a un grand amour pour le
travail, *est huic puero ingens laboris amor.*

J'ai grand regret à mon ami qui est mort, *est mihi
magnum amici mortui desiderium; —* ou *magno est
mihi desiderio mortuus amicus; —* ou encore *magno
amici mortui desiderio teneor.*

3° Quand on parle d'une qualité ou du caractère,
on se sert de *esse* et du génitif ou de l'ablatif qualifi-
catif (voir n° 3).

EXEMPLES : Il a une très-grande taille, *maximi corporis* ou *maximo corpore est.*

Ce fruit a une belle couleur, *hoc pomum pulchri
coloris est* ou *pulchro colore.*

II.

359. Le plus souvent *avoir* et un nom exprimant
un état, une disposition, se traduisent par un verbe
qui renferme l'idée du nom.

EXEMPLES : J'ai de l'affection pour vous, *te diligo.*

— J'ai faim, *esurio*. — J'ai soif, *sitio*. — J'ai peur, *paveo*. — J'ai chaud, *caleo*. — J'ai mal à la tête, *doleo capite*.

III.

360. Quand *avoir* signifie *disposer de*, *se servir de*, il se rend par *uti*, *utor*.

EXEMPLES : Il a des amis puissants, *potentibus amicis utitur*.

Vous avez beaucoup de crédit auprès du consul, *magná apud consulem gratiá uteris*.

Je l'avais pour associé, *eo utebar socio*.

IV.

Avoir, dans le sens de *se procurer*, se rendra par *parare*.

EXEMPLE : On n'a pas facilement ce livre, *hic liber non facilè paratur*.

V.

361. *Avóir pour soi* se tourne, en renversant la phrase, par favoriser, *faveo*, ou par un verbe analogue.

EXEMPLE : Il a eu pour lui la fortune, *ei favit fortuna*, ou bien *ab eo* ou *cum eo stetit fortuna* (voir n° 303, *Remarques*).

S'il signifie *être utile*, il se rend par *prodesse*.

EXEMPLE : Il aura pour lui le nom de son père, *ei proderit patris nomen*.

VI.

362. *En avoir contre quelqu'un* ou *à quelqu'un* signifie *se fâcher contre*, et se traduit par *irascor* ou *succenseo*.

EXEMPLES : Contre qui en a-t-il? *cui irascitur?*

A qui en avez-vous? *cui succenses?*

VII.

363. *Avoir en vue, avoir pour but* ou *pour objet* signifient *se proposer*, et se rendent par *sibi proponere*.

EXEMPLE : Il a cela en vue, *id sibi proposuit*, ou *id habet propositum*, ou encore *id ei propositum est*.

VIII.

364. *Avoir l'air, avoir la mine*, signifient *paraître*, et se traduisent par *videri*.

EXEMPLE : Vous avez l'air triste *ou* d'être triste, *mœstus videris* ou *videris mœstus esse*.

IX.

365. *Avoir affaire à quelqu'un* s'exprime par *res est mihi cum....*

EXEMPLE : Qu'ont-ils affaire à nous, *quid rei illis nobiscum est?*

X.

366. *Avoir raison de quelqu'un* ou *de quelque chose* signifie *se venger*, et se traduit par *ulciscor*.

EXEMPLE : J'aurai raison de cette injure, *hanc injuriam ulciscar*.

XI.

367. *Avoir raison de, avoir tort de*, sont les équivalents de *faire bien de, faire mal de*, et se traduisent par *bene* ou *ratione facere* et *malè facere* avec *quòd*.

EXEMPLE : Vous avez eu raison *ou* vous avez bien fait de vous renfermer chez vous, *quòd domi te inclusisti, ratione fecisti*.

XII.

368. Les locutions *avoir la présomption, avoir la prétention, prendre la liberté, se permettre, prendre sur soi*, ont à peu près la même signification, et se traduisent par *sumere sibi* avec *ut* et le subjonctif.

Exemples : Je n'ai pas la prétention d'avoir la vue plus longue, *non mihi sumo ut plus ipse prospiciam.*

J'ai pris sur moi d'écrire, *sumpsi hoc mihi ut scriberem.*

XIII.

369. *Avoir à cœur* ou *prendre à tâche* se traduit par *curæ est* avec le nom de la personne au datif.

Exemple : J'ai à cœur votre gloire, *mihi curæ est tua gloria.*

De et l'*infinitif* qui suivent se rendent soit par *ut* et le subjonctif, soit par le participe en *dus* et la préposition *de*.

Exemple : J'aurai à cœur, *ou* je prendrai à tâche d'accroître votre dignité, *mihi curæ erit ut tuam augeam dignitatem* ou *de tuâ augendâ dignitate.*

XIV.

370. Les expressions latines *cordi esse* et *cordi habere*, analogues, pour la forme, au français, n'ont pas toujours la même signification.

Mihi cordi est se trouve quelquefois dans le même sens : Ils avaient à cœur la paix, *illis pax cordi fuit;* mais ordinairement cette locution signifie *être agréable, être selon le cœur.*

Exemple : Ma fille m'est fort chère, *mihi filia maximè cordi est.*

XV.

371. *Cordi habere* veut dire *retenir par cœur.*

Exemple : Vous ne retenez par cœur que des mots, *nihil aliud quàm verba cordi habetis.*

XVI.

372. *Par cœur*, avec *réciter* ou *dire*, se traduit par *memoriter* ou *ex memoriâ.*

Exemple : Il a débité par cœur une harangue de

Démosthène, *memoriter* ou *ex memoriâ orationem Demosthenis pronuntiavit.*

XVII.

373. *Avoir fort à cœur*, ou *n'avoir rien tant à cœur*, *n'avoir rien de plus pressé*, répondent aux idiotismes latins, *nihil antiquius habeo*, *nihil antiquius dûco*, ou *nihil mihi est antiquius quàm ut....* ou *quàm* et l'infinitif (mot à mot, rien n'est pour moi avant, rien ne passe avant).

EXEMPLE : Je n'avais rien tant à cœur, *ou* je n'eus rien de plus pressé que d'aller trouver Pansa, *nec habui quidquam antiquius, quàm ut Pansam cónvenirem*, ou *quàm Pansam convenire.*

IDIOTISMES DU VERBE *HABERE.*

374. Le verbe latin *habere* forme quelques idiotismes analogues à ceux du verbe *avoir*.

I.

Neque ea res me falsum habuit, cet événement ne m'a pas trompé.

II.

375. *Habere spem in aliquo*, avoir espoir, *ou* placer son espérance en quelqu'un.

III.

376. *Habere in ore*, avoir à la bouche ou sur les lèvres.

IV.

377. *Habet in animo consulatum petere*, il a en tête, il s'est mis en tête, *ou* il a l'intention de demander le consulat.

V.

378. *Habere aliquem odio*, avoir de la haine pour quelqu'un (*odio* est au datif).

VI.

379. *Timoleon habuit amorem omnium Siculorum*, Timoléon avait l'affection *où* était l'objet de l'affection de tous les Siciliens.

Avec *habere*, les noms à l'accusatif exprimant un sentiment ont d'ordinaire le sens passif. — *Habere invidiam* signifie être l'objet de l'envie, être odieux, et non pas, avoir de l'envie.

EXEMPLE : *Habebat suspicionem sceleris*, il était soupçonné d'un crime.

Messala nihil odii habet, Messala n'a pas d'ennemis.

VII.

380. *Habere in levi*, avoir en médiocre considération, tenir peu de compte.

VIII.

381. *Se habere*, en parlant des choses, répond à notre verbe *aller*.

EXEMPLE : *Bene se res habet*, l'affaire va bien. — Quelquefois on supprime le pronom : *bene res habet*.

IDIOTISMES DU VERBE *FAIRE*.

I.

382. Le verbe *faire*, dans ses acceptions les plus générales, se traduit en latin, selon le sens, par *facere, agere, gerere, fingere, componere, conflare*, etc.

II.

383. *Faire* avec un nom répond souvent à un verbe latin exprimant l'idée du nom : faire effort, *conari*; — faire du bruit, *crepare, crepitare*; — faire une faute, *peccare*; — faire un bon accueil, *bene excipere*; — faire tort, *nocere*.

Toutes les fois que le nom joint à *faire* n'est pas dans son sens ordinaire, il faut chercher la signification exacte de l'idiotisme et trouver un équivalent.

III.

384. *Faire de l'effet* ou *produire de l'effet* signifie *être remarqué*, *attirer l'attention*, *les regards*. On pourra le traduire par *conspici* ou *spectari*.

EXEMPLES : Il croyait produire de l'effet *ou* attirer les regards, *conspici se ducebat*. — Ils voulaient faire de l'effet, *spectari se volebant*.

IV.

385. *Faire impression*, *faire de l'effet sur*, *agir sur* signifient *émouvoir* et se rendent par *movere*.

EXEMPLE : Ce spectacle m'a fait impression *ou* a agi sur moi, *hoc spectaculum me movit*.

V.

386. *Faire époque* signifie *être particulièrement signalé*, *noté*; on le traduira par *notari* ou un mot analogue.

EXEMPLE : Cet événement fera époque dans l'histoire, *ea res imprimis apud historiam notabitur*, ou *præcipuá notá apud scriptores digna erit*.

VI.

387. *Faire fortune* veut dire *avancer dans les emplois*, *dans les honneurs*, et peut se traduire par *in majus provehi*, ou *ad magnas opes provehi*.

EXEMPLE : Il a fait fortune, *ad magnas opes provectus est*.

VII.

388. *Faire son chemin*, *faire un beau chemin*, a un sens analogue et peut se traduire par *prosperá uti fortuná*.

VIII.

389. *Faire le*, ou *agir en*, *se conduire en*, signifiant *jouer le personnage*, se rendent par *agere* (jouer un rôle), avec l'accusatif.

EXEMPLES : Il fait l'homme de bien, *virum bonum agit*. — Il se conduit en joyeux convive, *lætum convivam agit*.

IX.

390. Si *faire le* signifie *faire semblant d'être*, il se rend par *simulare* avec un nom à l'accusatif, ou avec une proposition infinitive.

EXEMPLE : Il fait le fou, *simulat vesaniam*, ou *simulat se insanire* ou *se furere*.

X.

391. *Faire* signifie quelquefois *dire*, *prétendre*; on doit le traduire alors par *dicere* ou un verbe analogue.

EXEMPLE : On le faisait mort, il se porte bien, *ægrotare dicebatur, valet.*

XI.

392. Quand *faire* a le sens d'*accoutumer*, il se rend par *assuefacere*, et *se faire*, par *assuescere*.

EXEMPLES : Les voyages l'ont fait à la fatigue, *peregrinationes eum defatigationi assuefecerunt*. — Cet homme se fait à sa fortune, *hic vir suæ fortunæ assuescit.*

XII.

393. Si *faire* a le sens de *importer*, il se traduit par *interest* ou *pertinet*.

EXEMPLES : Cela fait beaucoup, *id plurimùm interest*. — Qu'est-ce que cela fait à la chose? *quid ad rem pertinet?* On peut sous-entendre *pertinet*, et dire : *quid ad rem?*

XIII.

394. *Avoir fort à faire* veut dire *avoir besoin de faire de grands efforts.*

EXEMPLE : Vous aurez fort à faire pour instruire cet enfant, *magnis conatibus opus tibi erit, ut hunc puerum edoceas.*

XIV.

395. *Se laisser faire* signifie *ne pas résister*, et peut se traduire par *non resistere.*

EXEMPLE : Vous le comblez d'éloges et il se laisse faire, *eum laudibus oneras, nec resistit,* ou *non resistentem.*

XV.

396. On a déjà vu (nᵒˢ 330-334) plusieurs manières de traduire *faire* devant un infinitif.

Faire croire se rend par un idiotisme latin, *facere fidem.*

EXEMPLE : Il a fait croire à sa probité, *suæ probitatis fidem fecit.*

397. Après cette locution on peut mettre une proposition infinitive.

EXEMPLE : Nous vous ferons croire que nous conseillons des choses utiles, *tibi fidem faciemus nos utilia suadere.*

XVI.

398. *Faire rire*, concitare risum. — *Faire pleurer*, lacrimas ciere. — *Faire admirer*, admirationem movere.

XVII.

399. *Se faire écouter*, facere sibi audientiam. — *Se faire chérir*, conciliare sibi caritatem. — *Se faire estimer de ses concitoyens*, civium suorum existimationem sibi parare.

XVIII.

400. *Ne faire que* signifie quelquefois *seulement*, et se traduit par *tantùm, tantummodo*.

Exemple : Je n'ai fait que toucher ce vase et il s'est brisé, *hoc vas tantùm attigi, et diminutum est*.

XIX.

401. Quand *ne faire que* signifie *de plus en plus, de jour en jour*, on le rend par *in dies*.

Exemple : Le mal n'a fait que croître, *malum in dies crevit.*

XX.

402. Ces locutions, *que faire à cela? je ne sais qu'y faire, je n'y puis que faire*, expriment l'idée de *remédier*, de *remède ;* c'est donc par les mots *remedium* ou *mederi* qu'il faut les traduire.

Exemples : Que faire à cela? *quid est remedii ?* — Je n'y puis que faire, *nihil remedii habeo*, ou *quo pacto huic rei medear nescio*.

XXI.

403. *Faire* s'emploie en français au lieu d'un verbe déjà exprimé qu'il faudrait répéter. Dans ce cas il ne se traduit pas en latin ou se rend par la répétition du premier verbe.

Exemple : Je n'aime pas Brutus moins que vous faites, *Brutum non minùs amo, quàm tu*, ou, avec le verbe répété, *quàm tu amas*.

XXII.

404. Dans les locutions *il fait chaud, il fait nuit, il fait du vent*, et autres semblables, l'impersonnel *il fait* se traduit ordinairement par le verbe *esse*.

Exemples : Il faisait nuit, *nox erat*. — Il fera du vent, *ventus erit*.

XXIII.

405. *Se faire*, avec un adjectif, signifie *commencer à être* ou *devenir*, et se traduit par *incipere*, avec un infinitif, par *fieri*, ou par un des verbes inchoatifs en *sco*, qui expriment le commencement d'une action.

EXEMPLES : Cet enfant se fait raisonnable, *hic puer incipit rationis compos esse*. — Il se fait riche, *dives fit*. — Nous nous faisons vieux, *senescimus*. — Il se fait nuit, *vesperascit* ou *vesperat*.

XXIV.

406. *Être au fait* signifie *être bien instruit*, et peut se traduire par *callere*.

EXEMPLE : Il est bien au fait de son métier, *pulchre suam artem callet*.

407. *Mettre au fait* signifie instruire et se rend par *edocere*.

EXEMPLE : Je vous mettrai au fait de tout, *te omnia edocebo*.

IDIOTISMES DES VERBES *AGERE* ET *FACERE*.

I. Actum est..., c'en est fait.

408. La locution *c'en est fait de* a son équivalent dans le latin *actum est de*.

EXEMPLE : C'en est fait de nous, *actum est de nobis*.

Sans complément, *c'en est fait* se rend aussi par *acta res est*.

II. Mecum facit.

409. *Facere cum aliquo* signifie *être pour, en faveur de, du côté de quelqu'un*, et répond exactement à notre locution française *faire pour*.

EXEMPLES : *Veritas cum illo facit*, la vérité est de son côté. — *Quæ dicis mecum faciunt*, ce que vous dites est pour moi ou *fait pour moi*.

III. Facere pecuniam

410. 1° *Facere maximam pecuniam*, amasser beaucoup d'argent, répond au français *faire de gros béné-
fices, gagner beaucoup d'argent.*

2° *Facere perniciem*, causer la ruine, répond à la
locution française *faire la perte.*

EXEMPLE : *Ea perniciem ipsis fecere*, cela fut cause
de leur ruine ou *fit leur perte.*

IV. Fac interire.

411. L'impératif *fac* signifie *supposez que, admet-
tons que*, et se construit avec une proposition infinitive.

EXEMPLE : *Fac animos interire*, supposez que l'âme
meure.

V. Herculem conveniri facit.

412. *Facere* a aussi le sens de *montrer, représenter*,
et se construit alors, soit avec une proposition infinitive, soit avec un participe.

EXEMPLES : *Homerus Herculem conveniri facit ab
Ulysse,* Homère fait aborder Hercule par Ulysse.

*In eo libro se exeuntem e senatu et cum Pansá collo-
quentem facit,* dans ce livre il se représente sortant du
sénat et s'entretenant avec Pansa.

La locution *le fait aborder* ressemble à l'idiotisme
latin *facit eum conveniri.*

VI. Missum facere.

413. *Missum facere* signifie *faire partir, congédier,
laisser passer, ne pas tenir compte.*

EXEMPLES : *Eum statim missum feci*, je l'ai laissé
partir sur-le-champ. — *Ea missa faciam*, je laisserai
passer cela, *ou* je n'en parlerai pas.

VII. Res agitur.

414. 1° Le passif du verbe *agere* forme un idiotisme

analogue aux gallicismes *il s'agit de, il y va de*, *il est question de*, et *être mis en question.*

EXEMPLES : *Magna res agitur*, il s'agit d'un grand intérêt. — *Civium vita et fortunæ aguntur*, la vie et la fortune des citoyens sont mises en question, *ou* il y va de la vie et de la fortune des citoyens.

2º En latin le nom est toujours sujet du verbe *agi*. Ce verbe ne peut s'employer dans ce sens ni à la première, ni à la seconde personne.

EXEMPLE : Il s'agit de vous (*tournez*, votre affaire est agitée), *tua res agitur.* — Si *il s'agit de vous* signifiait : c'est de vous que l'on parle, on traduirait : *de te fabula est*, ou *sermo est.*

VIII. Bene mecum actum est.

415. *Bene, optimè* ou *præclarè agitur cum eo*, répond au français *il est bien heureux, il est bien partagé*; et *malè, pessimè agitur cum eo* répond à *il est malheureux, il est à plaindre.*

EXEMPLES : *Bene mecum actum est*, j'ai été bien heureux. — *Præclarè nobiscum agitur, si possumus...*, nous sommes bien heureux si nous pouvons.... — *Non malè cum iis actum est*, ils ne sont pas à plaindre.

IX. Acta agere.

416. L'expression *actum* ou *acta agere* (faire une chose déjà faite) répond aux locutions françaises *perdre son temps, prendre une peine inutile.*

IDIOTISMES FRANÇAIS.

I. De savoir, pour savoir.

417. On a vu (nº 344) que *savoir*, devant un infinitif, ne se traduit pas en latin dans certains cas. — *De savoir, pour savoir* ne se traduisent pas non plus devant un mot interrogatif unissant deux propositions.

EXEMPLES : C'est une question immense *de savoir* en quel homme a éclaté le plus de courage, *fortitudo in quo maxima exstiterit, immensæ quæstionis est.*

Rémus et Romulus firent des sacrifices *pour savoir* lequel des deux fonderait et gouvernerait la nouvelle ville, *Remus et Romulus, uter urbem novam auspicaretur et regeret, adhibuere piacula.*

Les expressions *de savoir, pour savoir* ne servent que de liaison dans les phrases françaises ; elles n'en modifient pas le sens.

II. Se contenter de.

418. *Se contenter de* ou *ne faire que* expriment l'idée de *pas autre chose*, et se traduisent par *nihil aliud quàm*, ou *nihil præter quàm*, ou *quid aliud quàm.*

EXEMPLE : Il se contenta de veiller *ou* il ne fit que veiller, *nihil aliud præter quam vigilavit.* Après *aliud* on sous-entend *egit, il n'a fait rien autre chose que....*

III. Bon gré, mal gré.

419. *Bon gré, mal gré* signifie *que je le veuille, ou que je ne le veuille pas*, et se traduit par *velim, nolim* (*an* est sous-entendu entre les deux verbes). — Ces verbes s'accordent avec le sujet sous-entendu. — *Velimus, nolimus*, s'il s'agit de *nous*. — *Velint, nolint*, si l'on parle de plusieurs autres.

IV. Tout.... que ; — quelque.... que ; si.... que.

420. Les locutions *tout.... que, quelque.... que, si.... que*, avec un adjectif séparant les deux termes, sont les équivalents de *quoique*, et se traduisent par *quamvis* ou *quantùmvis*, avec le subjonctif.

EXEMPLE : *Toutes* faibles *que* sont les passions, ou *quelque* faibles *que* soient les passions, ou *si* faibles *que* soient les passions, elles deviennent excessives, *quamvis* ou *quantùmvis exigui sint affectus, in majus excedunt.*

V. Dussé-je; — dût-on.

421. Les locutions *dussé-je*, *dussiez-vous*, *dussent-ils*, *dût-on*, etc., devant un infinitif, sont les équivalents de *quand même*, et se rendent par *etiamsi*.

EXEMPLE : Je suivrai les gens de bien, dussent-ils se perdre, *bonos viros sequar, etiamsi ruent*.

VI. *Que*, pour une autre conjonction.

422. 1° *Que* tient souvent la place d'une conjonction déjà exprimée dans la phrase et qu'il faudrait répéter. Dans ce sens, il ne se traduit pas en latin après *et* (voir n° 316).

EXEMPLE : Si vous venez *et que* vous m'apportiez des livres, je serai très-heureux, *si veneris et libros mihi attuleris, valde lætabor*.

2° Au lieu de mettre *et*, on peut répéter la conjonction représentée par *que*.

EXEMPLE : Quand l'esprit est libre d'inquiétude *et que* le corps est sain, le travail est facile, *quum mens curis vacat, quum valet corpus, labor est facilis*.

VII. Adjectifs en *ble*.

423. Les adjectifs français en *ble* répondent aux adjectifs latins en *bilis*; mais plusieurs n'ont pas de correspondants exacts en latin. Comme ils expriment qu'une chose *peut* ou *ne peut pas se faire*, on les traduit par le verbe *possum* et l'*infinitif passif* du verbe d'où serait tiré l'adjectif.

EXEMPLES : Cela est possible, *id fieri potest*.
Cela est impossible, *id fieri nequit*.
Des objets invisibles, *res quæ conspici nequeunt*.
Ces conditions paraissaient admissibles, *hæ conditiones admitti posse videbantur*.

VIII. Et réciproquement.

424. *Et réciproquement* tient la place de *l'un....
l'autre* déjà exprimé, et dont la répétition serait né-

cessaire pour compléter le sens. En latin , il suffit de *alter.... alter,* ou *uterque.... uterque*, pour exprimer celte réciprocité de l'action.

EXEMPLE : L'un aide l'autre, *et réciproquement*, *alter alterum adjuvat,* ou *uterque utrumque adjuvat.*

IDIOTISMES LATINS.

I. Alii aliter vivunt.

425. Cètte idée de *réciprocité* attachée aux mots *alter.... alter* se trouve aussi dans *alius.... alius, alii.... alii,* quand il s'agit de plus de deux, et cette expression forme un *idiotisme* déjà signalé (voir n° 215), qui ne peut se traduire en français qu'en répétant deux fois chacun des deux termes.

EXEMPLES : *Alii aliter vivunt*, les *uns* vivent d'*une* manière, les *autres* d'une *autre*.

Aliud alio tempore loquitur, il parle d'une façon dans certaines circonstances, et d'une autre façon dans d'autres, *ou* il parle de telle ou telle façon dans telles ou telles circonstances, *ou* il change de langage selon les circonstances, *ou encore* il parle selon les circonstances.

II. Nescio quis....

426. *Nescio quis*, comme en français *je ne sais quel, je ne sais qui,* peut être considéré comme un adjectif composé et ne pas établir une proposition subordonnée.

EXEMPLE : *Helenam nescio quis Theseus abstulit,* je ne sais quel Thésée enleva Hélène.

Si *nescio quis* étaient considérés comme deux termes distincts, il faudrait mettre au subjonctif le verbe de la proposition subordonnée : *nescio quis Theseus abstulerit*, je ne sais pas quel Thésée enleva.

III. Nescio an....

427. 1° *Haud scio an, nescio an*, je ne sais si, s'em-

ploient aussi à peu près comme des expressions composées, et répondent, pour le sens, à l'adverbe
peut-être; mais elles sont toujours suivies du subjonctif.

EXEMPLE : *Quæ fuit unquam in ullo homine tanta
constantia? Constantiam dico? nescio an melius pa-
tientiam possim dicere*, vit-on jamais dans un homme
une constance, je dis une constance, *peut-être* de-
vrais-je dire une patience aussi admirable?

2° De ce sens presque adverbial attaché à *haud scio
an*, est résulté l'usage de mettre après cette locution
les mots négatifs *nullus, nemo, nihil, nunquam*, au
lieu de *ullus, quisquam, unquam*, qu'exigerait le sens
si on laissait au verbe *haud scio* sa signification ri-
goureuse.

EXEMPLE : *Num ea senectus miserabilis fuit? Haud
scio an nulla beatior esse possit*, cette vieillesse était-
elle donc malheureuse? Il n'y en eut *peut-être* jamais
de plus heureuse.—*Haud scio an ulla beatior esse possit*, signifierait : *je ne sais* s'il peut y en avoir de plus
heureuse.

IV. Indicatif employé pour le subjonctif.

428. 1° C'est par le subjonctif latin qu'on traduit
ordinairement le conditionnel français. Quelquefois,
au lieu du subjonctif, on emploie l'indicatif.

EXEMPLES : *Respublica poterat esse perpetua, si pa-
triis viveretur institutis et moribus*, la république
pourrait durer toujours, si l'on vivait avec les institu-
tions et les mœurs de nos ancêtres.

*Pons iter pæne hostibus dedit, ni fuisset Horatius
Cocles*, un pont aurait livré passage à l'ennemi sans
Horatius Coclès (mot à mot, si Coclès n'avait été là).

2° Avec les verbes *debeo, possum, oportet, æquum est*
et d'autres analogues, on peut se servir de l'indicatif

dans le sens du conditionnel, même lorsqu'il n'y a pas, comme dans les exemples précédents, un verbe au subjonctif dans une proposition corrélative.

EXEMPLE : Volumnie aurait dû avoir pour vous plus de déférence, *Volumnia debuit in te officiosior esse.*

V. Passif employé pour l'actif.

429. 1° Pour traduire les locutions *on peut*, *on a coutume*, *on commence*, *on cesse* devant un infinitif, on met le second verbe au passif, et on donne pour sujet aux verbes *posse*, *solere*, *cœpisse*, *desinere*, ainsi qu'à l'infinitif passif, le nom qui est le complément de l'infinitif français.

EXEMPLE : On ne peut blâmer un compliment, *gratulatio reprehendi non potest.*

2° Quand l'infinitif français n'a point de complément dont on puisse faire le sujet des verbes latins, ou quand cet infinitif est un verbe neutre, on emploie les verbes *posse*, *solere*, *cœpisse*, *desinere* comme impersonnels, et l'infinitif latin se met toujours au passif.

EXEMPLES : On a accoutumé de faire, *fieri solet.*

On pourrait vivre agréablement, *jucundè vivi posset.*

On commença à douter, *dubitari cœptum est.*

On a cessé de discuter, *desitum est disputari.*

REMARQUE. Avec un infinitif passif, les deux verbes *cœpisse* et *desinere* prennent eux-mêmes la forme passive, s'ils n'ont pas de sujet : *cœptum est*, *desitum est*. — S'ils ont un sujet, ils peuvent encore se mettre au passif. Exemple : On commença à établir un pont, *pons institui cœptus est.*

3° Au lieu de *potest* on peut se servir de l'impersonnel *licet*, soit avec l'infinitif passif, soit avec l'infinitif actif.

EXEMPLE : On peut dire, *licet dici* ou *dicere.*

430. Pour énoncer dans un récit les détails d'un fait, d'un caractère ou de la conduite de quelqu'un, on emploie fréquemment en latin le présent de l'infinitif avec un sujet au nominatif. On remplace par ce tour le *présent*, l'*imparfait* et le *parfait de l'indicatif*.

EXEMPLES : Marius ordonne à ses plus agiles fantassins de s'emparer des portes ; lui-même il les *suit* en toute diligence, et ne *permet* pas aux soldats de se livrer au pillage, *Marius velocissimos pedites portas obsidere jubet ; deinde ipse properè sequi, neque milites prædari sinere*.

Sylla devint le plus habile dans l'art de la guerre ; d'ailleurs il *était* affable avec le soldat ; il *rendait* beaucoup de services aux autres et n'en *acceptait* lui-même que malgré lui ; encore *était-il* plus pressé d'acquitter ces sortes d'obligations qu'une dette d'argent ; de son côté il *n'exigeait* pas de retour. Il *s'occupait* plutôt d'obliger le plus de gens possible ; pour les jeux comme pour les affaires il se *mêlait* aux plus humbles ; dans les travaux, dans les marches, pour les veilles, il se *multipliait* ; et cependant il ne *cherchait* à rabaisser ni la réputation du consul ni le mérite d'aucun autre ; seulement il ne se *laissait* primer par personne en prudence ni en bravoure, et il *l'emportait* sur presque tous les autres : *Sylla belli solertissimus omnium factus est : ad hoc milites benignè appellare ; multis ipse dare beneficia, invitus accipere ; sed ea properantiùs quàm æs mutuum reddere ; ipse ab nullo repetere ; magis id laborare, ut illi quàm plurimi deberent ; joca atque seria cum humillimis agere ; in operibus, in agmine, ad vigilias multus adesse ; neque interim consulis aut cujusquam boni famam lædere ; tantummodo neque*

consilio, neque manu priorem alium pati ; *plerosque* an-
tevenire. SALLUSTE.

On voit, par le rôle que joue cet infinitif dans la
phrase, qu'il n'est régi par aucun verbe sous-entendu. Il est très-fréquent chez les historiens, et on
l'appelle pour cela infinitif *historique* ou de *narration*.

Cet idiotisme se retrouve dans la langue française, mais il n'y convient qu'au style naïf et fami-
lier ; ainsi La Fontaine a dit, fable du *Lièvre et des
Grenouilles :*

> Il (le lièvre) s'en alla passer sur les bords d'un étang.
> Grenouilles aussitôt *de sauter* dans les ondes ;
> Grenouilles *de rentrer* dans leurs grottes profondes.

FIN.

TABLE ALPHABÉTIQUE

DES TROIS PARTIES

ET DU SUPPLÉMENT.

(Les matières tirées des *Remarques* et du *Supplément* de l'éditeur sont indiquées dans cette table en caractères italiques.)

A

A, devant un infinitif.......... 218
A se tournant par pour........ 219
Ablatif absolu................ 150
Accipior...................... 57
Acta agere.................... 254
Adjectif avec un nom........ 21, 115
Adjectif conjonctif............ 29
Adjectif interrogatif.......... 176
Adjectif qui a rapport à deux noms................. 115
Adjectifs désignant les parties d'un objet.............. 240
Adjectifs en ble.............. 256
Adjectifs numéraux. 89
Adjectifs verbaux. 117
Adverbes. 72,158, 198
Adverbes de lieu............. 153
Adverbes en i................ 204
Adverbes en ô. 202
A force de.................... 238
Agir, il s'agit de............ 254
Alius répété............ 189, 257
Aller, suivi de l'infinitif....... 230
A moins que................... 228
Amour (pour l') de........... 220
Amphibologie................. 179
A peine.... que.............. 215
Appréhender que.............. 169
Après, suivi d'un infinitif....... 224
Après, suivi d'un nom......... 225
A proportion que.............. 208
A qui, de qui, dont, par qui. 141, 142
A quoi tient-il que............. 172
A regret, à contre-cœur. 240
Arriver que................... 167
Assez peu pour............... 214
Assez, suivi de pour.......... 213
Assuetus et l'infinitif........ 118

Attendre que.................. 173
Au bas de.................... 240
Au haut de................... 240
Au lieu de, au lieu que........ 226
Au milieu de............. . 240
Aussi.... que. 213
Aussi grand.... que. 213
Aussi, autant qu'homme du monde.................... 206
Aussitôt que................. 215
Autant et que.... peu......... 205
Autant, autant que........... 205
Autant que jamais............ 206
Autre, autrement que......... 188
Avant de, suivi d'un infinitif.... 225
Avertir de ou que............. 167
Avis, l'oiseau 13
Avoir à cœur............... 245
Avoir affaire à............. 244
Avoir beau, devant un infinitif. 237
Avoir de la peine à. 237
Avoir (en) contre quelqu'un. .. 243
Avoir en vue............... 244
Avoir, exprimant un état..... 242
Avoir fort à cœur........... 246
Avoir fort à faire. 250
Avoir honte de ou que.......... 172
Avoir la force de.............. 236
Avoir l'air, la mine......... 244
Avoir la prétention.......... 244
Avoir le bonheur de........... 238
Avoir le courage, sustinere..... 236
Avoir lieu ou raison de........ 239
Avoir peine................. 238
Avoir peur de ou que.......... 169
Avoir pour soi.............. 243
Avoir raison, avoir tort de..... 244
Avoir raison de.............. 244

Avoir, signifiant disposer de ... 243
Avoir, signifiant posséder 242
Avoir, signifiant se procurer... 243
Avoir soin, suivi d'un infinitif... 167
Ayant, devant un verbe actif.... 195
Ayant, devant un verbe neutre.. 195
Ayant été, devant un verbe neu-
  tre ou déponent. 196
Ayant, suivi d'autant.......... 196

B

Beaucoup..................... 199
Bene agitur cum.............. 254
Bene habet.................... 247
Bien loin de ou que........... 227
Bon gré, mal gré.............. 255

C

Capable de....................... 219
Cas en latin.....................   8
Celui, celle, suivis d'un génitif.. 192
Celui-ci, celui-là.............. 190
Ce n'est pas à dire pour cela que. 194
Ce n'est pas que................ 193
Ce qui, ce que, suivis de c'est... 194
C'est ainsi que................. 193
C'est, suivi de que de......... 194
Cœur (avoir à) 245, 246
Cœur (par) 245
Combien, entre deux verbes.... 175
Combien grand................ 198
Combien s'en faut-il que....... 232
Commander de ou que.......... 167
Comme, au commencement d'une
  phrase...................... 229
Comme, signifiant pendant que. 230
Comparatifs. 91, 120
Complément direct 124
Complément indirect...... 125, 128
Concordance des verbes français
  et latins.................... 169
Conditionnel, manque en latin. 36
Conjonctions, ... 78, 227
Conseiller de ou que........... 167
Contentus et un régime......... 119
Contentus et un infinitif....... 119
Contenter (se) de............ 255
Contingit, accidit........ 238, 239
Continuò, ideo............... 194
Cordi esse 245
Cordi habere.................. 245
Craindre que................. 169
Croire (faire)................ 250

D

Damnare capite.............. 131
Dans rendu par apud......... 154
D'autant plus, d'autant moins ... 207

De, au commencement d'une
  phrase..................... 217
De, entre deux noms........... 113
De, entre un nom et un infinitif. 114
Défendre de ou que........... 171
Degrés de comparaison........ 91
Demande et réponse........... 147
De même que................. 229
De, suivi d'un infinitif........ 218
De savoir, pour savoir........ 254
Deus sanctus................. 115
Deux noms de suite........... 113
Deux verbes de suite. .. 137,138, 139
Devoir, suivi d'un infinitif...... 230
Dies, des deux genres......... 15
Digne de ou que.............. 171
Dignus et son régime.......... 119
Dissuader de................. 170
Docentur pueri grammaticam. 129
Doceo pueros grammaticam 129
Domi....................... 157
Dont, de qui, à qui, par qui. 141, 142
Douter de, se douter que....... 174
Douter que................... 174
Dum signifiant tant que....... 159
Dussé-je, dût-on............. 256

E

Ego audio..................... 123
Elle, elles, après un que re-
  tranché.................... 182
Empêcher de ou que.......... 171
En et le participe présent...... 72
En, y, adverbes de lieu........ 143
En, y, joints à un verbe........ 143
Espérer, suivi d'un infinitif..... 166
Esse (idiotismes)............ 242
Est-ce à dire pour cela que..... 194
Est-ce ainsi que.............. 193
Étant, devant un verbe neutre.. 195
Étant, suivi d'aussi.......... 196
Être au fait.................. 252
Être impatient de............. 237
Être bien éloigné de........... 232
Être si éloigné de............ 231
Être cause que............... 173
Et réciproquement........... 256
Être homme ou femme à....... 219
Être sur le point de........... 234
Être surpris que.............. 172

F

Fac interire (supposez que).... 253
Facere pecuniam............. 253
Facere (montrer, représenter). 253
Faillir, suivi d'un infinitif....... 232
Faire, au lieu d'un verbe expri-
  mé 251
Faire avec un nom........... 247
Faire connaître.............. 233
Faire de l'effet.............. 248

Faire ; différentes façons de l'ex-
primer.................. 232, 234
Faire en sorte que ou de........ 231
Faire époque............... 248
Faire fortune.............. 248
Faire impression............. 248
Faire le..., se conduire en...... 249
Faire semblant d'être.......... 249
Faire, signifiant accoutumer .. 249
Faire, signifiant dire......... 249
Faire, signifiant importer..... 249
Faire son chemin............ 248
Falloir, suivi d'un infinitif.. 230,
Formation des verbes actifs.... 49
Formation des verbes passifs. .. 61
Formes du parfait en français. 37
Fort, joint à un adjectif. 201
Futur de l'indicatif, après un que
retranché...............: 164
Futur de l'indicatif, après *ut, ne,
quin*.................... 169
Futur de l'infinitif............ 36

G

Génitifs de la 2ᵉ déclinaison... 10
Genres de dies................ 15
Gens (n'être pas) à............ 219
Gérondif en do................ 72

H

Habere (idiotismes).......... 246
Habere in levi................ 247
Habere odio.................. 246
Habere in ore................ 246
Habere (se).................. 247
Habere spem in................ 246
Habet in animo............... 246
Haud multum abest........... 232
Haurire...................... 180
Hic , iste, ille, adjectifs........ 25
Homme ou femme à, capable de. 219
Humeur (n'être pas d') à....... 219

I

Idiotismes 241
Idiotismes de pour............. 223
Idiotismes latins.............. 257
Il, ils, elle, elles, après un que
retranché................... 182
Il arrive que................ 167
Il est nécessaire, il est juste que. 167
Il fait chaud , etc............. 251
Il faut que................. 167
Il faut, suivi d'un infinitif. 230
Il importe, il est de l'intérêt que. 167
Il me tarde que.............. 236
Il ne s'en faut rien que......... 231
Il ne tient à rien que.......... 231
Il ne tient pas à moi que........ 172

Il ne tient qu'à moi que........ 237
Il s'agit, il y va de........... 253
Il semble, il paraît........... 181
Il s'en faut beaucoup que........ 231
Il s'en faut peu que............ 231
Il y a, avec un nom de temps.. 217
Il y a, il y avait............. 217
Imparfait de l'indicatif, après un
que retranché............... 165
Imparfait du subjonctif, après *ut,
ne, quin*................... 176
Indicatif pour le subjonctif.... 258
In eo esse ut................... 234
Infinitif, après un adjectif...... 116
*Infinitif français , après qui et
que*......................... 146
Infinitif pour l'indicatif....... 260
Infinitifs latins................ 116
Interdico : son régime.......... 136
Interjections................. 79
Is sum qui.............. 219, 220

J

*Jubere avec l'accusatif et l'infi-
nitif*........................ 168

L

Laisser, devant un infinitif...... 235
Le, la, les, lui, leur, joints à un
verbe........................ 142
Le même que................. 187
Le plus que.................. 211
Le premier, le second.......... 190
Leur, leurs, joints à un nom.... 183
Locutions formées de sans...... 224
L'un, l'autre.................. 189
L'un ou l'autre , l'un des deux... 190

M

Mais si, au contraire.......... 229
Malgré. 239, 240
Manières de traduire que...... 227
Manquer, suivi d'un infinitif. ... 234
Me, te, se, nous, vous, le, la..... 142
Mecum facit.................. 252
Même que.................... 187
Menacer, suivi d'un infinitif..... 166
Mériter de ou que............. 171
Mettre au fait................ 252
Meus, tuus, suus, adjectifs..... 28
*Meus, tuus, suus, pronoms pos-
sessifs*...................... 28
Militiæ et belli............... 154
Mille....................... 91
Missum facere................ 253
Moins répété.................. 208
Moins on, plus on. *Voy.* Plus on. 208
*Monosyllabes ; leur génitif plu-
riel*......................... 85

N

Natus, âgé de................ 152
N'avoir garde de............. 170
Ne faire que de.............. 233
Ne faire que, signifiant de plus en plus.................. 233
Ne faire que, signifiant seulement................... 251
Ne, ut, après timeo......... 169
Ne manquer pas de........... 234
Ne pas laisser de............ 235
Ne pas même, non pas même.... 214
Ne pas plutôt....que......... 215
Nescio an................. 257
Nescio quis............... 257
Ne servir qu'à.............. 236
Ne servir qu'à équivalent de seulement................. 236
N'être pas d'humeur à...... 219
N'être pas gens à.......... 219
Ni l'un ni l'autre........... 190
Nihilominùs pour tamen..... 235
Nisi et si non............ 228
Noli, nolite.............. 148
Nom du prix, de la valeur..... 151
Nombres exprimés par deux mots.................. 91
Nominatif des verbes personnels. 123
Noms collectifs............. 114
Noms composés de deux mots... 89
Noms de la matière........... 150
Noms de la manière, de la partie, etc................ 151
Noms de lieu............... 153
Noms de l'instrument, de la cause, etc............. 151
Noms de mesure, de distance.... 151
Noms de nombre............. 89
Noms de temps.............. 152
Noms partitifs.............. 123
Noms en e, es, as.......... 81
Noms en er............... 85
Noms en es............... 85
Non pas tant pour, que pour..... 212
Non que, non pas que......... 193
Non quòd, non quò...... 193, 194
Num, numquid, ne pour an.... 229

O

Observations sur *rus* et *domus*.. 155
On dit, on croit, on rapporte que. 181
On, l'on.................. 179

P

Par cœur................. 245
Parfait de l'infinitif après de.. 218
Parfait du subjonctif français 164
Parfait du subjonctif après *ut, ne, an, quin*............ 177
Par qui.................. 142
Participe futur passif d'uti.... 70
Participe passé passif....... 218
Participes................ 175
Partitifs : leur régime........ 123
Parum abest.............. 232
Passif employé pour l'actif.... 259
Penser, suivi d'un infinitif...... 232
Per me stat.............. 237
Persuader de ou que.......... 167
Peu..................... 199
Peu s'en faut que........... 231
Phrase incidente........... 162
Plaise à Dieu............. 197
Plus devant un nom.......... 199
Plus, moins, répétés.......... 208
Plus on.................. 208
Plus-que-parfait du subjonctif français, après le que retranché................ 164
Plus-que-parfait après *ut, ne, an quin*................. 177
Plutôt que............... 216
Pœnitet (pœna tenet)........ 134
Pour, devant un infinitif....... 221
Pour, devant un nom.......... 220
Pour, manières de le traduire.. 223
Pour ne pas dire............ 238
Pour peu que.............. 222
Pour savoir.............. 254
Pour traduit par si......... 222
Prendre garde que........... 170
Prendre la liberté.......... 244
Préposition a, ab marquant l'éloignement............. 155
Prépositions : leurs régimes. 76, 150
Présent du subjonctif après le que retranché........... 164
Présent du subjonctif après *ut, ne, an, quin*............ 176
Prier de................. 167
Pro, en proportion de....... 196
Promettre, suivi d'un infinitif... 166
Pronom de la 3e personne..... 183
Pronoms................. 22
Pronoms-adjectifs........... 24
Proposition............... 117
Proposition infinitive........ 167
Pudet ; manière de suppléer son participe futur........... 177

Q

Quàm devant un superlatif..... 209
Quand on................. 180
Quantuscunque et l'indicatif... 191
Que se traduit de différentes manières................ 227
Que français joint au subjonctif. 36

Que, après à peine.............. 215
Que, après autre, autrement... 188
Que, après le même............. 187
Que, après les adverbes et les noms de temps............... 216
Que, après plutôt.............. 216
Que, après tel................. 186
Que d'admiration.............. 198
Que de désir.................. 197
Que d'interrogation, adv........ 196
Que, entre deux negations..... 198
Que interrogatif.............. 145
Que ou de, après conseiller, etc. 167
Que ou qui, après un superlatif.................. 209, 210
Que pour une autre conjonction. 256
Que relatif................... 140
Que retranché................ 161
Que supprimé en français...... 161
Quelque, suivi de qui ou de que 191
Quem pour quam poteris...... 210
Question A quo tempore....... 152
Question Qua................. 156
Question Quandiu............. 152
Question Quando.............. 152
Question Quanto tempore...... 153
Question Quo................. 154
Question Ubi................. 153
Question Unde................ 155
Qui devant pænitet........... 140
Qui et que d'interrogation. 30, 144, 145
Qui, quæ, quod, adjectif conjonctif..................... 29
Qui pour quôd................ 218
Qui pour talis ut............. 218
Qui que ce soit............... 191
Qui relatif................... 140
Qui sujet en français et en latin 140
Quid commodi................ 146
Quis adjectif interrogatif..... 30
Quò pour ut eò............... 221
Quum signifiant pendant que.. 160

R

Radical du verbe.............. 50
Régime de celo, rogo, doceo.... 129
Régime de cumulare........... 131
Régime de différents adjectifs.. 117
Régime de différents adverbes.. 158
Régime de l'impersonnel est... 135
Régime de scribo, mitto, fero... 129
Régime de misereri, oblivisci.. 128
Régime d'opus est............. 136
Régime de pænitet, pudet, tædet...................... 133
Régime de refert, interest...... 134
Régime des conjonctions....... 160
Régime des comparatifs........ 120

Régime des différents verbes déponents................ 126, 127
Régime des noms partitifs...... 123
Régime des superlatifs......... 122
Régime des verbes accuser, condamner 132
Régime des verbes actifs. 124, 128
Régime des verbes apprendre, s'informer.................. 130
Régime des verbes avertir, informer..................... 131
Régime des verbes d'abondance, de disette................. 130
Régime des verbes délivrer, racheter 130
Régime des verbes demander, recevoir................... 129
Régime des verbes neutres. 125, 127
Régime des verbes pertinet, spectat.................... 133
Régime des verbes puiser à, prendre à.................. 130
Régime des verbes sum, do, verto, tribuo............... 127
Régime direct................ 124
Régime du verbe interdico..... 136
Régime du verbe passif........ 133
Régime indirect........... 126, 128
Remarque sur eo.............. 101
Remarque sur fero, fcror... 97, 99
Remarque sur fio.............. 103
Remarque sur memini......... 109
Remarque sur possum......... 107
Remarque sur queo........... 109
Remercier................... 172
Rien ne me tarde plus que...... 237
Rure ou ruri................. 153

S

Sans, devant un infinitif... 223, 224
Sans (locutions)............. 224
Sans que.................... 224
S'attendre que............... 173
Savoir, avoir le talent......... 236
Savoir bon gré de............ 173
Savoir, devant un infinitif..... 236
Se défendre de............... 172
Se douter que............... 174
Se et même.............. 143, 144
Se faire écouter.............. 250
Se garder bien de............ 170
Se laisser faire.............. 250
Se mettre à, se mêler de, s'occuper de..................... 235
Se mettre peu en peine........ 168
S'empêcher de............... 172
Se réjouir de ou que.......... 172
Se repentir de ou que......... 172
S'étonner que ou de ce que.... 172
Si, après les verbes de doute.... 229

Si, au commencement d'une phrase.................... 228
Si ce n'est que.................... 229
Si, devant un adjectif, etc...... 213
Si grand, si petit. 213
Si l'on 180
Si...que.................... 255
S'occuper à.................... 235
Son, sa, ses 183
Souhaiter que............... 167
Sujet du verbe................. 123
Superlatifs.................. 91, 120
Supin........................ 166
Suus, sua, suum.............. 186
Syncope du parfait...... 48

T

Tant il est vrai que........... 212
Tant pour, que pour.......... 212
Tant s'en faut que........... 231
Tant, tant il est vrai que....... 212
Tant, tant que................ 211
Tarder de.................... 236
Tel que...................... 186
Temps composés.............. 51
Temps de l'indicatif après le que retranché.................. 163
Temps du subjonctif après ut, ne, an, quin. 176
Temps du verbe............. 33
Tempus legendi.............. 114
Terminaison en abus, 1re déclin. 80
Tout autre................... 188
Tout....que.................. 255
Trop......................... 199
Trop peu pour............... 215

Trop pour.................... 214
Trop rendu par un comparatif. 202

U

Uni, æ, a.................... 89
Un peu....................... 199
Usque........................ 77
Ut ou ne non après timere...... 169
Utrum, neutre d'uter.......... 108

V

Venir à, devant an infinitif..... 234
Venir de, devant un infinitif... 234
Verbe personnel, et son nominatif.......................... 123
Verbe substantif............. 33
Verbes actifs : leur régime..... 124
Verbes déponents............. 61
Verbes en io, accipio.......... 48
Verbes irréguliers............. 93
Verbes neutres............... 71
Verbes qui ont deux nominatifs. 123
Verbes qui ont deux régimes.... 128
Verbes transitifs............. 37
Versùs....................... 78
Vertueux, plus vertueux....... 121
Videor, videre est............ 181
Voix active.................. 57
Voix passive................. 37
Vous ne sauriez croire........ 239
V supprimé dans ivi, etc...... 48

Y

Y, en, joints à un verbe........ 143

FIN DE LA TABLE ALPHABÉTIQUE.

Paris. — Imprimerie de Ch. Lahure et Cie, rue de Fleurus, 9.

AUTRES OUVRAGES DE M. DUTREY

PUBLIÉS PAR LA MÊME LIBRAIRIE

Nouvelle grammaire de la langue latine, dans laquelle les conjugaisons ont été ramenées à l'unité de la forme primitive, et où l'exposition complète des règles générales et particulières de cette langue est présentée dans un ordre méthodique, à l'usage des classes supérieures; 8e édition, 1 vol. in-12, cartonné. 3 fr.

Ouvrage autorisé par le Conseil de l'Instruction publique.

Grammaire élémentaire de la langue latine, abrégée de la *Nouvelle Grammaire de la langue latine* de M. DUTREY, par le même auteur, à l'usage des classes élémentaires. 8e édition. 1 vol. in-12, cartonné. 1 fr. 50 c.

Ouvrage autorisé par le Conseil de l'Instruction publique.

Exercices gradués de latinité, ou *Cours simultané de versions et de thèmes*, extraits des auteurs classiques. Ouvrage adapté à la *Nouvelle Grammaire latine* de M. DUTREY, à la *Grammaire élémentaire* du même auteur et aux *Éléments de la Grammaire latine de Lhomond*, revus par le même auteur.

Autorisés par le Conseil de l'Instruction publique.

TOME PREMIER : *Syntaxe des mots* (1re partie : Noms et Adjectifs), à l'usage des classes élémentaires. Textes pour les élèves; 2e édition. 1 volume in-12, cartonné. 1 fr. 75 c.

Traductions pour les maîtres. 1 volume in-12, br. 1 fr. 75 c.

TOME SECOND : *Syntaxe des mots* (2e partie : Verbes), à l'usage des classes élémentaires. Textes pour les élèves. 1 volume in-12, cartonné. 1 fr 75 c.

Traductions pour les maîtres. 1 volume in-12, br. 1 fr. 75 c.

TOME TROISIÈME : *Syntaxe des mots* (3e partie : Compléments accessoires), à l'usage des classes de sixième. Textes pour les élèves. 1 volume in-12, cartonné. 1 fr. 75 c.

Traductions pour les maîtres. 1 volume in-12, br. 1 fr. 75 c.

TOME QUATRIÈME : *Syntaxe des propositions* (1re partie : Propositions circonstancielles, infinitives, complétives), à l'usage des classes de cinquième et de quatrième. Textes pour les élèves. 1 volume in-12, cartonné. 1 fr. 75 c.

Traductions pour les maîtres 1 volume in-12, br. 1 fr. 75 c.

TOME CINQUIÈME : *Syntaxe des propositions* (2e partie : Concordance des verbes; Propositions liées par l'adjectif conjonctif; Propositions participes; Propositions comparatives; Particularités de la syntaxe, à l'usage des classes de troisième et de seconde. Textes pour les élèves. 1 volume in-12, cartonné. 2 fr. 25 c.

Traductions pour les maîtres. 1 volume in-12, cart. 2 fr. 25 c.

Paris. — Imprimerie de Ch. Lahure et Cie, rue de Fleurus, 9.

www.ingramcontent.com/pod-product-compliance
Lightning Source LLC
Chambersburg PA
CBHW070516030726
47503CB00004B/1281